本书受教育部人文社会科学研究规划基金项目"当代中国语境下的体育、媒介与文化"（项目号：15YJA890023）资助

体育的游戏传播

体育电子游戏研究

杨剑锋　著

九州出版社 JIUZHOUPRESS ｜ 全国百佳图书出版单位

图书在版编目（CIP）数据

体育的游戏传播：体育电子游戏研究 / 杨剑锋著
. —— 北京 ：九州出版社，2023.8
ISBN 978-7-5225-2071-1

Ⅰ．①体… Ⅱ．①杨… Ⅲ．①体育游戏－电子游戏－
研究 Ⅳ．①G898.3

中国国家版本馆CIP数据核字(2023)第159006号

体育的游戏传播：体育电子游戏研究

作　　者　杨剑锋　著
责任编辑　张皖莉
出版发行　九州出版社
地　　址　北京市西城区阜外大街甲 35 号 (100037)
发行电话　(010) 68992190/3/5/6
网　　址　www.jiuzhoupress.com
印　　刷　北京九州迅驰传媒文化有限公司
开　　本　880 毫米 ×1230 毫米　32 开
印　　张　10.375
字　　数　251 千字
版　　次　2023 年 8 月第 1 版
印　　次　2023 年 8 月第 1 次印刷
书　　号　ISBN 978-7-5225-2071-1
定　　价　48.00 元

目　录

绪论：为什么要研究体育电子游戏？

在 2021 年即将结束之际，球王迭戈·马拉多纳正在带领西甲豪门巴塞罗那队征战西班牙足球甲级联赛，当时排名积分榜第二位。这是马拉多纳担任巴塞罗那足球队主帅的第二个赛季。上个赛季，他率领由众多不知名的平民球员组成的巴塞罗那足球俱乐部，成功地由西乙升入西甲。

当然，这一切只是发生在日本电子游戏开发商科乐美（KONAMI）的足球电子游戏《实况足球 2021》（eFootball PES 2021）之中。现实世界的马拉多纳，已于 2020 年 11 月 25 日在家中因心梗去世，享年 60 岁。

作为一名资深球迷，每天玩一会儿《实况足球》，是笔者目前最主要的休闲方式之一，我从中感到一种纯粹的足球乐趣。但我过去二十年来玩得最多的电子游戏其实是美国艺电公司（EA）开发的 FIFA 系列游戏。《实况足球》系列与 FIFA 系列，是目前最受欢迎的足球电子游戏，尤其是 FIFA 系列，自诞生以来吸引了世界各国的电子游戏玩家。数据显示，FIFA 2023 成为 2022 年英国销量最多的电子游戏。此外，Take-Two Interactive 旗下的游戏开发分公司 Rockstar Games、2K Games 制作的篮球游戏 NBA 2K 系列，Sports Interactive 公司制作、SEGA 公司发行的《足球经理》（*Football Manager*）系列等体育电子游戏也风靡世界，这些游戏涵盖了足球、篮球、网球、乒乓球、橄榄球、自行车、高尔夫、赛车、棋类、拳击等多种体育项目。近二十多年来，电子游戏不仅在全球文化产业中占有一席之地，而且越来越成为一支重要的文化力量，游玩电子游戏成为现代年轻人的一种主要娱乐方式。据中国音数协游戏工委与中国游戏产业研究院发布的《2021年中国游戏产业报告》，2021年中国游戏市场实际销售收入2965.13亿元，比2020年增加了178.26亿元，同比增长6.40%；全国游戏用户规模保持稳定增长，用户规模达6.66亿人，同比增长0.22%。另据游戏市场研究公司DFC Intelligence的数据，截止2020年年中，全世界的电子游戏玩家数量超过30亿，占全球总人口的37.5%。也就是说，全球每10个人中约有4人通过电脑、手机、平板、游戏主机等各类设备玩电子游戏。电子游戏在全球经济、文化和人们的日常生活中显示出超乎寻常的巨大影响。

以体育为主题的电子游戏是电子游戏中的一个重要类型。在电子游戏开辟鸿蒙之初，体育电子游戏就扮演着非常重要的角色。1958年秋，美国布鲁克海文国家实验室的物理学家威廉·希金博特姆（William Higinbotham）为了演示自己的实验成果，开发了一款运行在示波器上的电子游戏《双人网球》（*Tennis for Two*）。这款简陋的游戏只不过是一个白色的圆点在一条白线两边跳来跳去，但它却被很多人视为世界上第一款电子游戏，宣告了一个时代的开始。1972年，美国雅达利公司（Atari）的乒乓球游戏Pong成为世界上第一款在商业上获得成功的电子游戏。可以说，体育电子游戏是电子游戏在历史发展进程中的开路先锋，以体育为主题的电子游戏是电子游戏之中最为畅销的类型之一。[①]

---

① Crawford, Garry, Gosling, Victoria K. *More than a Game: Sports-Themed Video Games and Player Narratives*[J]. Sociology of Sport Journal, 2009, 26(1):50-66.

2001 年 7 月，第一本开放获取的国际学术期刊《游戏研究》(*Game Studies*) 创刊，这一年也被认为是"游戏研究元年"。2006 年，另一本游戏研究的学术期刊《游戏与文化》(*Games and Culture*) 创刊。2001 年之前，欧美等国家的电子游戏研究其实就已经有了相当的基础，但这两本学术期刊的创刊切实促进了国际电子游戏研究。2010 年之后，电子游戏研究进入一个全新的阶段，并日益成熟[①]，一些电子游戏研究的学术机构和国际学术会议相继创办，出现了不少有影响的学术成果。

然而，在电子游戏研究日益繁荣的今天，体育电子游戏研究似乎成了被人遗忘的角落。2006 年，美国华盛顿州立大学的学者大卫·伦纳德（David Leonard）曾指出，体育电子游戏研究是"一个未开发的领域"（An Untapped Field）。他指出，"体育电子游戏这一游戏类型，无论是在体育的世界还是电子游戏的领域，都是一种强大的媒介"，它占据了电子游戏销售量的 30% 以上，但是"体育游戏研究仍然是一片知识的荒地"。[②] 近年来，这一情况虽然有了很大改善，但总体来说，专门的体育电子游戏研究在国内外的学术界都还是一个比较冷清的研究领域。

一、国内外体育电子游戏研究的现状

英国索尔福德大学 (University of Salford) 教授加里·克劳福德（Carry Crawford）是西方体育电子游戏研究的主要开拓者之一。克劳福德原本致力于媒介受众研究、体育消费研究和传媒文化研究。从 2005 年起，他的一系列论文从性别研究、叙事学、体

---

① 何威、刘梦霏. 游戏研究读本 [M]. 华东师范大学出版社，2020:5.

② Arthur A. Raney, Jennings Brgant. J. *Handbook of Sports and Media*. L. Erlbaum Associates, 2006:426.

育参与等多个角度对体育电子游戏进行了开创性的研究。如他发表于 2005 年的《数字游戏、体育与性别》(*Digital Gaming, Sport and Gender*)是目前可查的最早的体育电子游戏专论性研究，论文基于对英国谢菲尔德两所大学的调查，认为电子游戏能够增加玩家对体育的兴趣和体育知识。研究还发现，与通常的观点相反，没有证据表明玩电子游戏会减少现实中的体育参与。2006 年的论文《〈冠军足球经理〉〈足球经理〉玩家的文化和快乐》(*The cult of Champ Man: the culture and pleasures of Championship Manager/ Football Manager Gamers*)以两大著名的模拟经营类足球游戏《冠军足球经理》和《足球经理》为研究对象，探讨其对于玩家的社会价值。《不只是游戏：体育主题视频游戏与玩家叙事》(*More than a Game: Sports-Themed Video Games and Player Narratives*, 2009)一文主要讨论体育电子游戏在建构游戏和更广泛的社会叙事中的用途和作用。论文认为，体育电子游戏提供了一种媒介文本如何用于身份建构、表演和社会叙事的例证。《一切尽在游戏中？——对玩乐空间、游戏界定、主题与体育电子游戏的再思考》(*Is it in the Game? reconsidering play spaces, game definitions, theming and sports videogames*, 2015)借鉴列斐伏尔的"空间"理论，将体育电子游戏理解为体育的"主题性空间"。

克劳福德的体育电子游戏研究，多从体育消费文化入手，研究体育电子游戏对体育爱好者和游戏玩家的社会文化意义，其中不乏细致的理论分析和精辟的见解，为后来的研究打下了良好的基础。

2013 至 2015 年，两本专门研究体育电子游戏的论文集先后出版。2013 年，由加拿大学者米亚·孔萨尔沃(Mia Consalvo)领衔主编的《体育视频游戏》(*Sports Videogames*)一书由鲁特莱奇

（Routledge）出版社出版；2015年，美国学者罗伯特·阿兰·布鲁克利（Robert Allan Brookey）与托玛斯·P.奥茨（Thomas P. Oates）共同主编的《为胜利而玩：体育、电子游戏与玩耍文化》（*Playing to Win：Sports, Video Games, and the Culture of Play*）一书由印第安纳大学出版社出版。这是目前为止仅有的两部体育电子游戏研究著作，汇集了欧美主要体育电子游戏学者的研究成果。

《体育视频游戏》一书共分为三个部分。第一部分由5篇论文组成，从理论上对体育电子游戏进行了界定。第二部分共4篇，主要讨论体育电子游戏与体育电视、互联网体育等不同体育媒介的融合。第三部分的5篇论文为体育迷与玩家研究，探讨体育电子游戏玩家行为、体育电子游戏对体育爱好者的意义。《为胜利而玩：体育、电子游戏与玩耍文化》共收录了10篇论文，由两部分组成。第一部分"性别游戏"（gender play）研究体育电子游戏中的男性气质和后女性主义等话题，第二部分"仿真之运用"（the uses of simulation）研究体育电子游戏的仿真机制及意义世界等主题。两部书的内容虽各有侧重，但研究方法和路径高度相似，为体育电子游戏研究树立了典范。

2013年之后，体育电子游戏研究引起了更多体育传播学者的瞩目。如由著名体育学者大卫·罗（David Rowe）与布雷特·哈金斯 (Brett Hutchins) 共同主编的《新媒体与体育传播》（Routledge, 2013）、美国体育传播研究的领军人物安德鲁·比林斯 (Andrew C. Billings) 主编的《传播与体育》（Sage, 2014）、丘卡·翁乌梅奇利（Chuka Onwumechili）主编的《体育传播》（Routledge, 2018）、史蒂芬·劳伦斯等主编的《数字足球文化》（Routledge, 2019）等著作，均设专章讨论体育电子游戏。这说明体育电子游戏已逐渐成为西方媒介体育研究的新领域。此外，日本学者松本健太郎的《体育·游戏的构成——它模仿了现实的什么？》代表了日本体育电子游戏研究的成果。①

以欧、美、澳为主的西方体育电子游戏研究多受到英美文化研究学派影响，侧重于性别、种族、国家和体育文化的视角，体现出鲜明的跨学科性。研究者多为在欧洲、美国、加拿大、澳大利亚等国大学担任教职的传播学、社会学、休闲体育和文化研究教授，从事体育传播研究的学者鲜少涉足这一领域。

目前欧美体育电子游戏研究主要有以下几个特点：

第一，在研究思路上，继承了西方媒介体育研究的常见路径，特别注重从性别与女性主义、男子气质、种族、国家、体育爱好者文化等视角对体育电子游戏进行研究，体现出鲜明的西方问题意识；

第二，在研究主题上，对体育爱好者的游戏体验、体育电子游戏与日常生活、体育电子游戏玩家的运动参与、电子游戏对以足球为代表的现代体育文化的影响等论题进行了广泛探讨；

第三，在研究的侧重点上，着重于玩家行为研究、游戏现象研究和游戏文本研究；

第四，研究的跨学科性。研究者将体育学与社会学、游戏学、传播学、人类文化学等多学科理论相结合，对体育电子游戏进行质性分析。这些成果及特点，对本书的研究有一定借鉴意义；

第五，就讨论的主要体育电子游戏来说，以艺电公司（EA）开发的 FIFA 系列游戏，Take-Two Interactive 旗下的游戏开发分公司 Rockstar Games、2K Games 制作的篮球游戏 NBA2K 系列，Sports Interactive 公司制作、SEGA 公司发行的《足球经理》

---

① 邓剑. 探寻游戏王国里的宝藏：日本游戏批评文选 [M]. 上海书店出版社，2020.

（*Football Manager*）系列等大型模拟类体育电子游戏，以及任天堂的 Wii Sports 等体感健身游戏为重点研究对象。任天堂的《马里奥网球 Ace》《马里奥赛车》等卡通风格的体育电子游戏，在欧美的体育电子游戏研究中被完全忽略。

国内的体育电子游戏研究处于刚刚起步阶段，成果的数量和质量与国外相比有着不小的差距。除本书作者外，对体育和电子游戏均有较高接受度的体育学硕士、博士研究生是目前国内体育电子游戏研究的主力军。如文成才的《电子游戏在 NBA 传播中的价值研究》（上海体育学院，2014）、刘羿江的《体育电子游戏玩家调查》（上海体育学院，2020）、李翎的《虚拟体育电子游戏中体育文化的重构研究》（天津体育学院，2021）、施宇其的《体育电子游戏发展史》（北京体育大学，2020）、杨赫与杜友君的《试论体育赛事的跨媒介叙事与传播效果——以体育电子游戏叙事为例》等。澳门学者章戈浩的《数字功夫：格斗游戏的姿态现象学》对运用姿态现象学理论，对格斗游戏进行了深入研究，后被收入何威、刘梦霏主编的《游戏研究读本》。[1] 另有其他一些不多的论文则主要研究电子游戏对学校体育发展和培养体育素养的价值。总体而言，国内的体育电子游戏研究成果不多，研究水平也有待提高。

二、体育电子游戏研究的学科归属、研究路径与方法

《游戏研究》的创始人艾斯本·阿尔萨斯认为："游戏和玩游戏从根本上讲都是跨学科的和跨文化的研究领域。"[2] 跨学科性是电子

[1] 何威、刘梦霏. 游戏研究读本 [M]. 华东师范大学出版社，2020.

[2] Aarseth, Espen. *Game Studies: How to play – Ten play-tips for the aspiring game-studies scholar*. Game Studies. 2019 ; Vol. 19, No. 2.

游戏研究的重要特征之一。目前国内外的电子游戏研究，多从叙事理论、电影研究、社会学、媒介研究、教育学以及计算机科学等领域借用理论和方法，涉及多个不同的学科。尽管早在 1999 年，乌拉圭著名电子游戏设计师与游戏理论研究专家冈扎罗·弗拉斯卡 (Gonzalo Frasca) 就提出"游戏学"（Ludology）的概念[①]，试图使游戏研究成为一门独立的学科，但"游戏学"从来不是一个独立的学科，它更多只是一个以游戏（主要是电子游戏）为特定研究对象的学术领域，在理论和方法上不得不依附于传播学、文学、社会学等不同学科。研究电子游戏的学者一般也来自这些传统的学科，他们往往以自己学科的理论与方法为基础，同时借用其他学科的理论进行综合研究。如欧洲游戏研究的领军人物杰斯珀·尤尔（Jesper Juul）现供职于丹麦皇家艺术学院（The Royal Danish Academy of Fine Arts），其研究综合了艺术学、心理分析、文学和电影等不同领域、不同学科的理论。一般来说，任何一项研究，研究者心中都会有一种"学科意识"，这种学科意识是一种学科上的归属感，它源于一种学术共同体的群体认同。

作为电子游戏大家庭中的一个独特类型，体育电子游戏有着与其他电子游戏不同的特质，即它的体育主题。体育电子游戏研究可以采用与其他电子游戏研究相同的路径与方法，例如叙事学或游戏学等，将之视为一种媒介或艺术，那么这种研究就是文学、传播学或艺术学研究的一个分支。加里·克劳福德的学术生涯开始于媒介研究中的受众研究，他的体育电子游戏研究更加注重玩家研究，在学科归属上更接近媒介研究。（当然，克劳福德的学术背景和学术视野远较此处所说的复杂。）然而，如此就不能充分体

[①] Frasca, G. *Ludology Meets Narratology: Similitude and differences between (video) games and Narrative[OL/EB]*. Ludology.Org, 1999-1-11.

现出体育电子游戏的体育特色。因此，将体育电子游戏视为当代世界体育文化的一个分支系统，从而在学科意识上体现出鲜明的体育研究特色，就成为一种更加合理的选择。《体育视频游戏》与《为胜利而玩：体育、电子游戏与玩耍文化》这两部论文集的研究主题，与欧美等国的媒介体育研究更加接近，在学科上可归入体育研究领域。

本书对体育电子游戏的研究，在学科上属于体育研究的范畴，即将体育电子游戏视为体育世界的一部分，确切来说是体育文化产品或体育新媒介。从问题意识上来说，本书作者感兴趣的不是体育电子游戏对电子游戏世界的意义和贡献，而是它对现代体育及体育爱好者的价值和意义。比如，体育电子游戏是否丰富、改变或重构了现代体育文化，如果是的话，它是如何以及怎样改变了现代体育文化的，这种改变又意味着什么。例如 Wii Sports、《健身环大冒险》等体感健身游戏对体育爱好者的居家健身的作用和影响，《足球经理》对体育知识的传播作用等等。

本书的基本观点是，体育电子游戏已经成为当代世界体育媒介文化的一大景观，它为体育爱好者提供了一种不同于传统体育媒介的体育消费、体育参与和体育实践的新方式。本书作者认为，体育电子游戏是体育社会学、体育传播学研究的一个新的领域，因此采用体育社会学、体育传播学的理论与方法，结合游戏研究的理论，能够洞察体育电子游戏的内部规律和外在意义。

体育社会学是体育和社会学的分支领域，它把体育作为一种社会现象来研究。美国学者杰·科克利（Jay J. Coakley）认为，体育社会学运用社会学的概念、理论和研究回答以下问题：

1. 为什么在特殊群体中人们选择出特定的活动（而不是其他的活动），并将之设计为竞技性运动？

2. 为什么在特殊群体和社会中，体育项目以特定的方式被创造出来？

3. 运动项目与运动参与是怎样被纳入到个人与社会的生活之中的？它们怎样影响关于"我们是谁"的判断？我们怎样和其他人联系、怎样解释这种联系？

4. 运动项目和运动参与怎样影响关于身体、关于"自然的"和"非自然的"、关于男性和女性、社会阶层、种族和民族、工作、娱乐、健全和残废、成就和竞争、愉悦和痛苦、越轨和遵从、敌对和暴力等观念的？

5. 体育项目的组织和意义是怎样与社会关系、物质环境，以及群体、社会中的权力机制发生联系的？

6. 体育运动与社会生活的重要方面有什么样的关联，比如家庭、教育、政治、经济、媒体和宗教？

7. 人们如何运用他们的有关体育运动的知识，哪些运动项目能够并应该作为这种知识的基础，改变它能使社会生活变得更公平和更民主吗？①

体育离不开媒体，媒体也离不开体育，体育与媒介的关系是体育社会学研究中的重要议题之一。现代体育事业与大众传媒的结合，产生了一门新的交叉学科——体育传播学。郝勤、郭晴认为，体育传播学的研究对象是体育领域中的一切传播活动和传播现象，"运用传播学的理论和方法来研究体育的传播历史、传播手段与途径以及传播方法，探讨体育领域中的人际传播、组织传播和大众

---

① 杰·科克利. 体育社会学：议题与争议 [M]. 管兵等译. 清华大学出版社，2003:5-6.

传播现象"。①

在欧、美、澳等西方国家和地区，体育传播研究更侧重于体育、媒介与文化的互动。1998 年，国际体育传播研究领军人物之一的美国学者劳伦斯·温纳 (Lawrence A Wenner) 主编的《媒介体育》(MediaSport) 一书出版。该书由在世界各地的体育研究、媒体研究、新闻和文化研究领域的顶尖专家撰稿，对体育与各种形式的媒体、文化的互动进行了全面而深入的探讨，是欧美体育传播研究的奠基性著作。此后，澳大利亚西悉尼大学文化与社会研究所教授大卫·罗先后于 1999 年、2004 年出版了《体育、文化与媒介：不羁的三位一体》和《批判性读本：体育、文化和媒介》等著作。《体育、文化与媒介：不羁的三位一体》一书曾多次再版，并被译介到国内。在这部著作中，大卫·罗提出了"媒介体育文化复合体"(media sports cultural complex) 的概念，分析了在当代日常生活中媒介体育建构自身的各种方式②，被誉为"是日渐强大的媒介体育研究中又一经典之作"，"标志着媒介体育学术研究时代的到来"，在国内体育学术界影响颇大。

尽管国内外学者对"媒介体育"和"媒介体育文化复合体"等概念的内涵进行了多种阐释③，但其实欧美媒介体育研究与国内体育传播学研究的最大不同，是更加注重体育传播中"文化"的作用和影响。这里的"文化"不是指通常意义上被定位在艺术和美学方面的"文化"(culture)，而是指"意义的生产和再生

---

① 郝勤, 郭晴. 论体育传播学的性质特点及其理论架构 [J]. 体育文化导刊 ,2003(09):27-30.

② 大卫·罗. 体育、文化与媒介：不羁的三位一体 [M]. 吕鹏译. 清华大学出版社 , 2013.

③ 魏伟, 尚希萌. 体育媒介化：从媒介体育到体育重大事件 [J]. 上海体育学院学报 , 2021, 45(7):14.

产"①。英国"伯明翰学派"的奠基人雷蒙德·威廉斯（Raymond Williams）把文化定义为"一种整体生活方式"，"'文化'……在历史与'文化研究'里，主要指'表意的'（signifying）或'象征的'（symbolic）体系"②，把大众文化放在更为广阔的社会历史背景中去考察，从而打破了传统的精英主义知识分子对"文化"一词概念的垄断。于是，包括体育文化在内的大众传媒文化被纳入文化研究的学术领域。当然，欧美的媒介体育研究融合了英国伯明翰学派、德国法兰克福学派、法国结构主义和后结构主义等不同流派的欧洲批判学派的理论和方法，把注意力集中到体育媒介在国家、种族、个人、阶级、性别意识中的文化生产和建构作用。

在电子游戏已经成为体育传播有效载体的今天，仅仅用体育社会学、体育传播学的理论与方法进行体育电子游戏研究是远远不够的。本书尝试借鉴欧美媒介体育研究的路径与方法，综合社会学、传播学、游戏学、文学理论、后现代主义、视觉文化理论和文化人类学的视野和方法，探讨体育电子游戏对现代体育传播、对体育文化生活的重构及对体育爱好者体育参与和体育实践的影响，厘清体育、电子游戏与当代社会文化三者之间的互动关系，同时强调本土意识和中国问题。

---

① 陆扬，王毅 . 文化研究导论（修订版）[M]. 复旦大学出版社，2015:4.

② 雷蒙 . 威廉斯 . 关键词：文化与社会的词汇 [M]. 刘建基译 . 生活·读书·新知三联书店 , 2005:153.

第一章　体育电子游戏基本情况

第一节　体育电子游戏的概念、边界与类型

一、体育电子游戏的概念、边界

什么是体育电子游戏？这个问题看起来似乎不难回答：体育电子游戏就是以体育为主要内容和表现对象的电子游戏。

但是，如果我们细究起来，就会发现这一问题其实并不那么简单。如果说类似艺电体育的 FIFA 系列是体育电子游戏的话，那么像《蜘蛛纸牌》这样的棋牌类电子游戏，是体育电子游戏吗？再以竞速游戏为例，如果《F1 赛车》《世界汽车拉力锦标赛》（WRC）是体育电子游戏的话，任天堂的《马里奥赛车》是体育电子游戏吗？如果《真实拳击》（Real Boxing）是体育电子游戏的话，那么《拳皇》《街霸》等格斗类游戏是体育电子游戏吗？在世界最大的游戏发布平台 Steam，电子游戏被分为休闲、体育、冒险、动作、大型多人在线、模拟、独立、竞速、策略、角色扮演等类型。在这一分类中，体育游戏与竞速游戏是平行的游戏类型。显然，这不是一种科学的分类方法。① 那么，究竟哪些游戏是体育电子游戏，哪些游戏不是体育电子游戏，体育电子游戏的边界在哪里？这些

---

① 郑宇茜，路云亭 . 人脑的寄生虫：电子游戏的进化 [J]. 体育与科学，2021，42(02):70-74.

问题是如此简单，又是如此复杂，以至于孔萨尔沃主编的《体育视频游戏》保持了一种开放的态度，并没有给体育电子游戏下一个确切的定义。

体育电子游戏概念的不确定性和模糊性，是由"体育"概念的不确定性和模糊性造成的。究竟什么是体育？汉语中的"体育"与英文中的 sport 是一回事吗？围棋、桥牌、舞蹈、武术以及近年大热的电子竞技，究竟是不是体育？这些问题，目前在学术界还没有形成共识。成都体育学院的郝勤教授认为，关于"体育"的概念与定义在中国是一个历史公案。在《体育史观的重构与研究范式的转变——兼论体育的源起与概念演进》一文中，他认为，中国的"体育"概念是近代甲午战争后才从日本传入的。日本早期从西方引入的"体育"是欧洲大陆系的"身体教育"（Physic Education），而非盎格鲁·撒克逊系的竞技（Sports）。现代概念上的"体育"源于两种社会行为：游戏与身体训练。游戏是基于人的玩耍本能与天性，游戏的高级形态就是竞技运动；身体训练是阶级、国家和战争的产物，军事化的身体训练被引入学校教育，逐渐形成了"身体教育"的概念与实践体系。① 可见，"体育"一词原指"身体教育"，但在汉语日常词汇中，"体育"通常指竞技运动。在西方世界，一般用 sports 一词作为体育的总概念。

然而，英语世界中的 sport 一词等于我们通常理解的"体育"吗？其实也不尽然。郭红卫通过对 sport 一词的词源进行考论后认为，Sport 是一个大约产生于 14 世纪末的英语单词，本义为"乐"和"取乐"，后逐渐具有多项和本义有一定内在关联性的引申义。在英国，从 15 世纪晚期直至 20 世纪，如果 sport 被用以指称特定

---

① 郝勤.体育史观的重构与研究范式的转变——兼论体育的源起与概念演进 [J].成都体育学院学报 ,2018,44(03):7-13.

形式的娱乐活动，这样的娱乐活动主要是运动、竞技，或者是赛马、打猎等和动物有关的活动，由于社会历史条件的变化，sport在当代主要用以指称赛马、运动、竞技，这意味着，sport是一个历史的、变化着的称谓或者概念，具有多变的历史风貌，不能和"竞技运动""体育"相等同。[①] 即使是现在意为"体育运动"的sport，其含义也是不确定的。科克利认为："运动是制度化的竞技活动，它包括个体体能活动的发挥或者相对复杂的身体技巧的运用，个体参与运动受个体自身的愉悦和外部回报两方面因素的激励。"[②] 他进一步解释说，第一，运动是身体的活动。根据这一定义，赛车可能会需要足够的体力，可以被定义为一种运动，但下棋就不是一项运动。第二，运动是一种竞技性活动。第三，运动是制度化的活动。第四，运动是人们为得到个人的快乐和外部的回报而进行的活动，以此来定义运动，就可以把它们与单纯的玩耍以及观赏性表演区分开来。不过，科克利也承认，这种定义"潜藏着与之相关的严重问题"。比如，"当我们把注意力集中在制度化的竞技性活动时，可能会忽视那些大量的既没有资源去正式地组织活动，也无愿望使活动具有竞争力者的身体活动"，因此运动本身是"有争议的活动"。[③] 欧盟委员会 2007 年 11 月颁布的《体育白皮书》对 sport 下了这样的定义："（体育是）自发或有组织的参与，旨在改善体能或促进心智健康，融洽社会关系或在各级竞赛中夺标的所有形式的身体活动。"[④] 这些定义都强调身体活动是衡量

①　郭红卫 .Sport 考论 [J]. 体育科学 ,2009,29(05):83-97.

②　杰·科克利 . 体育社会学 : 议题与争议 [M]. 管兵等译 . 清华大学出版社 , 2003:24.

③　杰·科克利 . 体育社会学 : 议题与争议 [M]. 管兵等译 . 清华大学出版社 , 2003:25-28.

④　欧盟委员会 . 欧盟体育白皮书 [D]，2007.

一项活动是否是体育的标尺。易剑东认为，"体育活动无疑需要智力参与甚至有时需要智力作为背后的主要支撑（通过战略和战术等来体现），但是不论智力如何决定体育活动的形式和效果，体育始终是以身体活动来体现、判断和衡量的"，因此围棋、象棋、国际象棋等智力居绝对支配地位的游戏就不是体育。^① 同样，电子竞技也不涉及到体能和身体活动技能的问题，不是人的自然的原始力量的展示，因此也不是体育。^②

　　本书同意以上观点，即棋牌类活动不是体育运动。相应的，棋牌类电子游戏应当被排除在体育电子游戏之外。这一点不难理解，而竞速类电子游戏稍微复杂一点。本书认为，《F1 赛车》模拟的是现实中的 F1 赛车运动，而 F1 一般被认为是体育，因此《F1 赛车》也应当被认为是体育电子游戏。类似的竞速游戏还有《世界汽车拉力锦标赛》《速降滑雪》《环法自行车赛》(*Tour de France*) 等，而《极品飞车》(*Need for Speed*)、《暴力摩托》等脱离了制度化的竞技规则约束的飞车游戏不含体育文化因素，因此不能被认定为体育电子游戏。这种情况同样也适用于格斗类电子游戏。模拟拳击运动的《真实拳击》(*Real Boxing*) 是体育电子游戏，而街头比武的《拳皇》《街头霸王》等格斗游戏不是体育游戏，正如拳击比赛是体育，街头比武和战场厮杀则与体育无关。

　　此外，有的游戏以体育作为游戏中的一个要素或情节，而非主要内容，那么这种游戏也不能称为体育游戏。比如任天堂的《集合啦！动物森友会》可以让玩家利用 Switch 主机的 Joy-Con 手柄做广播体操，但这只是游戏中的一个小功能而不是主要功能，因此它只是具有体育健身要素的游戏，还不能称为体育游戏。

---

① 易剑东 . 体育概念和体育功能论 [J]. 体育文化导刊 ,2004(01):32-34.

② 易剑东 . 中国电子竞技十大问题辨识 [J]. 体育学研究 ,2018,1(04):31-50.

当然，体育与非体育的界限并不那么容易判断，体育电子游戏与非体育电子游戏的界限有时候极其微妙。因此本书在行文中也不得不稍微将界限放宽，以包容更多的游戏文本，比如《马里奥赛车》等。

二、体育电子游戏的分类

科学的分类，能够使研究对象高度有序化，从而提高对研究对象本质特征的认识。按照国际奥委会的规定，由一个国际联合会管理的体育项目称为大项（SPORT），一个大项包括多个分项（DISCIPLINES），大项或分项的一种比赛称为小项（EVENT）。如冬季项目中的滑冰是一个大项，滑冰又包括花样滑冰、速度滑冰、短道滑冰三个分项，每个分项包括若干小项。比如女子单人滑是分项花样滑冰中的一个小项。每届奥运会，项目都会根据情况有所增减。2020 东京奥运会，共设有 33 个大项、339 个小项。这是现实中的体育项目分类，但是体育电子游戏显然不能机械搬用这种分类，因为有些项目没有对应的游戏，有些项目有多款不同玩法、不同风格的游戏。电子游戏的分类有着自己的逻辑。

Steam 平台对电子游戏的分类是不科学的，一款游戏常常被分在几个不同的类型。事实上，Steam 的分类法，与其说是分类，不如说是一种标签。有些游戏类型经过多年的发展，已经有了较为明显的特点，如第一人称射击（FPS）、角色扮演（RPG）等。Steam 只是众多 PC 游戏平台中的一种，如果按照游戏的平台划分，可以把电子游戏分为 PC 单机游戏、网络游戏、主机游戏、手机游戏、街机游戏。但这种分类看不出游戏的规律，因而意义不大。

体育电子游戏内容丰富，类型多样。像足球、篮球、高尔夫、赛车等国际主流的体育项目，都有多款对应的电子游戏，还的还获得了国际体育组织的官方授权和认可。一款游戏往往有多种不同玩法，如艺电的 FIFA 系列有"快速比赛"模式，也有"一球成名"或"职业生涯"模式。玩家可以扮演一位初入职业赛场的运动员，从默默无闻到成为国际巨星，也可以化身为职业经理或教练，带领一支球队参加职业联赛，直到夺取世界杯。

按照游戏的主要特点和主要玩法，我们可以把体育电子游戏分为模拟、竞速、经营、健身、休闲五个类型。

1.模拟真实体育游戏

模拟真实的体育电子游戏，是以模拟真实的体育比赛为主要玩法的电子游戏，《麦登橄榄球》《实况足球》以及 FIFA、NBA2K 等风靡世界的游戏大作，都是模拟类体育游戏。严格来说，所有体育电子游戏都带有模拟性，但这类游戏的主要特点就是尽可能地贴近真实，包括真实的规则，真实的人物，真实的画面，真实的声音，真实的运动场，力图在游戏中尽可能地还原真实的体育世界。模拟类体育游戏大多数是国际上比较流行的竞技运动，其中又以球类项目最受欢迎。这一类型的电子游戏通常有极高的专业性和游戏性，往往投资巨大，有的游戏已发行超过二十年甚至三十年，是游戏产业与体育产业的完美结合，也是体育电子游戏中最受欢迎的一个类型。

2.竞速体育游戏

竞速体育游戏是以制度化的竞速比赛为蓝本的电子游戏。竞速游戏与赛车游戏并不完全相同，赛车游戏不一定是竞速类体育游戏。正如前文所说，单纯的飙车或驾驶类游戏，如《极限竞速：地平线》《极品飞车》《暴力摩托》等，它不是以运动赛事为蓝本，因而不是体育游戏，而《F1 赛车》《世界汽车拉力锦标赛》（WRC）则是世界汽车运动联合会的官方赛车运动游戏，是典型的竞速体育游戏。《环法自行车赛》《速降王者》《单板滑雪》等自行车、滑雪游戏，也属于竞速体育游戏。

与飙车游戏不同，竞速体育游戏不是简单地追求风驰电掣的速度感和肾上腺素飙升的刺激性快感，而是在运动规则之下的技巧性竞赛、比赛战术的选择和运用等。玩家在游戏中化身为运动员，而不是一个飙车党。如《环法自行车赛》有玩家体力值设定，高速骑行一段时间后，游戏中的人物会因体力值下降而无法高速骑行，因此玩家需合理分配体力。这类游戏往往有极高的拟真度，它与模拟类体育游戏并没有本质的不同，但由于这种游戏数量庞大，特点鲜明，因此自成一类。

3.经营管理类体育游戏

经营管理类体育游戏是以经营管理为主要玩法的体育电子游戏。玩家在游戏中的化身不是运动员，而是体育俱乐部的经理或主教练，其舞台不是在运动场上，而是场外。玩家掌握着整个俱乐部或球队的技战术选择、临场指挥、日常训练、球员培养及转会交易，甚至广告代言等，不仅要赢得比赛的胜利，还要平衡财政、管理更衣室。如果成绩不佳，玩家在游戏中的化身会被俱乐部炒掉，一如现实中的教练。最受欢迎的模拟经营类体育电子游戏当属《冠军足球经理》《足球经理》，其他还有《手球经理》《世界拳击经理》等游戏。

经营管理类体育电子游戏往往是比较硬核的电子游戏，玩家需要面对相当复杂的数据，平衡各方面的力量。如《足球经理》拥有世界最大、最全的职业足球运动员数据库，运动员的个人数据，从速度、防守、射门到未来潜力，都极为详细，并每年保持更新。游戏还拥有复杂的战术系统，这使得《足球经理》成为最专业的经营类体育电子游戏，不仅普通玩家可以从中获得专业的足球知识和管理经营技能，甚至一些体育专业人士也对此青睐有加，英超曼联足球俱乐部的前任主教练索尔斯克亚就是《足球经理》的铁杆玩家。①

4. 健身游戏

健身游戏是把电子游戏用作锻炼身体的手段，从而保持身体健康的电子游戏，一般是通过体感设备或 VR 设备达到目的。

在这类游戏中，日本游戏公司任天堂可谓一枝独秀。这家公司于 2006 年发布的家用游戏主机 Wii 第一次将体感设备用于游戏主机。体感技术打通了虚拟与现实之间融合的通道，因而 Wii 主机在电子游戏的发展史上具有里程碑的意义。任天堂随后陆续推出了适用于 Wii 的 Wii Sports、Wii Fit，以及适用于 Switch 主机的《健身环大冒险》（*Ring Fit Adventure*）等体感电子游戏，在世界范围内掀起了一股游戏健身的狂潮。类似的游戏还包括《有氧拳击》《舞力全开》等。也有的健身游戏没有采用体感设备，而是通过可视化的动作指导，一步步引导玩家健身。

健身游戏是一种功能性游戏，但也不乏游戏的乐趣。游戏中往往有较全面的数据指标系统，《有氧拳击》《莱美搏击》等设定了虚拟的健身教练，为玩家提供专业、详尽的健身教程。

5. 休闲体育游戏

休闲体育游戏是以娱乐休闲为主要目的的体育游戏。这类游戏通常不以体育的专业性为追求，有的甚至完全无视现实中的运动规则，而以游戏性见长，追求简单好玩，玩家无需学习即可上手，玩起来没有压力，因而能够带来身心的愉快和放松。休闲体育游戏，包括数量众多的台球、网球等小体量手机游戏，《热血足球》等街机、主机游戏，《队长小翼》等漫改游戏，也包括《马里

---

① 搜狐体育. 足球经理是曼联成功秘诀? 索尔斯克亚: 我从 FM 中学到很多 [OL/EB].2019-03-30, https://www.sohu.com/a/304903076_120099907.

奥赛车》《马里奥网球》等游戏大厂的 3A 大作。《马里奥赛车》介于休闲体育游戏与竞速游戏之间，在玩家群体中有着很大的影响力，因此也是本书的讨论对象。

以上按照游戏的特点和主要玩法，将体育电子游戏分为模拟、竞速、策略、健身、休闲五大类。这一分类并不完美，不同类型之间的界线有时候不是那么分明，但总体来说还是能够较好地体现不同类型游戏的特点。

第二节　体育电子游戏的发展历程

体育电子游戏贯穿了电子游戏六十多年发展的始终。我们大致把体育电子游戏发展的历程分为三个阶段：拓荒期、发展期、繁荣期。

一、拓荒期（1958 年 -1970 年代初）

1958 年秋，位于美国纽约布鲁克文，专门研究核武器和高能物理的美国布鲁克文国家实验室，迎来了一年一度面向普通市民的"开放日"，参观者们首次惊讶地见到了世界上第一个公开展示的电子游戏《双人网球》。这款由核物理学家威廉·希金博特姆发明的电子游戏，运行在一台连接着一台真空管模拟计算机的 5.5 英寸阴极管示波器上，最初只不过是为了展示自己的研究成果，画面上只有一条代表球场的横线，一条代表球网的竖线，以及一个代表球的白点。尽管以现在的标准来看，这款游戏的画面极为简陋，但在当时却吸引了众多人的目光，前来游玩的人排起了长龙。第二年的"开放日"，《双人网球》再次向公众开放。不过在这之后，实验室的工作人员就拆掉了这款游戏，希金博特姆也没有为它申请专利。他根本没有想到，自己竟然在无意中创造了历史。幸好当时留下了几张照片，否则这款游戏就会湮没在历史的洪流中。1997年，布鲁克海文实验室成立50周年之际，这款游戏才重新回到世人的视野中。①

《双人网球》被认为是世界上第一款"视频游戏"（video game），我们一般称之为"电子游戏"。

两年之后的1960年，圣诞节前后，IBM公司的程序员约翰·伯格森（John Burgeson）因患上流感而无法上班。百无聊赖之际，这位狂热的棒球迷决定将他对棒球的热爱与电脑结合在一起。在兄弟保罗的帮助下，他用字符串程序系统语言（SPS）编写了一个运行在IBM 1620大型计算机的棒球模拟软件。按照现代的标准，这款软件来格来说还算不得电子游戏，玩家不是使用按键进行全垒打，而是扮演棒球经理的角色，组成一个阵容，监控球队一个赛季的进步。不过，IBM公司的高层对这一程序并不感兴趣，勒令伯格森从电脑上删除。

整个60年代，计算机都是一种极为昂贵的大型科学仪器，只有少数科学家和工程师才有机会使用。不过，总有一些童心未泯的科学家和工程师在繁重的工作和科研之余，利用这种昂贵的仪器来"玩"。1961年，麻省理工学院学生史蒂夫·拉塞尔（Steve Russell）设计出了一款名为《太空大战》（Space War）的游戏。在游戏中，两个玩家可以互相用激光击毁对方的太空船。这款游戏运行在PDP-1（编成数据处理器-1）上，后来在其他计算机实验室也得到运行。这是世界上第一款运行在电脑上的交互式电子游戏。

大型计算机过于昂贵，那么是否可以让电子游戏在其他设备上，比如电视上运行呢？1966年，美国Sanders公司从事电视机

---

① *A History of Video Games in 64 Objects*, HarperCollins, 2018:6-7.

制造的工程师拉尔夫·贝尔（Ralph H. Baer）在纽约公车站等人的空闲时间里，匆匆写下了关于家用电视游戏系统的初始概念。不久之后，他与同事一起制造了一台原型机。1967年5月7日，他和助手比尔·哈里森进行了历史上第一次电视游戏双打对战演示。进行演示的是乒乓球游戏的雏形，电视显示屏中央一条白线，两端有由玩家控制可以自由移动的白色光块，互相轮流将光球击向对方半场。贝尔相继开发出乒乓球、排球、手球、足球、曲棍球等一系列体育游戏和一台名为"棕盒子"（Brown Box）的原型游戏机，以及一套光枪外设。1971年3月，拉尔夫·贝尔将"棕盒子"授权给米罗华（Magnavox）公司生产，易名为米罗华·奥德赛（Magnavox Odyssey），世界上第一台家用游戏机就此诞生，拉尔夫·贝尔因此被称为"家用游戏机之父"。

1972年5月，米罗华·奥德赛在加利福尼亚州举行了一场演示会，一位名叫诺兰·布什内尔（Nolan Bushnell）的年轻人参加了演示会，并对这台游戏机上的乒乓球游戏格外感兴趣。此前的1971年，他开发了世界上第一款量产的电子游戏《电脑空间》（Computer Space），但是失败了。米罗华·奥德赛的乒乓球游戏让他意识到："优秀的游戏应该简单易学，但难于精通。"6月27日，他注册成立雅达利（Atari）公司，将米罗华·奥德赛上的乒乓球游戏改写为街机版本，由此诞生了风靡一时的 *Pong*。

Pong 是世界上第一款在商业上获得成功的电子游戏。据说当第一个 *Pong* 的街机被安放在当地一家酒吧里做测试，但没多久机器就出了故障，原因是投币口已经被硬币塞满了，再也无法继续投币。① 有人认为，*Pong* 的意义堪比爱迪生的灯泡、福特的T型

---

① Robert Alan Brookey and Thomes P. Oates. *Playing To Win: Sports, Video Games, And the Culture Of Play*[M].Indiana University Press, 2012:1.

汽车。[①]

1972 年是电子游戏由实验室走向大众的分水岭。自此之后，无需昂贵的大型计算机，普通人就能够在街机和家用游戏机上玩游戏了。游戏的开发者和经营者能够从街机和游戏机的销售中获得经济利益，于是一个新的产业——电子游戏产业诞生了。在这一过程中，简单而有趣的网球和乒乓球游戏起到无可替代的关键作用。可以说，体育电子游戏不仅直接催生了家用游戏机的诞生，也为现代电子游戏行业的起步打响了第一枪。

二、发展期（1970 年代初至 1990 年代）

世界上第一台家用游戏机米罗华·奥德赛的诞生，以及雅达利 *Pong* 的大获成功，将电子游戏向前推进了一大步。追根溯源，*Pong* 源于米罗华·奥德赛，*Pong* 的成功反过来促进了米罗华·奥德赛的销量。1975 年，雅达利推出了 *Pong* 的家用游戏机版本 *Home-Pong*，同样大受欢迎。*Home-Pong* 是运行在当时最先进的大规模集成电路芯片上的数字化版本，支持音效、色彩。*Home-Pong* 不仅在全美掀起了购买狂潮，也把雅达利送上了游戏之王的宝座。

雅达利的成功，引来一大批仿效者，带动了其他不同类型电子游戏的发展，体育游戏也越来越多元化。1975 年的米罗华·奥德赛 100 内置了网球、曲棍球 2 款体育游戏。1977 年的米罗华·奥德赛 3000 又新增篮球、美式足球及栏球（Gridball）3 款游戏。

随着电子游戏越来越深入家庭，一种自带屏幕、无需连接电视的手持游戏机诞生了，为此冲锋陷阵的还是体育游戏。1977 年，美国美泰公司发布《美泰足球》（*Mattel Football*），这是一款美式足球手持游戏机，自带一个九块面板的小型 LED 显示屏。与当时

---

① *A History of Video Games in 64 Objects*[M], HarperCollins, 2018:6-7.

的全尺寸街机相比，这种早期手持游戏设备在技术上并不先进，但胜在便携。当你躺在床上，坐在车里，手握游戏机，这种体验"没有任何烟雾缭绕的游戏厅可以与之相比"。

　　随着计算机技术的发展，使用超大规模集成电路和微处理器的微型电脑在 1970 年代末获得了极大突破。1977 年 6 月 5 日，具有划时代意义的 Apple II 个人微型电脑上市，拉开了一个伟大时代的序幕。当时还是苹果电脑公司员工的特里普·霍金斯（Trip Hawkins）很快意识到个人电脑在游戏方面的无限潜力。1982 年 4 月，他从苹果电脑公司离职，创办了艺电公司（Electronic Arts）。艺电公司的名称反映了特里普·霍金斯独特的游戏理念：把电子游戏做成艺术品。在此后的四十年里，艺电公司发展成为一个庞大的游戏帝国，特别在体育电子游戏的开发方面成就卓著。1983 年，艺电公司开发的第一款体育电子游戏 One on One: Dr. J vs. Larry Bird 上市。这款运行在 Apple II、IBM 的 PC 和雅达利 7800 等游戏机上的体育游戏彻底改变了上一时代体育游戏的极简、抽象风格，不仅具有 24 秒违例、镜头重放和逼真的现场音效，而且第一次将现实世界中的运动明星引入虚拟的电子游戏，玩家可以选择扮演 NBA 球星拉里·伯德（Larry Bird）或朱利叶斯·欧文（Julius Erving）。艺电公司斥巨资邀请了 NBA 球星拉里·伯德代言，开启了用体育明星为游戏宣传的先河，也使艺电体育（EA Sports）品牌成为体育电子游戏研发的标杆。

　　真正奠定艺电体育地位的，是 1988 年开始发售的《麦登橄榄球》（Madden NFL）。

　　约翰·麦登（John Madden）是美国职业橄榄球联盟（NFL）传奇教练、体育节目主持人，在执教奥克兰突袭者队时获得 1977 年的超级碗冠军。1984 年，霍金斯找到已转行当体育节目主持人

25

的麦登，表示艺电开发的橄榄球游戏希望以他的名字命名，并将他的形象用在游戏封面上，麦登则希望游戏能够尽可能的真实。1988 年，《麦登橄榄球》的第一代作品《约翰·麦登美式足球》（*John Madden Football*）在 Apple II 平台横空出世。这款逼真的体育游戏几乎榨干了 Apple II 的性能，尽管未能得到 NFL 授权，无法使用现实中的球星、俱乐部和运动场，但霍金斯在游戏中引入了能力值、天气状况、伤病、疲劳等拟真系统。可以说，《麦登橄榄球》重新定义了体育游戏。1990 年，《麦登橄榄球》登上世嘉 Genesis 家用游戏机，取得了巨大的成功。此后，《麦登橄榄球》成为艺电持续时间最长、最成功的游戏系列之一，每年发布一个新版本的"年货"模式也被后来的诸多游戏大作所采用。在中国，它的知名度远远不如 FIFA 系列，但在北美，《麦登橄榄球》系列游戏是当之无愧的体育游戏神作。

1993 年，艺电公司发布了足球模拟游戏《FIFA 国际足球》（*FIFA International Soccer*，后来被玩家称为 FIFA 94）。艺电公司对这款电子游戏没当回事，因为美国人不踢足球，但 FIFA 取得了巨大成功，在发售四周后就卖出超过 50 万份。玩家可以从 48 支国家队中进行选择，每支球队有 20 名球员，但都使用了虚构的姓名。不过此后，艺电获得了球队、球场和球员的肖像授权，并在次年的续作中延续了此前的成功，成为世界上最畅销的体育电子游戏之一，以至于在许多玩家心目中，"FIFA"这四个字母成为足球游戏的代名词，而不是国际足联。在这之后，艺电公司又陆续推出 NBA Live、NCAA Football、《FIFA 足球经理》等体育模拟电子游戏，建立起一个涉及足球、篮球、橄榄球、棒球、网球、高尔夫、格斗、滑雪、赛车等多种竞技体育项目的游戏帝国。

唯一能够与艺电体育游戏抗衡的美国游戏公司是 2K Games，

该公司开发的 NBA 2K 系列游戏自 1999 年推出后，与艺电体育的
NBA Live 系列一起，是全球最受欢迎的两大篮球游戏。随着 NBA
Live 的退出，NBA 2K 成为全球篮球电子游戏的霸主。

　　除北美外，电子工业极为发达的日本是 1970 年代至 1990 年
代世界电子游戏市场的另一个中心，任天堂、科乐美、世嘉等日
本游戏公司在不同类型电子游戏的开发中与美国展开竞争。与美
国不同的是，日本游戏公司开发的体育电子游戏更加多元。世
嘉在 1976 年推出的街机游戏《重量级拳王》成为后来格斗游戏
的鼻祖。Data East 与 Techno Japankgant 发布于 1984 年的格斗游
戏《空手道》首次采用了一对一的方式进行格斗，成为后来格斗
游戏的主流玩法。1985 年，科乐美（KONAMI）推出以李小龙为
蓝本的红白机电子游戏《功夫》（*Yie Ar Kung-Fu*），它的许多设定
延续到后来，成为很多格斗游戏的标准规范。1987 年 8 月卡普空
（CAPCOM）推出《街头霸王》（*Street Fighter*），格斗游戏成为日
本体育游戏的代表类型（如果格斗游戏也算是体育游戏的话）。此
外，任天堂的 Q 版搞笑足球游戏《热血足球》（1990 年）、《超级
马里奥赛车》（1992 年）、科乐美的足球游戏《J 联盟实况胜利十一
人》（*J. League Winning Eleven*，1995 年）、SCE 旗下的 Polyphony
Digital 开发的硬核赛车游戏《GT 赛车》（*Gran Turismo*，又译"跑
车浪漫旅"，1997 年）等也相继推出，其中《J 联盟实况胜利十一
人》发展为后来的《实况足球》系列，是唯一能够与艺电公司的
FIFA 系列展开竞争的优秀足球模拟游戏，与《GT 赛车》等一起
代表了日本体育电子游戏的最高水平。

　　这一时期，欧洲的游戏产业无法与美、日相提并论。唯一值
得一提的是 1992 年来自英国的科利尔兄弟的 PC 游戏《冠军足球
经理》（*Championship Manage*）。第二年，他们在伦敦注册了一家

27

名为 Sports Interactive 的公司。经过几代更迭,《冠军足球经理》以真实的数据库和完全的仿真性在欧美大陆畅销,成为最负盛名的体育经营游戏。

经过 1980—1990 年代的发展,体育电子游戏已由类似 Pong那种高度抽象的游戏成长为高度拟真、日益复杂多元的游戏类型,基本上奠定了全球体育电子游戏市场的格局。

三、繁荣期（2000 年至今）

进入 21 世纪,游戏市场越来越成熟,体育游戏进入稳定发展的繁荣期,艺电的 FIFA、科乐美的《实况足球》、Sports Interactive的《足球经理》、2K Games 的 NBA 2K、Codemasters 的《F1 赛车》等 3A 系列大作,以及数量难以估算的中小游戏厂商的体育电子游戏已经蔚为大观,几乎所有体育项目都有一款或数款不同厂商的电子游戏。这些游戏画面越来越逼真,玩法和风格愈加丰富多样,并通过每年的迭代保持着数据的更新,吸引玩家每年付款购买。《麦登橄榄球》、FIFA 等游戏大作已稳定运营超过 30 年,在全球积累了数以亿计的玩家。从地区来看,以艺电为代表的美国游戏厂商无疑是体育游戏市场的盟主,以科乐美、任天堂为代表的日本游戏厂商也不惶多让,欧洲游戏厂商也在奋起直追,力求在全球体育游戏市场分得一杯羹。从游戏平台上看,新世纪以后,街机日渐式微,电脑、主机、掌上游戏机、手机成为体育电子游戏的主流平台,一款电子游戏往往发布多种不同的版本,以适应不同的平台。在玩法上,除了传统的单机游戏,在线游戏、多人对战、职业生涯模式、管理模式等不同玩法也越来越丰富。

在这一阶段,体育电子游戏最大的革命是体感游戏的出现。

2006 年 11 月 19 日,日本任天堂公司推出革命性的家用游戏主机 Wii,第一次将体感技术引入了游戏主机。Wii 自带体感游戏

Wii Sports，包含网球、棒球、保龄球、高尔夫球和拳击等五种运动模拟游戏，玩家能使用 Wii 手柄做出与真实生活中的运动类似之动作，例如挥动网球拍、掷保龄球等。每种运动游戏的规则都经过简化，让刚接触的玩者容易上手。Wii Sports 是世界上第一款体感体育电子游戏，具有一定的健身功能，在体育电子游戏的发展历史上具有里程碑意义，在商业上也取得了巨大成功，全球销量达到 8254 万份。

2007 年 12 月 1 日，任天堂又发布了体感健身游戏 Wii Fit。Wii Fit 总共包含超过 40 种、适合各年龄人群的健身游戏。它还可以测量使用者的体重以及平衡力等指标。游戏还会根据玩家的个人情况不同，给出不同的锻炼建议，相当于玩家的个人健康教练。玩家需要借助一个名为 Wii 平衡板（Wii Ballance Board）的控制器，在板上练习瑜伽或跳动感舞蹈操等。

2017 年 3 月，任天堂发布主机 / 掌机一体化游戏机 Switch。此后，Switch 游戏平台推出体感健身游戏《舞力全开》（*Just Dance*）、《有氧拳击》（*Fitness Boxing*）、《健身环大冒险》（*RingFit Adventure*）等以健身为目的的体感游戏，体感健身游戏成为体育电子游戏一大门类。《健身环大冒险》自 2019 年发布后，一跃成为体感健身游戏的代表作，玩家可以将 Switch 游戏机上的 Joy-Con 体感手柄装入游戏自带的 "Ring-Con" 及腿部固定带中，以识别自己的动作，一边健身一边在游戏中冒险。游戏中的健身动作分为增肌系、韵律系、瑜伽系三大类别，共计 60 种动作。2020 年新冠疫情期间，健身馆关闭，居家健身成为刚需，《健身环大冒险》一度在全球范围内脱销，一机难求。

VR 技术也给体育游戏带来新的可能。如 Steam 平台的 VR 体育游戏 *All-In-One Sports VR*、*Premium Bowling*、*BoxVR*，以及

Eleven: Table Tennis VR、《花样滑雪》（*Fancy Skiing VR*）等 VR 体育游戏，给玩家带来更加沉浸式的游戏体验。

体感游戏和 VR 游戏打破了虚拟与现实之间的壁垒，预示着体育电子游戏未来的发展方向。

纵观六十多年来体育电子游戏的发展历程，我们还有以下几个发现。

首先，体育电子游戏是全球电子游戏产业的一部分，体育电子游戏的发展历程与整个电子游戏的发展历程是同步的。1980—1990 年代是国际电子游戏市场初步形成的时期，也是体育电子游戏快速发展的阶段。这一时期，美国、日本基本奠定了各自在全球游戏市场格局的地位，同时也是体育电子游戏开发和消费的大国。进入新千年之后，全球电子游戏产业进入繁荣发展的黄金时期，体育电子游戏的繁荣同样也是这一全球历史的一部分。

其次，体育电子游戏的发展，离不开技术的进步。如果说游戏是人类的本能，那么电子游戏则是技术的产物。半个多世纪以来现代物理学、计算机科学的发展，直接催生了电子游戏这一新生事物。超大规模集成电路、微型处理器等技术的普及，使大型计算机微型化，最终走出实验室，进入寻常百姓家。在摩尔定律的驱动下，微型电脑的性能日新月异，带动了显示技术、图像处理技术、存储技术、互联网和移动互联网技术的革命。近年来的大数据、AI 技术、VR 技术和体感技术又带来新一轮的技术革命，推动体育电子游戏的大型化、体感化、智能化、网络化。

再次，体育电子游戏，与全球体育的发展同样有着千丝万缕的联系。事实上，游戏产业与体育产业、体育文化的互动是本书的主要研究课题。例如 1970 年代初期 Pong 等乒乓球游戏在美国的成功，与中美两国"乒乓外交"从而揭开两国历史新的一页有着某种微妙的关联。不同国家最受欢迎的体育游戏，也与这一运动项目的发展密切相关。美国玩家对《麦登橄榄球》情有独钟，英国玩家最爱 FIFA，都是明证。而 FIFA、NBA 2K 系列在全球范围内广受欢迎，也主要是因为足球、篮球这两大项目在全球拥有最广泛的球迷。

最后，体育电子游戏的发展，离不开资本这一强力推手的作用。如果说最初的电子游戏只是科学家的灵光乍现或个人兴趣，那么自米罗华·奥德赛开始，资本就开始把电子游戏，包括体育电子游戏作为一门可赚钱的生意来经营。象艺电这样的游戏开发和发行厂商，旗下的生意并不只有体育游戏这一种产品。他们投入巨额资金，是为了赚取巨额利润，于是体育电子游戏成为玩家所调侃的"年货"，这才有了《麦登橄榄球》、FIFA 等持续运营 30 年的产品。体育电子游戏作为一种文化产品，是阿多诺所说的全球"文化工业"的一部分。

第三节 体育电子游戏的作用与功能

传播学的"使用与满足"理论认为，受众对媒介的使用完全基于个人的需求与愿望，包括信息需求、娱乐需求、社会关系需求以及精神和心理需求等。英国著名传播学者丹尼斯·麦奎尔曾经对电视节目提供的"满足"做过调查，总结出四种基本类型：

1. 心绪转换（diversion）效用——电视节目可以提供消遣和娱乐，能够帮助人们"逃避"日常生活的压力和负担，带来情绪上的解放感。

2. 人际关系（personal relations）效用——这里的人际关系包括两种，一种是"拟态"人际关系，即观众对节目出现人物、主

持人等所产生的一种"熟人"或"朋友"的感觉；另一种是现实
人际关系，即通过谈论节目内容，可以融洽家庭关系、建立社交
圈子等。麦奎尔认为，"拟态"人际关系，同样可以在某种程度上
满足人们对社会互动的心理需求。

3. 自我确认（personal identity）效用——电视节目中的人物、
事件、状况、矛盾冲突的解决方法等，可以为观众提供自我评价
的参考框架，通过这种比较，观众能够引起对自身行为的反省，
并在此基础上协调自己的观念和行为。

4. 环境监测（surveillance）效用——通过观看电视节目，可以
获得与自己的生活直接或间接相关的各种信息，及时把握环境的
变化。麦奎尔等人发现，环境监测是人们观看新闻节目的主要动
机。①

麦奎尔研究的是电视节目，但这也是现代大众媒介的主要功
能。电子游戏是否适用这一理论？早在 1991 年，美国电子游戏
研究的先驱尤金·普罗温左（Eugene Provenzo）就在《顽童：理
解任天堂》（Video Kids: Making Sense of Nintendo, 1991）一书中认
为，电子游戏使得玩家由被动的受众变成了主动的参与者，是一
种与传统媒体完全不一样的新媒体。②澳大利亚皇家墨尔本理工大
学数字艺术副教授拉丽莎·亨杰斯（Larissa Hjorth）在《游戏与玩
游戏：新媒体导论》一书中专门用一章来论述"作为新媒体的游
戏（Games as New Media）"。亨杰斯认为，视觉效果的进步是区别
新媒体和旧媒体的一个重要标志，电子游戏就是一种典型的新媒

---

① D. McQuail, *Sociology of Mass Communication*, London, Penguin Books, 1972.
转引自郭庆光 . 传播学教程（第二版）[M]. 国人民大学出版社 ,2011:166-167.

② Provenzo E F. *Video Kids: Making Sense of Nintendo*[M]. Harvard University
Press, 1991.

体。① 我国学者关萍萍认为，电子游戏是全新的"互动媒体"："在新媒体的诸种表现形态中，电子游戏是最为引人注目的形态之一，并将新媒体的特征表现到了极致，以其全新的互动性、叙事性等特征构建出全新的信息传播模式，并昭示了未来新媒体的发展趋向。"② 薛强也承认电子游戏是一种新媒体，"是电影和动画的一种进化"。③ 黄佩在《传播视野中的电子游戏》一书中全面论述了电子游戏的媒介功能，他指出："电子游戏本身呈现出了传播、交流、信息互动等媒介功能，可以说是当今进行信息传播最具影响力的媒介形式之一。"④ 总之，电子游戏作为一种新型的媒介，已获得国际学术界的普遍认可。

作为电子游戏的一大类型，体育电子游戏自然也是一种新媒体，是全新的互动性的体育媒体。根据"使用与满足"理论，体育电子游戏能够满足玩家不同的需求，但又与其他普通媒体有所不同。我们认为，体育电子游戏主要具有以下作用与功能：

1. 提供娱乐和消遣，这是电子游戏的主要功能。在繁重的学习和工作之余，玩家通过电子游戏，获得精神的满足，达到消遣和娱乐的目的，从中得到身心的放松和满足。在生活节奏越来越快的现代社会，电子游戏已经成为年轻人的主要娱乐方式之一。另一方面，体育本身就是一种游戏，体育电子游戏在某种程度上代替了现实中体育的娱乐消遣作用。正如麦克卢汉所说："游戏是像

---

①　Hjorth L. *Games and Gaming: An Introduction to New Media*[M]. Berg Publishers, 2011：45.

②　关萍萍 . 互动媒介论 [M]. 浙江大学出版社 , 2012:5.

③　薛强 . 赛博空间里的虚拟生存：当代中国电子游戏研究 [M]. 复旦大学出版社，2018:82.

④　黄佩 . 传播视野中的电子游戏——技术与文化的互动和创新 [M]. 北京邮电大学出版社 .2017:41.

迪斯尼乐园的一种人为的天堂，或者是一种乌托邦似的幻景，我们借助这种幻景去阐释和补足日常生活的意义。"①

2. 体育知识和体育文化的传播载体。体育电子游戏是体育知识和体育文化的载体，玩家能够从中获得体育知识，感受体育文化。比如由 HB Studio 开发、2K 公司发行的游戏 *PGA Tour 2K21* 与任天堂的《马里奥高尔夫：超级冲冲冲》是两款完全不同风格的高尔夫球游戏，但这两款游戏都提供了比较全面的高尔夫球入门知识；《足球经理》不仅有真实的全球职业足球运动员数据库，而且模拟了从训练比赛、球员交易到财政状况等不同经营方面的真实过程。这些游戏不仅是给玩带来快乐的游戏，也是体育的模拟器，更何况体育电子游戏的开发、宣传、销售，本身就是体育文化的传播过程。

3. 体育社交。得益于新技术的发展，电子游戏成为一种社交媒体，玩家可以与千里之外的朋友或其他玩家一起通过互联网进行一场虚拟的比赛。有的游戏提供了多人共玩的模式，如任天堂的《马里奥赛车》《马里奥网球》等可通过 Switch 独有的可拆卸手柄 Joy-Con，同朋友、家人一起体检游戏的乐趣，是一款老少咸宜的家庭亲友聚会的佳作。*FIFA* 等体育游戏大作推出适合手机的风格版 FIFA *ONLINE*，玩家可通过手机与通讯录好友一同进行线上比赛。

4. 健身新方式。自 2006 年任天堂相继发布革命性的体感游戏主机 Wii 和体感健身游戏 Wii Fit 以来，体育游戏不再是久坐不动、脱离现实的虚拟游戏，而成为一种新的健身方式，游戏、健身两不误。象 Wii Fit、《健身环大冒险》等体感健身游戏能够测量玩家

---

① 麦克卢汉. 理解媒介——论人的延伸 [M]. 何道宽译. 商务印书馆，2007:295.

的体重，记录玩家健身过程中的卡路里消耗数据，给玩家提供专业的健身指导。体感健身游戏就是一个专业的健身教练。

5.体育电子游戏深度嵌入全球体育产业，成为当代体育产业的有机组成部分。体育电子游戏开发企业通过与国际足联、国际职业球员联合会等国际体育组织，以及意甲 AC 米兰、英超曼彻斯特联队等知名职业体育俱乐部的战略合作等方式，获取赛事版权和球员肖像权，将触角伸向体育产业。艺电体育与国际足联的合作长达 30 年，不仅使体育业从中受益，也为自己带来超过 200 亿美元的收入。目前在英格兰足球超级联赛等主流职业体育赛场，艺电体育、索尼 PlayStation、微软 Xbox 等游戏厂场的 LOGO 随处可见，艺电体育的标志还出现在曼联、AC 米兰等足球豪门的球衣广告中；《足球经理》等游戏为职业俱乐部提供了全球职业球员转会交易的数据，甚至成为不少教练、运动员的训练工具。另一方面，体育产业也越来越愿意拥抱游戏产业。国际奥委会、国际汽联等联合游戏厂商，推出赛事的官方游戏《东京奥运会》《F1 赛车》等。2020 年疫情期间，全球赛事停摆，职业俱乐部纷纷入局线上赛事，F1 开创"虚拟 F1"巴林大奖赛这一全新模式，英超转播商天空体育也通过与艺电体育的合作，为英超球队定制不同类型的欢呼声和口号。2022 年，国际足联在与艺电体育谈判破裂后，计划推出自己的 FIFA 足球游戏。可见，游戏产业已与体育产业捆绑在一条战车上。

以上对体育电子游戏的主要作用和功能做了一个并不全面的概括。事实上，体育电子游戏的功能不限于此，我们将在后文中予以进一步的说明。

第二章　游戏的人

芬兰学者弗兰斯·梅拉（Frans Mäyrä）将电子游戏研究分为游戏与游戏结构研究、游戏玩家行为研究、游戏设计与开发研究三大部分。[①] 游戏玩家研究是电子游戏研究的主要组成部分。如果说电子游戏是一种"互动媒介"的话，那么玩家研究相当于媒介研究中的受众研究。本书关心的问题是：玩家为什么玩体育电子游戏？体育电子游戏玩家是否都是体育爱好者？这两个群体之间是否有差异？他们从体育电子游戏中获得了什么？体育电子游戏对他们来说意味着什么？体育电子游戏玩家的游戏行为有何特点？特别是体育电子游戏对玩家在现实中的体育参与有哪些影响？本书作者领衔的研究团队通过深度访谈法、问卷调查法、自我民族志等方法，对以上问题进行了初步的研究。

第一节　体育电子游戏为何深受玩家喜爱？

2019 年底，本书课题组成员、上海体育学院传媒与艺术学院硕士研究生刘羿江在笔者的指导下，采用深度访谈法和问卷调查法，就游戏行为、游戏体验、游戏态度等内容对体育电子游戏玩家展开调查，目的是通过深刻而详细的访谈，获得生动、丰富的

---

① Frans Mäyrä. *An Introduction to Game Studies*[M]. Saga Publications, 2008:156.

定性资料。深度访谈对象的筛选标准受工作经验、游戏年龄、游戏偏好三个约束变量的控制，尽可能保证所选取的访谈对象在这三个变量上均匀分布。

最终，我们确定了 33 位典型体育电子游戏玩家作为访谈对象。他们当中无工作经验的学生 16 人，上班族 17 人；游戏年龄在 5 年以下者 10 人，5—10 年者 12 人，10 年以上者 11 人；篮球游戏爱好者 14 人，足球游戏爱好者 15 人，其他游戏爱好者 17 人（部分玩家有多种游戏偏好）。在地域上，访谈对象来自上海、山东、江苏、辽宁等不同省区。实际的访谈工作从 2019 年 10 月起，一直持续至 2019 年 12 月结束。按照访谈时间，对受访者进行编号。受条件限制，除面对面访谈外，我们还通过电话、微信和电子邮件等方式进行访谈，每人访谈的时间从 30 分钟到 60 分钟不等。通过访谈，我们获得了宝贵的第一手研究资料，整理为文字后共计约 5.3 万字。访谈文字整理记录见本书附录二。

为了获取更加精确的数据，我们还使用调查问卷作为深度访谈的补充。我们通过"问卷星"平台设计自填式问卷，将问卷链接随机发送至各大游戏论坛、贴吧、玩家群等展开调查。调查的主要内容为玩家的人口统计特征、游戏行为、游戏偏好、游戏态度等。最终发放问卷数量 213 份，回收问卷 213 份。其中有效问卷 200 份，有效回收率为 93.9%。通过对问卷结果统计得到的量化数据可以弥补质化研究的不足。

一、中国体育电子游戏玩家的基本状况

分析 33 个受访对象和问卷调查对象，我们发现中国体育电子游戏玩家以 18—25 岁的年轻男性为主，这与我们的预期相一致。

在 33 个访谈样本中，男性玩家多达 30 人，女性玩家仅为 3 人；从问卷调查结果中来看，男性玩家比例高达 88%，女性玩家仅为 12%。这说明，体育电子游戏玩家主要以男性为主，这与现实中庞大的男性体育受众群体有着直接的关系。

从游戏玩家的年龄分布来看，18—25 岁的玩家占比高达 61%，其次是 26—30 岁的玩家，占比为 14.5%，18 岁以下和 31—40 岁年龄段玩家占比相差不大，分别为 9.5% 和 10.5%，40 岁以上的玩家仅占 4.5%。18—25 岁的玩家成为体育电子游戏场上的主力军，这主要是因为此年龄段的玩家大多为在校大学生或研究生，游戏时间相对宽裕；而 18 岁以下和 31—40 岁年龄段玩家分别受到学业和事业、家庭的压力，因此比例相对较低。

从学历来看，本科及专科学历最多，达到了 63.5%，研究生学历次之，为 23%，而从职业状况来看，在职者达到了 55%，无工作经验者为 40%。由以上数据可知体育电子游戏玩家集中于男性在校大学生及年轻的从业者。

在游戏年龄方面，问卷调查结果显示，游戏年龄在 1—3 年的玩家最多，占总人数的 28.5%，游戏年龄在 3—5 年和 5—10 年者分别为 25%、22.5%，游戏年龄在 10 年以上的玩家占 16%，而游戏年龄不足一年者占比最少，为 8%。总体来看，体育电子游戏玩家的游戏年龄分布较为均衡。

从体育电子游戏玩家每天的游戏时长来看，每天游戏 1—2 小时的玩家最多，占到了总人数的 44.5%，其次是每天玩游戏在 1 小时以内的玩家占 34.5%。两者相加，每天游戏 2 个小时以内的玩家共占 79%。每天游戏时间在 2—3 小时的玩家占 17.5%，每天游戏时间在 3—4 小时和 4 小时以上的玩家很少，分别仅占 2% 和 1.5%。总体而言，体育电子游戏玩家在玩游戏时比较理性，真正花大量时间玩游戏的还是极少数。

二、体育电子游戏玩家的基本游戏行为

在访谈中，我们首先发现，几乎所有的受访对象都是体育爱好者，其中大多数是足球迷、篮球迷。与此相应，最受欢迎的体育电子游戏是美国艺电公司的 *FIFA* 系列、日本科乐美公司的《实况足球》系列、美国 2K Games 公司的 *NBA 2K* 系列等大型模拟类足球、篮球游戏。这些游戏的玩家有较高的忠诚度，有的玩家玩同一个系列的游戏超过十年之久。021 号受访者（男，23 岁）游玩体育电子游戏的经历很有代表性：

特别喜欢篮球，玩篮球游戏也有七八年了，高中的时候就开始玩 NBA 2K，但由于学习紧张，家长管得也很严，所以真正玩的时间并不多。平时打球多一些，玩游戏也就是周末回家才能玩一会。后来上大学了就特别想买笔记本，为的就是玩篮球游戏，大概是大二上学期才买的笔记本，那个时候也是我玩游戏最疯狂的阶段。我接触到 *NBA 2K OL* 系列，可以跟室友联机，经常几个人玩个大半天，玩累了再去球场打球，后来又出了 OL 2，玩法更加多样，画面也更加真实，但也就玩了半年多，研究生期间基本没咋玩。（021 号受访者，男，23 岁）

又如 007 号受访者（男，20 岁）：

Q：平时喜欢踢球吗？

A：平时喜欢踢足球，为什么是因为那个，你懂吧，踢足球，足球那种魅力谁能挡得住呀，然后第一次接触足球以后就一直爱上了足球。然后就喜欢在场上奔跑，然后去防守去进攻，那种感觉特别好。

Q：喜欢玩什么样的体育电子游戏呢？

A：更多的还是足球游戏，FIFA online 3、4，包括 FIFA 19、20，手游的话就是实况了。玩体育电子游戏五年了吧，就是第一次玩儿的游戏是 FIFA online3，也是朋友，当时也是特别爱踢球儿，就是一个球友介绍的，然后玩起来感觉特别好，特别喜欢。通过 FIFA online3 又发现了很多其他游戏，然后就是慢慢玩，这种感觉特别喜欢。这几款游戏都是足球游戏，能让我随时随地玩，能满足我不在球场上也能找到的那种足球的快感。

这两位受访者都是非常典型的体育电子游戏玩家：喜欢体育，于是玩体育电子游戏；喜欢什么体育项目，就主要玩什么项目的电子游戏。问卷调查的结果与访谈结果基本一致。数据显示，在接受问卷调查的玩家中，喜欢玩足球、篮球类电子游戏的玩家最多，分别占 68.5% 和 59.5%，赛车竞速类玩家占比紧随其后，为 50.5%，休闲体育类和拳击格斗类游戏玩家占比接近，分别为 15% 和 14%，体感健身类游戏玩家占 8.5%，乒羽网类等小游戏玩家占比最少，仅为 1 人。

综合深度访谈和问卷调查的数据，我们可以得出结论：体育电子游戏玩家与体育爱好者这两个群体，具有非常高的重合性。可以肯定，虽然并不是所有体育爱好者都是体育电子游戏玩家，但体育电子游戏玩家基本上都是体育爱好者。最受欢迎的体育电子游戏，与该项目在现实中的普及程度成正比。如足球、篮球电子游戏，在现实中最受体育爱好者欢迎。相反，橄榄球在中国普及程度很低，因此在国外极受欢迎的电子游戏《麦登橄榄球》在中国玩家当中几乎没有存在感。

当然，并非所有在现实中普及程度高的项目在电子游戏中也最受欢迎。比如乒乓球、羽毛球在中国有很高的普及率，但乒乓球、羽毛球电子游戏在访谈中几乎无人提及。我们认为，乒乓球、羽毛球、网球电子游戏玩家较少，主要原因在于此类运动受场地、人员限制较少，电子游戏的替代性较低。一位玩过《马里奥网球》的玩家表示：“就是图个新鲜感，然后就不怎么玩了，有这时间不如去楼下打打羽毛球。”（004 号受访者，男，20 岁）

三、体育电子游戏何以吸引玩家？

正如 007 号受访者所说，体育电子游戏玩家多数是由于喜欢体育而爱上体育电子游戏，他们把对体育的热爱投射到电子游戏当中。无独有偶，015 号受访者（男，36 岁）、018 号受访者（男，20 岁）也有相似的观点：

体育游戏玩很多年了，喜欢玩体育游戏，我觉得百分之七八十他都是喜欢这东西，比如你喜欢踢球，那你就玩足球，你喜欢赛车，那你就玩赛车，你喜欢骑摩托，那你就玩骑摩托。（015 号受访者，男，36 岁）

我之所以在电子游戏这个大的框架内，特别青睐体育电子游戏，是因为我本身就是一个体育迷，尤其钟爱篮球这项运动，并且喜欢看 NBA 等篮球赛事。这也是导致我喜爱玩体育电子游戏的直接原因，因为体育电子游戏的本质来源于体育。（018 号受访者，男，20 岁）

体育电子游戏不仅是一种消费文化商品，也是庞大的体育产业链中的一个环节。对许多玩家而言，体育本身的魅力是他们玩体育电子游戏的根本原因。从这个角度来说，体育电子游戏拓展了体育的内涵和外延，这是体育电子游戏对当代体育的一大贡献。在某些时候，体育电子游戏成为体育爱好者的寄托和补偿。如下面几位受访者的观点，代表了多数体育电子游戏玩家的心态：

　　玩游戏的目的，第一是消磨时间，第二是这几款游戏都是足球游戏，能让我随时随地玩，能满足我不在球场上也能找到的那种足球的快感。（007号受访者，男20岁）

　　玩游戏的目的是满足自己的体育梦，现实生活中做不到的事情，游戏来实现，通过操作自己的偶像球星完成一次又一次的进球，是很有成就感的。……在游戏中的乐趣是每一次操作，每一次的防守，移动，传球，助攻，进球都能获得满满的成就感，遇到实力强劲的对手更是会提升肾上腺素，兴奋和绷紧的神经使我无时无刻不在享受游戏带来的快感。（030号受访者，男，31岁）

　　最早接触的是《实况足球8》，小时候踢球不好，"足球梦"渐渐散去，但却在游戏中找到了寄托。久而久之，我对足球的兴趣越来越浓，正是因为玩了这款游戏，我在学校里跟同学们踢球时，才会更加投入，也更加享受参与其中的乐趣。（019号受访者，男，20岁）

　　上述三位受访者中，有两位提到"体育梦""足球梦"，这并不奇怪。从访谈中我们发现，"梦想"是体育电子游戏玩家的一个关键词。具体来说，体育电子游戏让玩家实现在现实中无法实现的体育梦、明星梦。如018号受访者（男，20岁）就极为典型：

对于体育电子游戏来说，实现这份快乐只需要动动手指，动动眼睛动动头脑就可以，并不需要像真实世界中的体育运动那样需要大量的训练、比赛、挥汗如雨，甚至出现伤病的痛苦。在体育电子游戏中，除了不用自身承担身体的劳累、汗水、伤病等，我们还能体验到现实世界我们可能无法拥有的能力，而这也是我玩体育电子游戏的最大动力。而现实世界是，我们可能一辈子都没办法成为NBA球员，或者去掌控其中的某一支球队，这对于我这个篮球迷来说无疑是有些遗憾的，但是我却可以在体育电子游戏中最大程度地弥补这份遗憾，甚至可以在这之中获得同等的快乐，我可以在这款游戏中创建自己的角色，征战美职篮，也可以操控一支我最喜欢的NBA球队，这份快乐自然是我在现实世界中无法体验到的。

016号受访者（女，20岁）也表示：

在我身边，也有着一群热爱NBA的男生，也许他们和我一样，没有机会真的前往NBA实现自己的梦想，但一些体育电子游戏能让他们很大程度上接近自己的梦想，虽然没有NBA现场的刺激感，也没有在球场上挥洒汗水的愉悦感，但手机中逼真的场景模拟，队友间默契的配合，很大程度上助力了梦想的实现。

"游戏吸引玩家，是因为它赋予玩家的主动性，能够满足玩家在现实中不被满足的精神需求。"[1]体育电子游戏是一个造梦工厂，它能够帮助玩家实现梦想，成为完美人生的代替品。在现实中，一个人要想成为体育明星，不仅需要极高的天赋和绝佳的运气，

---

[1]　刘梦霏.寻找游戏精神[A].素婷.离线·开始游戏[M].电子工业出版社，2014：83.

更要付出超出常人的艰苦努力。但在电子游戏中，只要付出一定的时间和精力，你就能够从一个菜鸟成长为与 C 罗、梅西等超级巨星比肩的体育明星。在现实中，中国足球队屡战屡败。但在游戏中，你能够带领中国足球队击败日本、韩国甚至法国、巴西诸强，夺取世界杯冠军也非难事。电子游戏是对平庸现实的精神抚慰和心理补偿。

此外，在没有重要体育比赛的赛事空窗期，玩一把体育电子游戏，同样能够享受体育带来的乐趣，从而填补赛事真空。因此体育电子游戏不仅是完美人生的代替品，也是体育本身的代替品。如 031 号受访者（男，27 岁）说："在没有比赛的时候玩足球游戏可以满足我没比赛可看的无聊。"014 号受访者（女，25 岁）也说："有时候没有比赛可看，会在游戏中过一把瘾。"

玩体育电子游戏的另一大原因是为了娱乐、放松和缓解工作生活压力。如 016 号受访者（女，20 岁）说：

说起我喜欢体育电子游戏的第一个原因，不用纠结，那一定是体育电子游戏带给我的放松感。进入大学，繁重的课业有时往往压得我喘不过气来，此时，来上一局模拟赛车游戏比赛，很大程度上能拯救我于水火之中。选择好心仪的赛车，切换赛道，等待五盏红灯熄灭之时，松开离合器，按下油门，启动赛车，犹如离弦之箭般冲出的赛车能带走无尽的烦恼。许多爱玩体育电子游戏的小伙伴们一定也有同样的感受，心情不好或是压力过大时，都愿意玩上一局游戏，投上几个球，以舒缓压力或是不快。

体育电子游戏有让玩家放松和解压的功能，这一点与其他电子游戏没有什么本质的不同。体育电子游戏本质仍然是游戏，娱乐性是它最重要的功能。人们通过玩游戏打发时间，获得乐趣（fun），缓解压力。荷兰学者约翰·赫伊津哈（Huizinga）在他的经典之作《游戏的人：文化中游戏成分的研究》一书中指出："游戏并非'平常的'或'真实的'生活，它步出了'真实的'生活，进入一个暂时的活动领域。"[①] 麦克卢汉也有类似的观点："游戏是像迪斯尼乐园的一种人为的天堂，或者是一种乌托邦似的幻景，我们借助这种幻景去阐释和补足日常生活的意义。"[②]

但是，体育电子游戏终究有它的特殊性。体育的竞技性，决定了体育电子游戏有其独特的乐趣，即在虚拟赛场上的胜利。如在回答"体育电子游戏有什么乐趣"这一问题时，受访者们的回答是：

主要是战胜对手的喜悦，还有就是能够抽到心仪的球员的惊喜。（031 号受访者，男，27 岁）

游戏享受的乐趣就是虐人，玩空接，隔空暴扣，完成现实中无法做到的操作，就很爽。（032 号受访者，男，24 岁）

游戏中的乐趣重要就是胜利和寻找朋友。（033 号受访者，男，22 岁）

绝杀，或者碾压。曾经我就在 16 秒内连续用洛瑞投进两个三分加一个抢断拖入加时并获胜，当时就觉得和麦迪一样。刺激，

---

① 赫伊津哈.游戏的人：文化中游戏成分的研究 [M].何道宽译.花城出版社，2007.11—12

② 麦克卢汉.理解媒介 [M].何道宽译.商务印书馆，2007:295.

兴奋！（026 号受访者，男，26 岁）

不过，有胜利就有失败。当玩家在游戏中遭遇失败，他们同样会感到沮丧：

输了就特别难受啊，比如一些关键比赛，就是很影响心情的，有时甚至会把这种情绪带到生活中。（003 号受访者，男，17 岁）

输了心情不好会砸手柄，发泄手段嘛，很正常。不甘心再来一局的情况常有。有一次一场比赛我踢了九回，砸了四个手柄。（009 号受访者，男，32 岁）

总体而言，玩家能够理智地分清游戏与现实的区别，游戏失败的痛苦一般而言不会持续太久。如果是由于对手采取了外挂等作弊手段而导致自己输了比赛，玩家通常感到愤怒。如：

遇到过，心情很不好，丧失了游戏乐趣。这种行为应该严厉打击！（025 号受访者，男 22 岁）

遇到过，刚开始是特别愤怒的，后来就无所谓了，点个举报就好了。这种人我觉得纯粹就是心理有问题吧，毕竟游戏只是拿来娱乐的，这样搞没意思。（003 号受访者，男，17 岁）

玩家的作弊行为，是对游戏规则的破坏。赫伊津哈指出，一切游戏都有规则，"规则一旦被打破，整个的游戏世界就崩溃了"。他把破坏规则的人称为"搅局者"，"搅局者把游戏世界砸得粉碎。

退出游戏后，他揭示了这个游戏世界的相对性和脆弱性。"[①]025 号受访者所说的"丧失了游戏乐趣"，正是游戏世界崩溃的绝佳注脚。

在研究中，我们还有一个有意思的发现，即有的女性受访者表示，玩体育电子游戏的主要目的是为了"看帅哥"。如 014 号受访者（女，25 岁）能够代表许多女性玩家：

A：玩了大概两三年了吧，平时也就是偶尔玩一玩，我的技术很菜的，我主要是看里面的帅哥。

Q：球员都是些模型，哪来的帅哥？

A：卡片上都是真人头像呀。

Q：玩游戏就是为了看帅哥？

A：主要是看帅哥呀，还有一部分原因是我确实挺喜欢这项运动的，有时候没有比赛可看，会在游戏中过一把瘾。

Q：游戏中享受的主要乐趣？

A：主要是看帅哥的乐趣，还有就是进球的那种感觉。

由于女运动员的漂亮或男运动员的帅气而成为体育明星的"追星族"，这在现实的体育文化中是一种常见的现象，特别是对于女性体育爱好者而言尤为如此。每一届世界杯足球赛，都会有一批女性成为"临时球迷"，媒体和"真球迷"不无嘲讽地称她们为"伪球迷"，女球迷们也往往毫不掩饰自己的"伪球迷"身份。这是一种非常复杂的文化现象，因此性别研究和男性气质研究成为数十年来欧美体育传播研究的永恒主题。现在看来，这种文化现象已经蔓延到体育电子游戏中。

---

① 　赫伊津哈. 游戏的人：文化中游戏成分的研究 [M]. 何道宽译. 花城出版社，2007:16.

此外，社交也是玩家游玩体育电子游戏的一大原因。这在上引受访者语言时已经说明，此不赘述。

结合问卷调查的数据分析可知，玩家喜欢玩体育电子游戏的原因主要集中在"对该项体育运动的热爱""娱乐、解压的需求"以及"对某支运动队或某位运动明星的喜爱"三个方面，三者分别占比 78.09%、57.3%、46.07%。足球、篮球等球类电子游戏的玩家玩此类游戏更多的是出于对该项运动的喜爱或者对球队、球星的喜爱，而像赛车、拳击以及一些休闲类体育电子游戏，玩家更多的是出于一种娱乐、放松的心态，而非受现实的运动喜好影响。将玩家性别与上述原因交叉分析可知，男性玩家游玩体育电子游戏主要是因为喜欢该项运动，而女性玩家则更多的是为了娱乐解压和扩大社交。

四、体育电子游戏会影响现实中的体育参与吗？

电子游戏长期以来被称为"电子海洛因"，承担着"危害青少年健康"[①]、造就"反社会、肥胖、不健康和充满暴力的网虫一代"[②]的恶名。有研究认为："电子游戏等活动可能会弱化后续的体育锻炼动机。"[③]易剑东在对电子竞技进行反思的文章中认为："在推行电子竞技之时应该思考，鼓励几亿青少年坐着基本不动地打游戏，这是健康吗？……本来就没有多少孩子参加体育锻炼，还要把孩

① 何威,曹书乐.从"电子海洛因"到"中国创造"：《人民日报》游戏报道(1981，2017)的话语变迁 [J]. 国际新闻界,2018,40(05):57-81.

② Kline, S., Dyver-Witherford, N., & De Peuter, G. *Digital play: The interaction of technology, culture, & marketing*[M]. London: McGill-Queen's University Press, 2003.

③ Hepler, J., W. Wang, and D. Albarracin, *Motivating exercise: The interactive effect of general action goals and past behavior on physical activity*[J]. Motivation & Emotion, 2012:36(3).

子都吸引去玩电子游戏，这会带来怎样的后果？"①他认为，提供电子竞技会"冲击长期积极主动锻炼的体育价值观。"那么就体育电子游戏而言，体育爱好者是否会由于玩电子游戏而减少了参加体育运动的时间？体育电子游戏对人们的体育参与有何影响？

早在 2005 年，德国马格德堡大学的一项针对儿童的研究表明，电子游戏并没有取代传统的娱乐活动。②克劳福德的研究也指出，"几乎没有证据表明玩视频游戏对体育参与率有任何不利影响"，相反，"电子游戏技术扩大了体育参与和观看体育的可能性和领域"。③Paul J. C. Adachi 与 Teena Willoughby 的研究也认为："玩体育电子游戏可能是促进成年人在真实生活中体育参与的有效手段。"④但是国内的研究还没有切实的证据或数据说明玩体育电子游戏与现实中体育参与的关系，而我们的研究基本印证了克劳福德的论断。在 33 名受访者中，有 12 人明确表示玩体育电子游戏对现实中的体育参与没有影响，有 7 人明确表示有正面影响或增加了体育参与的时间，只有 2 人明确表示减少了现实中的体育参与时间，其余受访者没有明确表态。

在明确表示玩体育电子游戏对现实中的体育参与没有影响的受访者中，006 号受访者（男，21 岁）和 027 号受访者（男，21 岁）的观点颇有代表性：

---

① 易剑东. 中国电子竞技十大问题辨识 [J]. 体育学研究 ,2018(04):35-54.

② Johannes Fromme, 孙艳超，黄立冬，张义兵. 电脑游戏：儿童文化的一部分——由德国儿童电脑游戏调查报告引发的思考 [J]. 信息技术教育 . 2005.03.28-30.

③ Crawford, Carry. *Digital Gaming, Sport and Gender*[J]. Leisure Studies, July 2005, 259-270.

④ Adachi, Paul J. C, Willoughby, Teena. *Does Playing Sports Video Games Predict Increased Involvement in Real-Life Sports Over Several Years Among Older Adolescents and Emerging Adults?*[J]. Journal of Youth & Adolescence, 2016（45）:391-401.

毕竟是游戏，对现实基本没什么帮助，对体育参与的时间毫无影响。与虚拟的体育游戏相比，现实体育更加真实。（006号受访者，男，21岁）

没有影响。现实是现实，虚拟是虚拟，不发生冲突。玩游戏完全不耽误我现实中打球的时间。游戏只是为了消遣娱乐，又不是主播，并没有把游戏当成主要的行业。（027号受访者，男，21岁）

在7名明确表示游玩体育电子游戏对现实中的体育参与有正面影响或增加了体育参与时间的受访者中，019号受访者（男，20岁）和011号受访者（男，22岁）较有代表性：

久而久之，我对足球的兴趣越来越浓。正是因为玩了这款游戏，我在学校里跟同学们踢球时，才会更加投入，也更加享受参与其中的乐趣。之后我就一直踢球，初中高中也没放弃这个兴趣，直到现在我还在绿茵场上奔跑。（019号，男，20岁）

有影响，比较大，当我在玩游戏的时候我看的是整个全场的画面，因此我清楚的知道我该把球分向那边，这对我在场上的意识观和大局观有很好地提高。这也就是为什么一些兵哥哥会专门去打一些CF、CS之类的游戏。（011号，男，22岁）

问卷调查得到的数据与访谈的数据基本一致。当问及体育电子游戏对玩家现实世界的体育参与有何影响时，42%的玩家选择了"二者无必然联系"，34%的玩家选择了"增加了现实中的体育运动"，只有 24% 的玩家选择了"减少了现实中的体育运动"。

多数受访者认为，游玩体育电子游戏不仅增加了体育知识，还有助于加强他们对体育的理解。如 019 号受访者（男，20 岁）和 003 号受访者（男，17 岁）认为：

加深了我对相关体育项目的理解。通过操作，我们在游戏中所呈现的每一次动作就好比我们亲自在运动场上进行着这样的动作。我们在现实运动中做的每一个动作，都是要经过大脑的思考后发布的指令，我们在游戏中也一样，都需要我们自己想执行何种战术、用哪种方式完成相关任务。就这么一局又一局地操作，我们在脑海中也会不由自主地形成相应的运动思维模式，当我们用最为合理的思维方式来完成游戏时，我们就能收获胜利，就能有感叹自己实力水平之高的机会，心里满满的成就感就会溢出。而这一切，正是在游戏过程中加深了对相关体育项目的理解后才会有的收获所以，适当参与到体育电子游戏中，会给喜欢某项体育运动的人增强兴趣和加深对运动项目的理解！（019 号，男，20 岁）

很大程度吧，比如 2K，我之前很多不懂的篮球的规则都在那搞明白了，还有一些球员最近的表现和转会。（003 号受访者，男，17 岁）

020 号受访者（男，22 岁）也认为：

更加深刻地去了解这项运动，当我在玩 2K 游戏时，我为了让自己的球队变强，我会去了解各个球员的数据，精确到他们的三分、突破、防守、篮板等方面，什么球员适合打主力，什么球员适合打

替补等等,这帮助我很好地了解了 NBA 里球员的打球风格、能力。（020 号,男,22 岁）

当然,也有少数受访者认为玩体育电子游戏对身体百害而无一利:

所有电子游戏的通病,对于我们身体,几乎是百害而无一利的。我们的肉眼高度集中在电子屏幕上,无论是电脑还是手机屏幕,多少都会存在辐射,并且屏幕持续的亮度也会使得我的眼睛感到疲劳。体育电子游戏也会逐渐使得我变得更"懒惰",因为我会陶醉在虚拟世界中游戏角色更强的运动能力、运动技巧,而相应地减少了现实世界中的体育锻炼,而游戏几乎是坐着玩的,这是谁都知道的。坐一下午玩了数百场篮球比赛,还是在球场打了一下午篮球,对于人身体的好坏,高下立判。因此,从这个角度来说,我就没有特别好的体验。因为生命源于运动,而非运动电子游戏,即体育电子游戏。体育运动所带给我的全身心的那份快乐,是电子游戏永远所无法取代的。（018 号受访者,男,20 岁）

研究显示,年轻的体育电子游戏玩家还是比较理性、清醒的,他们中的大多数并不会由于沉迷于体育电子游戏而减少现实中的体育活动。相反,他们通过体育电子游戏增加体育知识,对体育的理解也更加深刻,甚至从游戏中学到一些运动技巧,并应用到现实的体育活动中。

五、其他发现

（一）体育电子游戏中的体育精神

《奥林匹克宪章》规定:"每一个人都应享有从事体育运动的可

能性，而不受任何形式的歧视，并体现相互理解、友谊、团结和公平竞争的奥林匹克精神。"奥林匹克精神是体育精神的最好诠释。然而体育并不是一方净土，运动场上同样有暴力、色情、仇恨、不平等、服用禁药、种族歧视甚至犯罪等丑恶现象，科克利称之为"偏离行为"（deviance of sports）。[①] 这些偏离行为违背了现代体育的基本价值，但却不可能彻底消失。那么，体育电子游戏是否能够体现出体育精神？对此，受访者的回答并不一致，但多数给予了肯定的回答：

　　体育竞技游戏是能很好地体现体育精神的，就公平竞技来说，游戏所带来的比赛判罚肯定比现实比赛更为公平，因为游戏程序可以做到绝对的精准判罚。（030 号，男，31 岁）

　　很大程度上体现出体育精神。我们讲体育精神，无非就是一种你获胜了、拼搏精神，游戏里面展示的特别特别明显。比如说你受伤了，伤不重回来，你的数值会下降，但你还能在场上跑；再比如所游戏里面永远不会有种族歧视，还有一些民族的矛盾等等，它永远不会存在。（009 号受访者，男，32 岁）

　　在玩家看来，电子游戏中的体育世界没有种族歧视，没有不公平的判罚，没有禁药，没有断子绝孙的暴力飞铲。体育电子游戏营造的亦真亦幻的运动场并非完美无瑕，但与现实相比较，虚拟的体育世界反倒是一个接近完美的体育乌托邦。

---

　　① Coakley J. *Sports in society: issues and controversies (12th Edition)* [M]. McGraw-Hill Education, 2017.

（二）潜力无限的体感健身游戏

体感健身游戏是一种借助动态控制器等体感装备，通过肢体动作变化来进行操作，以达到健身目的的电子游戏。有的电子游戏分发平台将体感游戏列为休闲游戏类。从访谈中可知，作为一种新型体育电子游戏，体感健身游戏尚未普及到普通体育电子游戏玩家群体，不少玩家表示"并没有接触过"；同时，体感健身游戏设备昂贵，也让不少玩家望而却步，大多数玩家表示"买不起"；另外，体感健身类游戏尚处于起步阶段，还未广泛涉及到足球、篮球、赛车等热门体育项目。不过，一位资深玩家则表达了对未来体感游戏的期待：

我觉得体育游戏到最后还是会回归到体感上。你想想看，我们原来踢足球的时候，用手柄玩，突然之间你可以在场上去跑，你可以甩头攻门、用胸部停球、做假动作的时候，你就是场上的一份子，那个竞技场就是你自己的竞技场。（009号受访者，男，32岁）

如将"玩家年龄"与"玩过体感健身游戏"的选项交叉分析得知，在体育电子游戏玩家群体中数量最少的40岁以上玩家中，有高达90%的人玩过体感健身游戏，而作为体育类电子游戏玩家主力军的18—25岁玩家仅有19%的人玩过体感健身游戏，在所有年龄段中占比最低。这说明体感游戏主要面向消费能力较高的受众群体，它更像是一种家庭游戏而非单纯的体育电子游戏。同时，40岁以上玩家具有广泛的健身需求，体感游戏足不出户就能集游戏与健身于一体的优点颇受中年玩家群体的喜爱。

（三）处境尴尬的国产体育电子游戏

国产电子游戏近年来发展迅速，如国内游戏企业自主研发的

《王者荣耀》《原神》等已成功打入欧美市场，登顶上百个地区下载榜和进入畅销榜前列。但在体育电子游戏市场上，以欧美、日本等国研发的 FIFA、NBA 2K、《实况足球》等老牌产品占据了绝对的市场份额，国产体育电子游戏处境尴尬。

近年来，国产体育电子游戏吸引了不少厂商与投资者的青睐，如中超公司与疯狂体育达成战略合作，共同开发基于中超联赛 IP 的相关 PC 和移动端游戏，但国产体育电子游戏在产品质量、用户体验等方面与国外老牌体育电子游戏相比，都有较大差距。我们的研究显示，体育电子游戏玩家对国产体育电子游戏认知度和评论都较低。问卷调查数据显示，高达 76.97% 的玩家更倾向于国外的体育电子游戏。在访谈中，不少玩家表示，国产体育电子游戏功利性太强，对充值要求太高，从而偏离了游戏的初衷。

国产的太垃圾了，而且还没有版权，腾讯代理的那个就是让你充钱的。游戏一旦与充值挂钩，这个游戏的味道就变了。(024号受访者，男，25 岁)

目前还是喜欢国外的体育游戏，毕竟不管篮球还是足球，国外的赛制体系和球员影响力都比国内高得多，国外的比如 NBA2K 系列已经做了很多代了，各方面都已经非常成熟，包括联赛版权等都已经授权，国内游戏再想去做到超越，已经是几乎不可能的了，也希望国产体育游戏能做得更好。（030 号受访者，男，31 岁）

结合受访者对国产体育电子游戏尴尬处境的分析，我们认为国外主流体育电子游戏经过二、三十年的深耕，已经发展得相当成熟，包括获得国际主流足球、篮球联赛的版权。在这种情况下，起步晚、体育 IP 资源有限的国产游戏发展空间被极大地挤压，要想在夹缝中生存并发展壮大，难度可想而知。国产体育电子游戏开发企业应放眼长远，注重用户体验，走精品化、差异化道路，只有这样才能逐渐占据市场。

通过对 33 名体育电子游戏玩家的访谈及对 200 份问卷调查的分析，我们发现中国体育电子游戏玩家是以 18—25 岁为主的男性体育爱好者，大多数体育电子游戏玩家同时也是体育爱好者，FIFA、《实况足球》和 NBA 2K 等国外老牌系列模拟类足球、篮球电子游戏最受中国玩家欢迎，且玩家忠诚度比较高。

不少体育电子游戏玩家是狂热的体育爱好者，他们把对体育的热爱投射到电子游戏当中，体育本身的魅力是他们游玩体育电子游戏的根本原因。体育电子游戏让他们能够实现在现实中无法实现的体育梦、明星梦；在没有体育比赛的时候，体育电子游戏填补了赛事真空，使玩家同样能够享受体育的乐趣。相比现实中的体育，电子游戏中的虚拟体育营造了一个没有歧视、没有暴力、没有仇恨的体育乌托邦，比现实体育更加完美。

不过，中国的体育电子游戏玩家总体而言还是比较清醒、理智。他们并没有在虚拟和现实之间迷失方向，不会由于沉迷虚拟的游戏世界而减少现实中的体育参与。相反，体育电子游戏在很大程度上传播了体育知识，加深了玩家对体育的理解。

英国学者斯蒂芬·康威（Steven Conway）指出："体育电子游戏能够增加文化资本，增强社交关系，宣泄情感，通过进入'心流'状态来缓解'日常生活'中遇到的各种问题，最后还有享受玩游戏的快乐。"[①] 作为一种新的体育媒介，体育电子游戏扩大了

---

① Conway S. *'It's in the Game' and Above the Game: An Analysis of the Users of Sports Videogames*[J]. Convergence, 2010, 16(3): 334-354.

体育的内涵和外延，为传播体育、丰富当代体育文化做出了贡献。从某种意义上说，体育电子游戏改变了现代体育，重新定义了体育文化，促使体育日益虚拟化，现代体育成为一种"后现代"体育。

第二节　一个体育电子游戏玩家的自我民族志

上一节我们通过深度访谈和问卷，首次对中国体育电子游戏玩家进行了初步的调查研究，获得了宝贵的第一手资料。笔者也是一位体育电子游戏玩家。在本节中，我将采用自我民族志的方法，把自己作为研究对象，叙述我作为体育电子游戏玩家的体验，以及体育电子游戏对我的意义。

自我民族志 (auto-ethnography) 是民族志研究中一个新兴的研究范式，这种范式从大卫·哈亚诺（David Hayano）所说的"局内人"[1] 视角进行反思、观察和叙事，把自己作为研究对象，"对个人亲身经历进行了描述并对个人的文化经历进行了反思性说明"。[2] 如费孝通就曾经将自己"置身于一个目的在有如显示社会本质和力量的实验室里"，"在这个实验室里我既是实验的材料，就是在我身上进行这项实验"，我"也成了观察这实验过程和效果的人"[3]，通过描写和系统分析个人经历，以此来理解文化经历。我既是研究者，也是被研究的对象。

自我民族志回答了"亲身体验是如何可能的"这一问题，即

---

① Hayano D M. *Auto-Ethnography: Paradigms, Problems, and Prospects*[J]. Human organization, 1979, 38(1):99-104.

② 蒋逸民. 自我民族志：质性研究方法的新探索 [J]. 浙江社会科学，2011 (04): 11-18+155.

③ 费孝通. 个人·群体·社会——一生学术历程的自我思考 [J]. 北京大学学报 (哲学社会科学版),1994(01):7-17+6+127.

"我"的亲身体验如何提供有关"我"自己的文化、境遇、事件和生活方式的理解，因而具有"亲身经历的权威性"。在游戏研究中，研究者对特定电子游戏的亲身体验不可或缺，如丹麦学者杰斯珀·尤尔对电子游戏中挫败感的研究[1]，很难想象如果没有自己游玩游戏的体验，这一研究如何深入。

笔者游玩体育电子游戏的过程大概可以分为两个阶段。第一个阶段是作为一个纯粹的体育爱好者和体育电子游戏玩家，第二个阶段是作为一个体育研究者，开始有意识地体验各种不同的体育电子游戏。这两个阶段的分水岭大概是在 2017 年前后，我开始对体育电子游戏研究产生兴趣。在成为体育电子游戏玩家之前，我是一个普通的体育爱好者，因为正如前文所说，体育电子游戏玩家与体育爱好者这两个群体是高度重合的，这在我身上也有体现。

一、我的体育爱好者之路

1987 年，当时还是初中生的我在家里的 14 寸黑白电视上看了一场中国国家足球队的比赛，从此成为一名铁杆球迷。此前的一年，第 13 届国际足联世界杯在墨西哥举行，马拉多纳率领的阿根廷队夺得冠军，中央电视台转播了全部 52 场比赛，在中国掀起一股足球热。不过，我那时还不是球迷，只记得隔壁邻居半夜起床熬夜看球，觉得实在是难以理解。为备战 1988 年奥运会预选赛，高丰文主教练率领的中国足球队参加了国内长城杯的比赛，当时的英国足球劲旅沃特福德队也受邀参加了这届杯赛。中国国家足球队与沃特福德队在小组赛和决赛中两次相遇，虽然落败，但中国队的守门员张惠康的出色表现给我留下极为深刻的印象。张惠

---

① 杰斯珀·尤尔. 失败的艺术：探索电子游戏中的挫败感 [M]. 杨子杵、杨建明译. 北京理工大学出版社，2019.

康是我爱上足球的领路人，受他的影响，我在读高中和大学阶段参加业余足球赛，心甘情愿地去作守门员，还认真琢磨守门员的站位和扑球技术，并因此在我的高中和大学中颇有一点名气。当然，我虽然脚下技术一般，但速度快，在门前的感觉不错，时常踢前锋，擅于捕捉机会射门得分。不过，我最喜欢的位置还是守门员。我一直认为，张惠康是中国足球史上最出色的守门员。多年之后，我来到上海工作，还指导过一名研究生去采访退役多年的张惠康并完成了毕业设计。

1992 年，我进入兰州大学中文系读书。大一时，我参加了一支由新生组成的业余足球队，担任守门员。学校有由各系院参加的足球联赛，分为甲、乙两个级别。入学后不久，我所在的中文系足球队获得乙级联赛冠军，升入甲级，我至今还记得获得冠军时全场欢腾的场景。第二年，我在大二时成为系足球队守门员，代表中文系参加甲级联赛。虽然我在场上的表现赢得了大家的认可，但最终中文系没能完成保级任务，失败的痛苦令我至今耿耿于怀。在田径赛场上，我也有不错的发挥。在大二下学期举行的全校运动会上，我以 11 秒 7 的成绩获得全校男子 100 米短跑冠军，轰动了全系，并有幸入选校田径队，备战全省大学生运动会。不过很遗憾，最终校田径队出于成绩的考虑，全部启用体育特招运动员，我没有能够参加这届运动会，但几个月的半专业训练仍然是我运动生涯中的难忘记忆。

成为一名体育爱好者，这大概是我年轻时最值得庆幸的事情之一。体育不仅强健了我的身心，让我体验了运动的胜利和失败，还认识了朋友，收获了友谊。另外，我是系足球队的"钢门"、校百米冠军，这些成绩原本微不足道，但却为我积累了布迪厄所称的"社会资本"和"文化资本"①——体育也是一种文化，多年之后我仍从中受益。

二、第一阶段：初识 FIFA

1996 年，我大学毕业，留在母校兰州大学工作，第二年我离开兰大去作记者。虽然工作上离不开电脑，但我直到 2001—2002 年前后才拥有了自己的电脑，开始接触电子游戏。我最早玩的体育游戏是艺电的 FIFA 99、和《极品飞车》，后来又玩了《实况足球》。虽然我也玩过其他类型的电子游戏，但作为足球迷，我最喜欢的还是 FIFA 及《实况足球》，特别是 FIFA。FIFA 99 及后来的续作 FIFA 2000、FIFA 2001 都是 PC 版，需要通过键盘来进行控制。1998 年法国世界杯之后，罗纳尔多、齐达内等球星如日中天。我还记得 FIFA 99 中，我最喜欢的球星罗纳尔多没有使用真实姓名，而是叫"No. 9"，这应该是艺电公司没有获得罗纳尔多的肖像授权。购买明星运动员和俱乐部的特许经营权，是 FIFA 与《实况足球》进行竞争的焦点，在这一点上艺电后来大占上风，但具体的游戏体验来说，除了键位的不同，我并没有感到明显的差别。

由于工作的原因，我已很难像在大学读书时那样约到一起踢球的伙伴，而 FIFA、《实况足球》等游戏，在那两年给我带来不少快乐。我住在兰州南洋滩一所空荡荡的大房间里，孤身一人。游戏是我工作之余的消遣，帮助我打发一个个难挨的夜晚。我并不是一个电子游戏的重度玩家，从未通宵去打游戏。FIFA 和《实况足球》可以调整难度，如果难度太大，游戏体验就会比较差，缺少成就感。如果玩得时间比较长，操作越来越顺手，就可以挑战

---

① 布迪厄. 文化资本与社会炼金术 [M]. 上海人民出版社, 1997.

高难度比赛。我可以控制中国队狂虐日本、韩国等现实中难以战胜的球队，击败巴西、法国等传统豪强，直至夺取世界杯，也可以在比赛中控制一名球员，甚至守门员，一路盘带，用"马赛回旋"过掉对方所有队员，然后射门得分。这种乐趣是现实中的体育无法给予的。赫伊津哈说："一切的游戏都具有特定的意义。"[①] 对我来说，FIFA 让我享受到现实中无法享受的体育的快乐，它不仅是一种工作之余的休闲娱乐，也寄托了我的足球梦想，使我暂时忘却现实世界中国足球的一次次惨痛失利。但是游戏终究是游戏，它代替不了真实的生活，也代替不了真实的运动，它给不了我在球场上奔跑的酣畅淋漓的那种感觉。

三、第二阶段：为研究而玩

2004 年，我离开原工作单位，来到上海攻读博士学位，2007 年毕业后进入上海体育学院工作。从 2004 年到 2017 年，出于读书、工作和家庭的原因，除了偶尔在手机和掌上电脑上玩一下网球、台球和棋牌游戏，我似乎已经远离了电子游戏。2017 年前后，为了完成我主持的教育部人文社会科学研究课题，我开始深入了解体育电子游戏。电子游戏在世界范围内产生的巨大影响使我深受触动，我意识到电子游戏很有可能在并不遥远的未来，成为麦克卢汉笔下的"元媒介"（meta-medium）——媒介的媒介或基础媒介，"一种不仅决定我们对世界的认识，而且决定我们怎样认识世界的工具"。[②] 这时的电子游戏，与我当年初玩 FIFA 的时代已不可同日而语，为了获得新的个人体验，我开始有意识地以研究者的角度游玩体育电子游戏。

---

① 约翰·赫伊津哈. 游戏的人 [M]. 何道宽译. 花城出版社, 2007:3.

② 尼尔·波兹曼. 娱乐至死 [M]. 章艳译. 中信出版集团, 2015:96.

NBA2K18 是我在这一阶段最先体验的一款游戏。我之所以选择 NBA2K18，不仅因为它是一款极为优秀的大型拟真类体育电子游戏，还在于它对我来说是一种全新的游戏体验。相比而言，我对 FIFA 系列较为熟悉，但此前我从未玩过篮球游戏——我不是篮球迷。因此，NBA2K18 能够让我以一名普通玩家的身份，从零开始认识、学习并熟悉一款全新的体育电子游戏，从而获得一种相对较为完整的体验。

NBA 2K 初版发行于 1999 年 11 月 10 日。据称，此系列作品有着全方位的 NBA 体验、精致的球员人工智能和招牌动作等特色，用户可以通过细致精确的操作来感受篮球运动的精妙之处，并体会篮球战术打法的美丽。NBA 2K 拥有电脑、手机和 Xbox One, PlayStation 4, Steam, Nintendo Switch 等多种平台版本，我体验的是 Switch 版。

Switch 是任天堂年发行的一款家用、掌上一体式游戏机，自带 6.2 英寸高清显示屏，通过底座连接电视机就是一台与微软的 Xbox、索尼的 PlayStation 一样的家用游戏机，自上市以来就受到世界各地玩家欢迎。我购买了 Switch 游戏机、正版 NBA2K18 卡带和一张 128G 的 TF 卡。作为一个游戏菜鸟，我不仅要熟悉 Switch 的按键，还要学习如何通过这些按键来操作游戏。这需要一个过程，这个过程并不那么令人愉悦，Switch 左右两个手柄十来粒按键经常弄得我手忙脚乱。不过，经过数周的练习，我终于入门了，我的手指能够在不同的按键中快速地切换，并能够在中等难度的比赛中获得胜利。当然，除了 Play Now（快速比赛）模式，NBA2K18 还有 MyCareer(职业生涯，游戏玩家通常简称为 MC）模式、MyGM/MyLEAGUE（经理）模式。我意识到，如果我体验后两种模式，付出的时间和精力将远远超过我的预计。于是我决定只体验快速比赛模式，我想这也是普通游戏玩家的主要诉求——在快速比赛中获得放松和快乐。

从屏幕显示的效果来看，玩 NBA2K18 的感觉与看电视直播的效果非常相似。有学者指出，体育电子游戏模仿的是体育电视转播。[①]北京时间 2018 年 4 月 11 日，2017/2018 赛季 NBA 常规赛倒数第二轮，火箭客场对阵湖人。在比赛进行的同时，我在 Switch 上用火箭队与湖人队进行了一场虚拟比赛。我观看了腾讯体育的现场直播，同时录下了我的游戏视频，比赛结束后又在天下足球网下载了美国 TNT 电视台的转播视频。我这将这两场比赛——虚拟的电子游戏与现实世界的电视转播——进行了对比，以此来考察体育电子游戏在多大程度上模拟了体育电视转播。

进入游戏。过场动画后，是主持人与两位解说嘉宾的画面。这两位解说嘉宾是"大鲨鱼"奥尼尔和肯尼 - 史密斯，他们都曾是 NBA 明星，现在是美国 TNT 电视台的 NBA 解说员。主持人的姓名，屏幕上并没有打出字幕。很明显这样的画面，以及"主持人 + 解说嘉宾"的组合模仿了电视演播室，但在画面的纵深度和精细度上有所不及。事实上，NBA2K18 的快速比赛模式都是由这三位的人员组合，没有变化。这带来一个有趣的问题，即当我使用历史上的湖人队打比赛的时候，奥尼尔同时出现在演播室和比赛场上，解说自己参加的比赛。这应该是一个 bug，因为这种情况不可能在真实的比赛中出现，但却给人带来一种特殊的体验。

随后游戏进入赛场。首先是赛前秀，一位拿着麦克风的女歌手在场地上演唱。然后是双方队员的赛前投篮练习。镜头转向教练席、体育场内景，接着双方准备争球。在这个过程中，游戏的

---

① Consalvo M . *Sports Videogames*[M]. Routledge, 2013:51.

镜头运用和切换与电视转播的镜头非常相似，但省略了许多环节，这使得游戏的节奏比电视快得多。

比赛开始了。在真实的比赛中，客场作战的火箭队身穿白色运动服，主队湖人队则身穿黑色球衣。在游戏中，火箭身穿传统的红色运动服，湖人则身着白色球衣。在现实的 NBA 比赛中，不包括加时赛，全场比赛分为 4 节，每节 12 分钟。NBA2K18 的一场比赛同样为 4 节，但每节只有 6 分钟，打完一场游戏，耗时 30—40 分钟，这使得一场比赛的节奏比真实的比赛快得多。

我控制着火箭队开始进行比赛。Switch 自带的两个 Joy-Con 手柄共有 12 个按键，另有两个摇杆。经过一段时间的学习，我已经能够熟练地使用这些按键进行比赛，虽然算不上游戏高手，对于一些比较复杂的高级操作了解不多，但足以应对一般难度的比赛。除了摇杆，最常用的是右手柄的 A、B、X、Y 键，它们分别在进入和防守中有不同的功能。如 Y 键在进攻中是投篮，在防守中是抢断；B 键在进攻时是传球，在防守时是切换防守球员。

游戏画面中湖人的主场斯台普斯体育馆与电视画面几乎完全一样。赛场地板上湖人队的 logo、运动场上空的多立面大屏显示器、闪烁的广告牌、空中飘落的礼品降落伞，赛场周围的观众席、教练席、裁判席、记者、赛场裁判和工作人员等，电视画面上有的，游戏画面中也一样不缺。游戏中的人物形态各异，所有的人物都是动态的，每一名观众的服装、发饰、动作都不相同，细节很丰富。游戏中的虚拟运动员，除了显示玩家控制对象的透明圆环，完全是真实世界中的球星，画面极为精致。运动员身上的文身、哈登的大胡子都非常逼真。运动员健壮的身体看起来充满了力量，甚至连皮肤的质感都得到了完美的体现。据说在 PC 版游戏中，球衣的飘摆都能够模拟出来。游戏对赛场观众的模拟也相当精细真实，比如用手机自拍的球迷。当然，游戏中的人物表情显得比较僵硬、呆板，运动员的汗水也没有得到很好的表现。但总体而言，游戏的真实性和画面的精细程度令人惊叹。

我还注意到，篮球在运行时的滚动，在篮筐上的弹跳，以及篮球入筐时篮网的翻动也极为逼真，甚至人物在光亮的地板上的倒影、眼镜片上的反光等细节，也被很好地表现出来。暂停时，比分领先一方的队员会通过撞胸、撞肩的方式与其他队友互动。此外，游戏对声音的模拟也完全与电视一致，如充满激情的解说声、观众的欢呼声、计时器的蜂鸣声、篮球在地上的弹跳声、裁判员的哨声等。玩一场游戏的体验，与在电视机前欣赏比赛没有什么不同，但节奏更快，也没有电视广告的困扰。如果需要，你还可以让游戏暂停或退出。一场游戏可按自己的情况分几次甚至几天打完，完全由玩家掌控。这种体验又是电视直播无法给出的。

第一节开场，湖人队率先抢得球权，3 分线内中投得分。随后，我控制着火箭队进攻，由安德森投中 2 分。下一回合，双方均未进攻得手。哈登强突篮下，扣篮得分，画面随即出现哈登进攻得分的慢镜头。此后，双方展开对攻，但投篮命中率都不高。第一节还剩 3 分 16 秒时出现暂停，比分 4:4。游戏画面中，火箭队的33 号安德森与 15 号卡佩拉一边交谈一边走向教练席。接下来画面切换，湖人队主场的美女拉拉队出场，她们向观众席投掷小礼物，中间穿插教练席的镜头。暂停时间为 1 分钟，屏幕下方有倒计时，与其他比赛数据一起显示。暂停画面可以选择不看，按一下手柄的 B 键，可中止当前画面，比赛就继续进行。这也是为了节省时间，加快游戏节奏。而在电视转播中，暂停时电视台会播放广告，电视观众一般是看不到拉拉队表演的。

比赛继续进行，我控制的火箭连接进攻得分。防守时，我控制球员进行抢断。这种方法能够在双方僵持时压制对手，扩大领先。强打篮下时，游戏可以用不同的方式得分，有时是扣篮，有时是普通的上篮等。具体哪些方式，玩家无法控制，但画面很精彩，特别是扣篮，令人热血沸腾。一个精彩的扣篮后，画面上有时会出现 UNLEASH CHAOS 的字样，随后是慢镜头重放。进攻时，短按 Y 键是不能投篮的，要按住 Y 键不放才能投篮。刚开始我常常在篮下按几下 Y 篮，球员在篮下转来转过，就是没有跳起投篮。中远投时，按住 Y 键的时间不能太短，也不能太长，否则投篮会有很大几率失败。在真实的篮球比赛中，投篮距离与命中率一般是成反比，即距离篮筐越远，命中率越低。但在游戏中，我发现投中 2 分球和 3 分球的几率差不多，甚至投入 3 分球似乎还更容易一些。于是，我主要采取强攻篮下和 3 分远投两种进攻方式，几乎不再尝试中投。我还发现，像哈登这样的明星球员，命中 3 分球的几率比普通角色球员要大，这与现实中的情况相一致。

在游戏中，玩家还可以变身为教练，进行换人或战术和阵型的调整。不过，作为一个菜鸟玩家，我把这一切交给了电脑，以便享受更简单纯粹的快乐。

第一节最后时刻，火箭队的卡佩拉压哨补篮进网。这时场上出现争议，裁判通过回看视频来裁定。画面一分为三，左边较大的画面是进球慢镜头回放，右上画面为裁判看视频，右下为视频裁判台，最后判定进球无效。这是一个有趣的插曲，我体验这款游戏数周，这种情况还是第一次遇到。游戏能够做到如此真实，无怪乎 2K 系列能够击败艺电的 NBA Live 系列。第一节结束，比分是 18:13，火箭领先。而在现实的比赛中，火箭以 23:16 领先结束第一节。

黑屏数秒后，游戏中美女拉拉队又进场投掷礼物，随后比赛进入第二节。开场伊始，火箭队的 42 号内内投篮，对方犯规，游戏中第一次出现了罚球的画面。内内与队友击掌，随后站到罚球线上。在真实的比赛中，当客场队员罚球时，主场球篮后面的球迷会通过种种方式干扰对方罚球。在游戏中，则是通过画面的抖动来模拟主场球迷对罚球球员的干扰，球出手则抖动停止。第一球，篮球在篮筐上轻跳两下入网，内内先是伸手与站在限制区边界上的队友对了一下拳，又向后伸手与后面的队友轻拍了一下掌。第二球，内内再次罚进。随后，我通过高压逼抢，有效地限制了湖人的进攻。湖人暂停，拉拉队员进场表演。伴随着拉拉队员曼妙的舞姿，现场的灯光在观众席扫过，双方队员则聚集在教练员周围，印着湖人 logo 的飞艇在体育场上升飘浮，体育场上空中央的数块显示屏闪烁着比赛数据，一切都显得如此的真实。接下来的比赛，火箭继续扩大领先，并以 37:19 领先结束上半场。现场中的比赛，火箭半场 56:48 领先。

　　双方运动员退场休息。游戏转入中场环节。首先是 TNT 电视台著名记者大卫·阿尔德里奇（David Aldridge）现场采访火箭队 3 号队员保罗，之后镜头切回演播室，主持人回顾上半场双方的精彩进球，屏幕给出慢镜头重放和比赛数据。在这一过程中，两位解说嘉宾自始至终没说几句话。然后黑屏数秒，屏幕中出现中场表演画面，不过这一次的中场表演环节比较简单，很快就结束了。通常情况下，中场表演能够在游戏中得以较为详细的呈现，比如吉祥物表演、拉拉队操和花式扣篮等。

　　第三节开始，我轻松地控制着手柄，继续指挥虚拟的火箭队与湖人作战。我的双眼紧盯着屏幕，手指在不同的按键间快速地移动，有时会狠狠地猛按下去，按得我手指有些疼了，幸亏任天堂的 Joy-Con 手柄质量不错，没有被我按坏掉。我沉浸其中，完全忘了周围的一切，仿佛进入了另一个空间。

我的火箭队继续扩大着优势，除了内线进攻外，我还尝试了几个 3 分远投。第三节结束，火箭 57:34 领先 23 分。屏幕上开始播放第三节比赛的精彩镜头，然后又是拉拉队表演。

第四节比赛，我继续强打篮下，湖人队暂停，拉拉队进场表演。现实中比赛暂停，主教练通过战术部署，通常能够有效地改变场上局面。但在游戏中，暂停似乎并没有对比赛的进程产生任何影响。不过在一次进攻中，我控制的火箭队 10 号戈登在没有对方贴身防守的情况下居然一路运球跑出了底线一米多才跳起投篮，被裁判吹罚后还显出一脸无辜的样子。这在真实的比赛中几乎不可能出现，职业球员不太可能犯这样的低级错误。不过，出现在电子游戏中，却让我几乎笑出声来。

随后的比赛没有悬念，我的火箭队以 72:49 战胜湖人。终场哨响后，大胡子哈登肩膀上搭着白毛巾接受记者的现场采访，屏幕下方字幕给出哈登的本场数据。最后是精彩镜头回放，游戏结束。我调出了全场比赛的数据，可以看到火箭得分最高的是卡佩拉，而哈登仅仅得到 11 分。

我打完这场游戏，用时大概 40 分钟。而此时，现实中火箭与湖人队的比赛还远未结束。最后，那场比赛的结果是 105:99，哈登得到 21 分。看来在游戏中，超级巨星所起的作用远不如现实中的作用那样大。

从电子游戏中，我获得不少快乐。比赛的胜利，也让我的心情很愉快。但是，这种愉快感的强度远远不如真实世界中一场重要比赛的胜利来得强烈。事实上，现实中这场比赛最大的亮点，是湖人队 32 岁的新援、曾效力于发展联盟 10 年的安德烈·英格拉姆的 NBA 首秀。这位头发花白的 NBA 新人出场 29 分钟，三分球 5

投 4 中，全场拿下 19 分，表现抢眼，他才是全场瞩目的焦点。另外，效力于火箭的中国球员周琦在比赛的最后时刻出场登场，并送出三个盖帽。所有这些，在电子游戏中都是没有的。再逼真的游戏都没有真实世界来得精彩。

在 NBA2K18 之后，我还购买了它的后续作品 NBA2K19，但随后的新款由于价格昂贵而新意不足，我没有再购买。此外，我还尝试了 FIFA、《实况足球》等老牌大作的新一代产品。在 FIFA2018 中，我体验了职业生涯模式，在实况足球 2021，我尝试了"大师联赛"模式，扮演球王马拉多纳作为主教练率领降入乙级的巴塞罗那征战西班牙足球联赛。我还首次购买了《足球经理》，不过这款游戏极为专业，对新手不太友好，我本来就不擅长策略经营游戏，被满屏的信息弄得有些不知所措。相比而言，《实况足球 2021》的"大师联赛"要简单得多，以赛事为核心的模式能让玩家随时享受比赛的快乐。我给自己定的规则是，不管是胜是败，一场比赛绝不重赛。我曾经在与皇马比赛的最后一分钟被绝杀，也上演过绝地翻盘的好戏。升入甲级时功勋卓著的旧将，在新赛季不得不枯坐冷板凳，主教练也只能忍痛割爱，体现出竞技体育残酷的一面。

作为 Switch 用户，自然要关注任天堂平台游戏。我不无惊讶地发现，任天堂的体育游戏走了一条完全不同于艺电和科乐美的路子，"健康、有意义、充满童趣"的《马里奥网球》《马里奥赛车》《马里奥高尔夫》等游戏奉行任天堂"简单有趣"[1]的游戏哲学，早已被市场所证明，2022 年发售的《马里奥足球》、Nintendo Switch Sports 也备受玩家期待。事实上，任天堂发布于 2006 年的

① 彭剑锋. 任天堂：让世界充满微笑 [M]. 机械工业出版社, 2013.

体感游戏主机 Wii 和体感游戏 Wii Sports，以及 2007 年的 Wii Fit 引领了体感体育游戏的大潮，2019 年的《健身环大冒险》则是一款现象极的体育健身游戏。这还不包括在任天堂平台发售的《舞力全开》《有氧拳击》等第三方体感健身游戏。我甚至认为，任天堂才是过去近二十年来最成功的体育游戏厂商。

体感健身游戏在居家健身方面有着巨大的潜力。近三年来，我的妻子和儿子对《舞力全开》情有独钟。他们手握 Joy-Con 手柄，伴随着屏幕上的游戏画面和音乐翩翩起舞，几支舞下来不仅能出一身汗，欢乐的笑声也带来身心的放松和家庭欢快的氛围。在我的观念中，《舞力全开》和《健身环大冒险》适合女性居家健身，男性则更适合《有氧拳击》。对着屏幕手持游戏手柄挥动拳头，虽然不如戴上拳击手套打打沙袋，但在没有条件购置沙袋的情况下，虚拟的体感拳击不失为一种选择。

近几年来，我先后体验了二十多款各种体育电子游戏。除上文提到的外，还包括一些怀旧色彩的像素游戏、漫改游戏（比如《队长小翼》），以及拳击、网球、自行车、滑雪、赛车等不同项目的电子游戏。购买这些正版游戏，对我来说是一笔不小的开支，我不得不在各平台打折的时候购入。这些游戏有的我进行过详细的深度体验，也有的则浅尝辄止。另外，我基本上只玩单机模式，对多人联网模式和手游，我从内心深处是较为排斥的。这与我的个人性格有关，也与我的年龄和朋友圈子有关——我的朋友都已人到中年，早已过了玩游戏的年龄，不需要在游戏上进行社交。事实上，我的 Steam 账号上，好友列表为零。

第三节　体感健身游戏与居家健身

由于新冠肺炎疫情，2022 年春天，上海是在全城封控中度过的。4 月 29 日，任天堂的体感运动游戏 *Nintendo Switch Sports* 在 Switch 平台上正式发售。这款体感游戏包含网球、排球、羽毛球、足球、日式击剑、保龄球 6 个项目，玩家可用 Switch 可拆卸手柄 Joy-Con 游玩这些项目。笔者最喜欢网球、排球、羽毛球这三项，每天都要玩上几遍，尽管胳膊有点酸痛，但深感乐趣无穷。

Nintendo Switch Sports 的前身是 2006 年 11 月任天堂在其革命性的体感游戏主机 Wii 上发布的世界上第一款体感游戏 *Wii Sports*，在体育游戏发展史上具有里程碑意义，全球销量超过 8000 万份。2007 年 12 月，任天堂发布了以健身为目的的体感游戏 Wii Fit。从此之后，通过体感电子游戏进行居家健身逐渐成为一种新的健身方式。2020 年上半年，全球各国都笼罩在新冠疫情的阴影之下，人们被迫居家隔离，居家健身已是一种刚需，任天堂 2019 年发售的体感健身游戏《健身环大冒险》一度供不应求。

除了上述几款游戏外，《舞力全开》《尊巴健身》《有氧拳击》《瑜伽大师》等体感健身游戏也相继在任天堂的 Switch、索尼的 PS、微软 Xbox 及电脑的 Steam 平台发售，特别是育碧的《舞力全开》和《有氧拳击》堪称体感健身游戏的明星产品。随着 VR 技术的进步，VR 体感体育游戏也有较快发展，《致胜 11 分》（ *Eleven: Table Tennis* ）、《多合一运动 VR》（ *All-In-One Sports VR* ）、《莱美搏击》等 VR 体育游戏也能让 VR 玩家在享受沉浸式娱乐的同时出一身汗，从而使体育走向元宇宙的未来。

在体感健身游戏领域，来自日本的游戏公司任天堂成这一浪潮当之无愧的引领者。它开发的《健身环大冒险》、Wii Sports、Wii

Fit、Nintendo Switch Sports 等体感体育游戏风靡世界，其家用游戏主机 Switch 也是体感游戏的主要发布平台。

体感游戏又可以分为两种。一种是以娱乐为主要目的，即通过体感设备进行游戏以获得快乐和消遣，如《舞力全开》、Nintendo Switch Sports 等，身体的运动仅是为了达到娱乐的手段；一种以健身为主要目的功能性游戏，即通过体感设备活动身体，消耗卡路里，获得身体健康或形塑身体，如 Wii Fit、《有氧拳击》等，后者相当于一位尽职尽责的健身教练。以健身为目的的体感游戏并不排斥游戏性，但游戏性是为健身服务的，是第二位的。

Wii 游戏主机及 Wii Fit 的发售很早就引起了国外体育研究者的兴趣。尽管有学者认为，仅有 Wii Fit 是不够的，但他们也承认："Wii Fit 的确有健身的功效。"[①] 有资料显示，美国有很多酒店将 Wii 作为健身器材使用。2008 年 5 月起，威斯汀酒店在美国纽约等主要城市店面的健身房中都引入了 Wii Fit 和 Wii Sports。[②]

那么，体感游戏，特别是体感健身游戏究竟能够在多大程度上达到运动健身的目的？2021 年 3 月至 2022 年 4 月，在笔者指导下，由上海体育学院传媒与艺术学院体育新闻专业本科生李昕悦、袁瑞谦、尹立恒组成的"电子游戏在居家健身中的应用"课题组，通过深度访谈、问卷调查等方法，对体感电子游戏的居家健身作用进行了初步研究。

此项研究以任天堂 Switch 平台的《舞力全开》《健身环大冒险》《有氧拳击》等近年来较为火爆的体感健身游戏作为研究重点。课题组对 11 名体感健身游戏玩家进行了访谈，获得了第一手的研

① Robert Alan Brookey and Thomes P. Oates. *Playing To Win: Sports, Video Games, And the Culture Of Play*[M].Indiana University Press, 2012:233.
② 井上理 . 任天堂哲学 [M]. 郑敏译 . 南海出版社，2018:112.

究资料。这 11 人中，有在校学生 3 人，上班族 9 人；游戏年龄在一年以上的玩家 2 位，半年到一年的游戏玩家 6 位，不足半年的 3 位。在地域上，访谈对象来自云南、上海、郑州等全国各地。访谈工作于 2021 年 9 月开始，11 月结束，采用线上、线上混合的方式进行访谈，平均每位访谈对象记谈的时间在 15～20 分钟不等。在问卷调查工作中，课题组咨询了上海体育学院相关专家学者进行问卷设计，在问卷星平台发放。问卷共 16 道选择题，回收问卷 430 份，有效问卷 427 份，有效回收率为 99.3%。为保证问卷回收的可靠性，本次问卷调查选用重测法进行问卷信度的检测。首先选取 30 位待测对象填写问卷，间隔 20 天后，再次对同一组待测对象发放相同问卷进行填写，对两次填写结果进行分析比对，统计出重复系数 R，具体计算公式为 R=S/（M*N），其中：

R: 重测信度系数；

S: 两次填写结果一致的题目数量总和；

M: 重测问卷数量；

N: 重测问卷的题目数量。

据重测结果得出，S=420，M=30，N=16，代入得出 R=0.875>0.8，说明前后两次测量一致性较高，稳定性良好。

一、体感游戏玩家的基本情况

通过对 11 名受访对象的调查，与研究预期不同的是，课题组发现，在《健身环大冒险》的玩家中，女性玩家比例远远超过男性，这与中国体育电子游戏玩家以 18 到 25 岁的男性青年为主的现状有所不同。在 11 名受访者中，男性受访者仅有 3 位，且两位年龄在 35 岁以上。女性玩家 8 位，年龄在 20 到 28 岁之间。而当问及参与体感健身游戏初衷时，11 名玩家中，36.39% 的玩家游戏初衷为减肥，54.6% 的玩家游戏初衷为运动健身，且高于一半的玩家表示在接触体感健身游戏前并无运动健身习惯，81.82%的玩家表示并非体育爱好者，可见体感健身游戏在一定程度上提高了玩家运动的可能性。

从游戏年龄来看，访谈数据显示，游戏年龄分布在0～6个月的玩家居多，而游戏年龄超过一年的游戏玩家占27.31%，游戏年龄为6～12个月的玩家占18.11%。从游戏年龄来看，最近一段时间游戏玩家处于高速增加状态。

从游戏时间和游戏频率来看，每次游戏参与游戏时长为30分钟～60分钟的玩家占比最多，每次参与游戏时长为60—120分钟的玩家占27.05%。从游戏频率来看，玩家们的游戏频率均在一周3—6次不等。从游戏时间来看，玩家们对于游戏时间的安排还是较为理性的，而从游戏频率来看，玩家们参与游戏运动健身或减肥的周频率设定是较为健康和合理的，锻炼身体的同时给予身体适当的休息时间。

11名受访者中，91%的玩家表示能够按时进行打卡运动。81.82%的玩家通过网络途径认识并购买体感类健身游戏用于居家健身，且所有玩家均表示愿意向周围人推荐此类型游戏，说明将电子游戏运用到居家健身中得到了众多游戏玩家的肯定与认同。

二、游戏健身与普通运动健身的异同

在访谈时，玩家们纷纷表示，游戏健身相较于普通的运动健身更具有趣味性。相较于传统的运动健身方式，游戏健身的形式更容易坚持且不枯燥。并且在对体感健身游戏是否对自身带来反馈或改变时，玩家们在睡眠质量的提高、体脂下降、体重减轻、运动耐受力增强方面获得实质性改善。在这一方面，游戏健身与运动健身具有相同的作用效果，而效果反馈因人而异，且与健身时长、频率、强度等多方面相关。

01 号受访者（女，25 岁）的游戏健身经历具有一定代表性：

之前在健身房运动，但自己一直坚持不下来。后来自己在家买了跑步机，也坚持不了。后来看到《健身环大冒险》的游戏一出来，可以升级打怪，感觉升级打怪的过程能给我一个激励的作用，想着应该可以坚持下来就买了。为了健身的话也想过很多方法，比如在家里跟练一些网上的博主啊，但是这个锻炼的过程还是蛮枯燥单一的，也不觉得做完会有什么奖励，就感觉很难激励我继续下去。但《健身环大冒险》的话，你在大冒险的时候，可以升级啊，也可以看到自己这个动作做了多少次，锻炼了多少时间，这就是一个直观的数据反馈，就能激励我。而且《健身环大冒险》的游戏成分，会让人有一种越玩越熟练的感觉，就会给人一种快感，容易坚持。我玩这个一段时间，感觉自己运动状态和精神面貌都比之前好很多。

02 号受访者（男，26 岁）的游戏经历也具有一定代表性：

本来买 switch 是为了玩塞尔达的，健身环是顺便买的，因为网上很多人都推荐买 switch 必买健身环。玩了几天感觉是挺不错的，而且我也缺乏运动，就一直玩了。就健身环来说，游戏性是有的，但确实不大，不过作为运动的及时正面反馈是绰绰有余了。一个月前我就通关了一周目，现在二周目都是为了锻炼身体。优点是容易坚持下去，缺点是效率较低强度有限。我不知道别人怎么样，但对我自己而言健身环能让我从基本不运动到养成了较为健康的运动习惯。效率和强度太低是优点也是缺点，能坚持下去也有一部分原因是强度低。

趣味性和容易坚持都是我一直游戏的理由。比如说我现在在健身环里做得最多的动作登山跑，一组动作六十个，每一次动作时switch都能发出攻击打在魔兽身上的声音。这个是传统健身很难做到的。虽然我也是大叔的年龄了，但毕竟也是在游戏里成长的一代，所以还是喜欢这种。

从访谈数据内容分析结果来看，电子游戏在居家健身中的应用主要体现在其为运动健身带来了乐趣，不枯燥，容易坚持。并且在一定程度上，体感健身游戏因其可居家进行，一定程度上解决了部分人去健身房害怕被推销课程的问题，对很多健身小白来说，容易上手和坚持。当前的体感健身游戏有一定动作指导功能，而在谈及动作标准程度和指导功能的体验感受时，依旧有部分玩家表示动作指导的专业程度不够高，仍具有优化和改善的空间。

三、参与体感类健身游戏到底是为了游戏还是运动?

在11位受访玩家中，有10人表示购买体感类健身游戏的初衷是健身减肥，仅有一位玩家是为了体验游戏。而在回收到的427份有效问卷中，有27.17%的问卷填写者会为运动健身购买体感类健身游戏，为减肥而购买的占17.56%，而更偏向于为运动而购买的占24.82%。仅仅只是为了体验游戏快感的问卷填写者占11.71%。

受访玩家中的02号受访者（男，36岁）表示:

作为switch资深老玩家，我觉得健身环作为游戏来讲，单单只是闯关打boss方面的话其实也有一些别的游戏相较于它更胜一筹。而《健身环大冒险》最为出圈的一点应该就是为运动增加了趣味性，当然这也是因人而异的，比如我的健身环就是在咸鱼收的，因为上一个玩家三分钟热度，玩了几次就没兴趣了。当然这是从游戏的方面讲，如果从运动的角度讲，那相比普通的健身方式是肯定要容易坚持得多。

受访玩家中的011号受访者（女，24岁）表示：

以前给自己买了私教课，不得不去上。如果没买我是绝对不会运动的。我讨厌跟着视频一起做操，会觉得很无聊，也不对任何体育赛事感兴趣。后来21年夏天决定减肥，手上有一笔钱决定买课或者买体感设备，后来看到《舞力全开》我就直接入手了。一周玩个两三次吧，是我能接受的燃脂操类别游戏，配合饮食瘦了7kg，主要还是健身运动性能更吸引我吧。

结合受访对象的回答与问卷调查的结果，我们可得知，更多数人购买体感类健身游戏与其运动性有很大关系。但运动健身性与游戏性又是不可单独而论的。《健身环大冒险》和《舞力全开》这类游戏开发的成功，更多的是基于其更好地将运动健身与游戏趣味结合，二者相辅相成，在一定程度上互相推动，游戏内容增加了运动过程中的趣味性和可持续性，而运动内容又为游戏本身增添了"健身色彩"，一改人们对于普通网络游戏的看法。

根据上述的文字信息与图表信息，我们可得知，参与体感类健身游戏单纯为了运动或游戏的人占少数，在仅仅只为运动健身的这部分人中，细思其初衷，我们也不难发现，购买体感健身游戏是为了更好的保持运动的可持续性，而这一点又间接性地回到了游戏带来的趣味性，为运动健身增加了可持续性。至此，本研究认为，并非有纯粹的为了运动健身而参与体感类健身游戏。电子游戏在居家健身中的应用为运动健身带来了趣味性，从而为运动健身提供了可能性和可持续性。

四、体感健身游戏用户扩展面临的问题

作为游戏大类下的一个分支，体感健身游戏由于其所固有的独特性质导致玩家在进行游玩时除去游戏本身的购买，仍需要购买相应的配套游戏设备才能正常体验游戏内容。在回收到的 427 份有效问卷中，有 55.97% 的问卷填写者表示不会为了体感健身游戏而购买一套设备，只有 44.03% 的问卷填写者选择了会。

根据这一反馈我们能够得知，体感健身游戏配套设备的购买成为了对有意向接触该类游戏的玩家的一大阻力。但是想正常游玩体感健身游戏却无法脱离配套设备的辅助，这成为了体感健身游戏扩展市场和用户的一项障碍。

从心里预期价格方面来看，根据问卷调查数据显示，在体感健身游戏（包含设备与游戏卡带）的可接受价格范围上，38.17% 的问卷填写者的可接受价格在 500—1000 元；可接受价格范围在 1000—2000 元的占比 30.91%，可接受价格范围在 2000—3000 元的只有 20.84%，可接受价格范围在 3000 元以上的仅剩 10.07%。

而根据对淘宝、京东、天猫等多家电商平台中体感健身游戏及设备价格的调查统计显示，目前市面上主流的体感健身游戏及其配套设备的基础档总价格在 2200 元人民币左右，许多体感健身游戏及设备总价格能达到 3000 元以上。这一价位超出了问卷中69.08% 填写者的可接受价格范围。根据以上数据，我们可以看出，目前主流体感健身游戏及设备购入的总价格与大众心理预期价格是较为不匹配的。这也是体感类健身游戏目前所面临的问题之一。

五、体感健身游戏的未来发展走势

11 位受访玩家均表示愿意将《健身环大冒险》或《舞力全开》

推荐给周围人，且在 427 份有效大众问卷调查中，近七成的人愿意在条件允许的情况下购买体感健身游戏。68.15% 的人认为疫情的影响会增加大众购买体感健身的想法。

在问卷调查中，我们设计了一道题目，即关于你更喜欢的运动方式。近年来，健身房四处而起，但依旧有很多人因自己是健身小白或社恐而不愿意选择到健身房锻炼，有 28.1% 的人更愿意选择在家跟练博主，而疫情的影响，也会使一些有运动习惯的人选择居家锻炼，后疫情时代，体感类健身游戏具有一定的发展优势。无运动习惯的人群依旧是体感类健身游戏的潜在用户，其趣味性与低强度也能极快的使运动小白接受。

在调查中我们发现，体感类健身游戏虽已问世多年，但对其表示非常了解的人仍占少数。在生活中也很少能够看到立牌式广告或视频类广告，宣传力度仍较小。

体感健身游戏发展的市场是极大的，然而体感健身游戏想要获得更好的发展则需要在内容研发、广告宣传策略以及价格方面做出改善，以获得更广阔的客户资源和更强的用户黏性。

六、结论

本项目通过文献阅读，问卷调查数据分析和访谈结果数据分析得出以下结论：

1. 选择参与体感健身游戏与是否为体育爱好者关联性并不强。 在第一节的研究中，我们发现中国体育电子游戏玩家以 18—25 岁的男性体育爱好者为主，FIFA、NBA 2K 等西方老牌大型模拟类足球、篮球游戏最受欢迎，且玩家忠诚度比较高。然而，在体感电子游戏中，这一情况有所不同，体育爱好者在资深玩家中的占比不到 50%。体感健身游戏相较于体育电子游戏在内容设置上对体育的侧重点不同，体育电子游戏侧重于将游戏内容设定为足、篮球等相关比赛或球星等，而体感健身游戏则力图让玩家直接参与运动。

2. 电子游戏在居家健身中的应用为居家健身带来了趣味性。将电子游戏引入到居家健身中，使原本枯燥的运动健身变为闯关竞技游戏或舞蹈积分游戏等形式。无论是资深体感游戏玩家还是大众问卷填写者，近90%的被访者都认为体感类健身游戏为健身带来了趣味性。

3. 电子游戏在居家健身中的应用为运动健身提供了可能性和可持续性。从2020年疫情爆发开始，人们居家健身的需求增长，而体感健身类游戏的上线和发售则让越来越多的人们愿意尝试娱乐居家健身。这种现象不仅是在年轻人群体中，甚至还扩展到了中老年人群体中，电子游戏分支中的体感健身类游戏为人们带来了居家娱乐健身的可能性。随着体感健身类游戏关卡持续更新、不同种类游戏资料片层出不穷，人们居家健身的兴趣与需求仍会保持或增长，这也从一定程度上反映了体感类健身游戏能够为居家健身提供可持续性。

4. 电子游戏在居家健身中的应用有较好发展前景。根据马斯诺需求层次理论，体感游戏满足了人们的"社交需求"和"安全需求"，从人们的社交需求习惯上来看，体感类健身游戏支持玩家之间的竞争与合作，支持社交互动，也支持游戏内外的社交社区，故能满足玩家的社交归属感。人们的健康需求也是"安全需求"中的一种，大多数人不愿意去运动是因为觉得健身令人感到枯燥，健身效果缓慢让人失去成就感，现在体感类健身游戏除了具有娱乐性之外，还会增加反馈机制，避免玩家过度关注身体变化的反馈，而是注意游戏升级的反馈。能够满足玩家心理上的两种需求，能从一定程度上反映电子游戏在居家健身中的应有较好的发展前景。

5. 如何将体育健身游戏完善和推广，仍然是我们需要关注的问题。 一款游戏的代入感强弱能够直接影响游戏本身的质量，目前在完善游戏目标反馈和社交体制的同时也要注重游戏代入感的完善，例如 VR 技术等其他计算机仿真系统的实现，能够带给玩家更好的游戏体验。如何推广体育健身游戏，还需提升人们的健身意识，游戏在完善和发展的过程中也应该树立一些新的健康理念，唤起人们的健身需求，那娱乐与健身相结合的体感健身游戏无疑是人们纳入考虑的健身方式。

七、研究的不足之处及未来展望

在本项目开展至中后期阶段，研究小组原定计划进行测量法，即通过使用相关体感设备，对心率、能量消耗、呼吸速率等身体生理数值的变化进行监测，对体感健身游戏的健身效果进行分析。然而因疫情与监测设备专业性要求问题和场地问题等原因而未能正常开展。

电子游戏在居家健身中的应用或许在未来不仅仅只是现有的一些竞技积分游戏，会有更多剧情化的体感游戏进入到人们的生活中，数据监测方面的准确性在现在的计算卡路里时代将会有越来越多的人重视，未能开展测量法也是我们的遗憾之一，而这一领域也具有极大的研究探索价值。

2022 年是元宇宙技术从概念到逐渐落地的一年，字节跳动旗下的 VR 一体机 PICO 4 在重量和体积上较前一代产品进一步优化，《莱美搏击》《超燃一刻》等 VR 健身游戏能够给玩家带来更好的运动体验，这将使体感健身走向真正的健身元宇宙。

第三章　在虚拟与现实之间

第一节　体育的拟像

报刊、广播电视和网络使我们能够轻松地获得各类体育信息，特别是电视直播的出现，使人足不出户就能够欣赏到精彩的体育比赛。体育电视直播给观众呈现的是一场真实的体育比赛，体育电子游戏也往往以真实性吸引玩家。如著名的游戏平台 Steam 在对大型模拟经营游戏《足球经理》的简介中一再强调游戏的真实性："提供有史以来最好的灯光、体育场和球员模型，再加上流畅度加倍的赛事界面和现代化风格，真实呈现整场赛程。""完整忠实重现全球顶级俱乐部采用的技术。""拥有最真实的转会市场了。"在国内知名游戏社区"流民星空"，一位游戏玩家在评测中写道：（《足球经理 2018》）"球队动态系统让球员的形象更加真实，更加立体，我甚至产生了一种错觉，这些由数据组成的球员也有自己的感情。""画质提升了很多，观众的细节也更加丰富，甚至开赛前的球队介绍也更加的接近电视转播的效果。"

一、鲍德里亚的仿真与拟像理论

《足球经理》、NBA 2K、FIFA 等大型仿真的体育游戏，着力再现一个真实的体育世界，AI 技术、图形技术和游戏引擎的不断进步使游戏越来越接近真实的世界，甚至比真实还真实。鲍德里亚在论文《拟像与仿真》（*Simulacra and simulations*）中借用博尔赫斯讲过的一个故事，说帝国的绘图员绘制了一幅非常详尽的地图，竟然能够覆盖全部国土。帝国败落之后，这张地图也毁坏了。他用这一寓言说明，帝国与地图、真实与仿真模型之间的绝对差异消失了。鲍德里亚将形象（image）的承递划分为四个阶段：1. 它是对某种基本真实的反映；2. 它掩盖和篡改某种基本真实；3. 它掩盖某种基本真实的缺场；4. 它与任何真实都没有联系，它纯粹是自身的拟像。①鲍德里亚认为，形象的这一承递就是谋杀真实（real）的过程。在《象征交换与死亡》（*Symbolic Exchange and Death*）一书中，他又将拟像划为三个序列：第一个序列是仿造（Counterfeit），这是从文艺复兴到工业革命的"古典"时期的主要模式；第二个序列是生产（Production），是工业时代的主要模式；第三个序列是仿真（Simulation），是目前这个受代码支配的阶段的主要模式。②

　　仿真与拟像是鲍德里亚用来描述形象与真实之间的关系的术语。仿真（simulation，或译为"模拟""拟真"）是对本源或真实之物的模仿。仿真通过对能指与所指之间逻辑关系的破坏而形成拟像（Simulacrum，也被译为"拟象""类像""仿像""虚像""幻像"等）。拟像是脱离现实的，它没有现实的摹本，毫无所指和本源，是一种人造现实的第二自然，是非真实的景象，是对仿真的仿真。鲍德里亚写道："符号可以指深刻的意义，符号可以交换意义，某种东西可以保证这种交换，那当然是上帝。但是如果上帝本身是仿真的，就是说也被还原为证明上帝存在的符号，那会

---

　　① 鲍德里亚. 仿真与拟象 [A]. 汪民安. 后现代性的哲学话语 [M]. 浙江人民出版社, 2000:333.

　　② 鲍德里亚. 象征交换与死亡 [M]. 车槿山译. 译林出版社, 2012.62.

怎么样呢？那么整个系统就失去了分量，完全成了一个巨大的拟象（本书作者注：原文译为"拟象"，现在通常写作"拟像"），不是不真实，而是拟象，它将永远不能与真实之物交换，只能自我交换，在一个不间断的没有任何指涉或周边的回路里进行自我交换。"① 在鲍德里亚看来，我们当代的社会秩序就是拟像秩序，而仿真是拟像当前的秩序。

鲍德里亚并没有对拟像与仿真的概念作具体界定，其著作语言颇为晦涩，论述中不乏矛盾之处。有时他说仿真是拟像的第三序列，有时又认为拟像比仿真更胜一筹，只能自我交换。笔者更倾向罗小凤的理解：仿真更强调真实的存的，尽管这种真实本身就是一种幻象，而拟像更近于一种没有现实摹本而被创造出来的虚假的真实。它无需原物或者实体，而是通过模型来生产真实。②

在鲍德里亚笔下，迪斯尼乐园是仿真序列中最完美的样板："迪斯尼乐园被表现为一种想象之物，是为了让我们相信其余一切都是真实的。事实上，它周围的洛杉矶和美国已经不再是真实的，而是属于超真实和仿真序列。"③ "超真实"（Hyperreal）是鲍德里亚理论的另一个重要概念，是对拟像理论内在精神的哲学表述。"真实不仅是那个可以再现的东西，而且是那个永远已经再现的东西：超真实。"④ 超真实不是不真实，而是比真实更加真实，是一种按照模型产生出来的凌驾于现实之上的真实。"这种真假难辨、虚实难分的比现实更真实的真实已经不再单纯是一些现成之物（如风景

---

① 鲍德里亚.仿真与拟象[A].汪民安.后现代性的哲学话语[M].浙江人民出版社,2000:332-333.

② 罗小凤.拟像：超真实的后现代性话语[J].湖南科技学院学报.2006(3).55-57.

③ 鲍德里亚.仿真与拟象[A].汪民安.后现代性的哲学话语[M].浙江人民出版社,2000:334.

④ 鲍德里亚.象征交换与死亡[M].车槿山译.译林出版社,2012.98.

或海洋等真实景象），而是被人为地生产（或再生产）出来的'真实'（如网络电游等拟态环境）"。①

仰海峰指出，鲍德里亚的仿真与拟像理论关注的是现代电子媒介所产生的另一种世界秩序及其意识形态效应。②罗小凤认为，博德里亚的拟像与超真实概念是对当下社会状态的洞察性描述，超真实是拟像技术造成的结果，产生超真实的实际媒介物就是电子媒介，如电视、广告、网络等，电视成为镜像中的真实世界，广告成为幻象的真正舞台，网络成为超真实的虚拟空间，"拟像世界即由这些媒介的超真实构筑起来。"③作为一种在报刊和广播电视之后出现的电子媒介，电子游戏更加典型地体现了拟像与超真实的特性，特别是那些大型的真实模拟游戏。詹姆斯·戴德里安曾用美国兰德公司以电脑战争游戏取代巨大的军事演习室为例，来阐述鲍德里亚的仿真理论。④

二、体育电子游戏的真实与不真实

鲍德里亚的仿真与拟像、超真实理论为我们研究体育电子游戏提供了一个有力的理论武器。虽然并非所有体育电子游戏都以模拟真实为主，但那些最受欢迎的体育游戏与战争电子游戏相同，都充分证明拟像、仿真、超真实已经进入我们生活的方方面面，甚至完全重绘了世界的边界。在体育游戏中，越来精细的画面，完美再现了运动员的外貌动作、壮观宏伟的体育场馆、欢呼雀跃的现场观众，甚至职业体育的经营管理。发达的互联网为游戏的

---

① 罗小凤.拟像：超真实的后现代性话语 [J]. 湖南科技学院学报 .2006(3).55-57.

② 仰海峰.超真实、拟像与内爆——后期鲍德里亚思想中的三个重要概念 [J]. 江苏社会科学，2011(4):14-21.

③ 罗小凤.拟像：超真实的后现代性话语 [J]. 湖南科技学院学报 .2006(3).55-57.

④ 道格拉斯.凯尔纳.波德里亚：一个批判性读本 [M].陈维振等译.江苏人民出版社，2008.:244-245。

极致真实提供了技术上的支持，它能够使电子游戏随时更新数据，与真实的体育世界尽可能保持一致，并在虚拟的游戏中得以呈现。如 2018 年欧冠决赛之后，C 罗更换了发型，FIFA 2018 中 C 罗的形象也与现实世界保持了同步。

　　然而，体育电子游戏不可能与现实的体育世界或电视体育保持绝对的一致。这种真实是有限度的，或者说，它有不真实的一面。如前文提到，在现实的 NBA 比赛中，除了加时赛，全场比赛分为 4 节，每节 12 分钟。NBA 2K18 的一场比赛同样为 4 节，但每节只有 6 分钟，打完一场游戏，耗时 30—40 分钟，这使得一场比赛的节奏比真实的比赛快得多。你还可以让游戏暂停或退出，一场游戏可按自己的情况分几次甚至几天打完，完全由玩家掌控。某种程度上，这种不真实恰恰是电子游戏的魅力所在，因为它能够给玩家提供一种现实体育无法提供的体验。在现实世界中，球王马拉多纳在 1997 年退役，而梅西在 2003 年 11 月才参加自己第一场职业比赛，他们之间不可能在正式的职业比赛中过招。但在游戏中，这一切都成为可能。同样，在游戏中，玩家可以让飞人乔丹与姚明同场竞技。在国内问答平台"悟空问答"上，有一个问题是："如今的足球游戏中，最不真实的一点是什么？"这一问题引来了 39 个网友的回答。当然，这种不真实有些是由游戏的框架设定决定了的，有的是因为当前计算机技术的局限所致，有的则是游戏设计时出现的瑕疵。电子游戏做不到，也没有必要做到绝对的真实，杰西珀·尤尔的电子游戏研究干脆冠以"半真实"（Half Real）的标题，[①] Meredith M. Bagley 与 Ian Summers 则在研究中称

---

　　① Juul J. *Half-Real: Video Games between Real Rules and Fictional Worlds*[M]. The MIT Press, 2005.

之为"选择性仿真"（selective simulation）^①。总之，在真实与不真实之间，体育电子游戏为玩家营造了一个亦真亦幻的游戏世界，一个超真实的游戏世界。

三、体育电子游戏的超真实

在电视体育直播中，真实的体育场上数十架摄像机将比赛中的每一个细节都呈现在电视观众面前，这令人叹为观止的极致视听享受构成现代体育的媒体奇观。虚构的赛场冲突，火爆的赛事气氛，乃至每一个毛孔都清晰可辨的特写镜头：电视体育在仿真的同时，也在生产着超真实。体育电子游戏的超真实性在体育电视的基础上更进一步，它不再依靠现实的体育事件，即使世界杯足球赛已经结束，游戏玩家仍可以随时随地通过游戏设备打一场比赛，这种比赛的精彩程度丝毫不亚于真实的比赛，甚至比真实的世界更加精彩。现实中根本不可能出现的"关公战秦琼"，在体育电子游戏中完全不是问题。现实中实现不了的明星梦，在电子游戏中可以轻易实现。玩家不仅可以化身为运动员，从业余的菜鸟一步步成长为国际巨星，也可以化身为球队的经理、主教练，充分发挥自己的经营管理才能，打造一支称霸世界的王者之师。

电子游戏甚至能够营造出完全不依赖现实的体育世界。在《马里奥赛车》中，马里奥和其他任天堂的游戏人物驾驶着卡通风格的卡丁车在卡通风格的奇幻世界里飞驰，"空气超车""反重气冲撞""喷射蘑菇"等超真实游戏因素的设定，使玩家体验到不同于NBA 2K、FIFA等模拟真实类体育游戏的另一种快乐。《重返德军总部2》《魔兽争霸》等游戏架空了历史，《马里奥赛车》架空了体育。游戏画面是虚幻的，但游戏给人带来的快乐是真实的。

---

① Robert Alan Brookey & David J. Gunkel, *Playing to Win: Sports, Video Games, and the Culture of Play*[M]. Indiana University Press, 2015:191-216.

　　超真实是比真实还真实的乌托邦，是生产快乐的"美丽新世界"。讽刺的是，当玩家在游戏中继续着世界杯足球赛的激情时，世界杯已经不再重要。我们沉浸于超真实的游戏世界，真实的意义就被解构了。鲍德里亚指出："关键问题也许一直是形象的谋杀禀性，它们杀害真实，把自身的模型当作拜占庭偶像杀害了。"①在游戏中，感官享受取代了身体的运动。玩家不必奔波流汗受苦受累，只需在游戏手柄上快速按动不同的按键，站在世界之巅的伟大梦想就能实现。身体在体育电子游戏中的缺场消解了体育本身，但是当体感游戏成为可能，身体的在场却进一步消解了现实。在好莱坞科幻电影《头号玩家》中，人人都头戴 VR 眼镜，身穿体感衣，手戴触觉手套，在全方位跑步机上手舞足蹈。游戏的世界精彩纷呈，反衬出现实世界的坏败混乱和令人失望。《头号玩家》是一个劝百讽一的寓言，它花 3 分钟时间劝导人们回到现实，却用了 2 个小时来展示梦幻般迷人的拟像世界。

　　超真实世界是一个"内爆"(implosion) 的世界，"机械形式转向瞬息万里的电力形式，这种加速度使外向爆炸转变为内向爆炸"。在麦克卢汉笔下，"电子媒介使人们的生活彼此纠缠，造成了极端的拥挤"②，这就是"内爆"，媒介与信息的界限消失了，媒介本身就是信息。鲍德里亚借用了这一概念，在他看来，"内爆"有两个最明显的特征：一是事物边界的消失，二是意义的消失。在内爆的作用下，意义消失了，大众的主体性也消失了。游戏与现实、游戏与电视、游戏与体育的界限越来越模糊，电子竞技就是这种边界消失的产物。当电子竞技被视为体育，体育就迎来了自己的掘墓

①　鲍德里亚.仿真与拟象 [A].汪民安.后现代性的哲学话语 [M].浙江人民出版社，2000:322.

②　麦克卢汉，理解媒介：论人的延伸 [M].何道宽译.商务印书馆，2000:67,68.

人，我们从对体育意义的追求转向了对信息的迷恋。"在超真实世界中，面对由符码构成的屏幕世界，我们不再能主动地追求事物的本真存在，而是回应符码的指令。"①玩家通过游戏手柄回应电子符码的指令，从而进入一个超真实的体育乌托邦。身体的运动变成手指在游戏机按钮间的迅速移动，身体的竞技变成电子指令的竞技。玩家可以玩一整天电子游戏，而身体却不移动一分。当身体的运动被排除，体育成为自身拟像的对立面并被其所代替，体育的意义和价值消失了。

体育游戏为体育的传播提供了另一种途径。作为一种后起的体育媒介，体育电子游戏在体育和体育文化的传播中起到重要作用，游戏玩家和体育爱好者能够通过体育电子游戏获取体育知识，感受体育的激情，并从中得到快乐。体育电子游戏与电视体育一样，成为大卫·罗所称的"媒介体育文化复合体"（media sports cultural complex）②。体育电子游戏还为体育爱好者提供了一种不同于传统的参与体育实践的方式，从电子游戏中获得的成就带来游戏特有的"心流"、愉快感和自豪感，这是电视体育所无法比拟的，由此形成了新的"游戏体育文化"。

但是另一方面，体育电子游戏创造了一种超真实的体育，一种生产快乐和幸福的"美丽新世界"。它比真实的体育更加引人入胜，从而消解了体育的意义和价值。王颖吉指出，电子游戏的原罪是"以自由的招牌来行控制之实，及貌似自由的不自由"。③《头号玩家》中关于未来游戏统治世界的荒谬图景或许只是一种杞人

① 仰海峰.超真实、拟真与内爆——后期鲍德里亚思想中的三个重要概念[J].江苏社会科学，2011(4):14-21.

② 大卫·罗.体育、文化与媒介：不羁的三位一体[M].吕鹏译.清华大学出版社，2013.

③ 王颖吉.自由的不自由：电子游戏的原罪[J].中国图书评论，2013(9):8-15.

忧天，但对未来的担忧并非全无道理。

随着电子游戏产业的发展，"电玩一代"开始掌握社会话语权，电子游戏也顺理成章地摆脱了污名，获得了自身的合法性。以《人民日报》的报道为例，近 40 年来《人民日报》对电子游戏的态度倾向从 1989—2001 年间有 7 年没有一篇正面报道，到近 5 年来负面报道占比仅有 13%，游戏从"电子海洛因"变身"中国创造"①，这种变化在学术界同样存在。然而在游戏产业蓬勃发展，电子竞技日益火爆，高校电竞专业受到媒体追捧的同时，我们需要警惕人类社会或许掉入技术的陷阱而无法自拔，最终导致思想的平面化和历史的终结。马尔库塞早就指出：以技术为主导的当代工业社会是极权社会，"当一个社会按照它自己的组织方式，似乎越来越能满足个人的需求时，独立思考、意志自由和政治反对权的基本的批判功能就逐渐被剥夺。"②

第二节　数字具身：体育电子游戏中的身体

根据《欧盟体育白皮书》的界定，体育（sport）是指"无论自发的或有组织的，旨在改善体能、促进心智健康、融洽社会关系或在各级竞赛中夺标的所有形式的身体活动"③。体育是身体的活动，"身体"（body）是体育概念最为核心的要素。离开了身体，体育就不成其为体育，这是不言自明的。然而这一概念并非完全没有疑问，因为身体的含义不是一成不变的。随着信息技术的不

---

① 何威、曹书乐.从"电子海洛因"到"中国创造"：《人民日报》游戏报道（1981—2017）的话语变迁 [J].国际新闻界.2018(5)57-81.

② 赫伯特·马尔库塞.单向度的人：发达工业社会意识形态研究 [M].刘继，译.世纪出版集团，2008:3-4.

③ 欧盟委员会.欧盟体育白皮书 [M].布鲁塞尔，2007，11.

断发展，身体已经不仅仅意味着生物的肉身，还产生了技术的身体，即虚拟的数字化的身体。作为一种身体的活动，体育中的身体也由单一的生物肉身趋于多元，虚拟的数字化的技术身体成为体育中一种不可忽视的存在。

虚拟的数字化的技术身体，集中体现于体育电子游戏和电子竞技。如果暂时不考虑尚未成为主流的体感游戏，体育电子游戏和电子竞技中，人的肉身基本上处于一种悬置状态，而虚拟的数字身体则积极地参与其中，运动的身体成为虚拟的数字身体。到底哪一个身体才是我们真正的身体？这种变化对体育运动来说究竟意味着什么？本节主要以体育电子游戏为考察对象，以身体在场与缺场的视角，对体育电子游戏玩家、游戏角色和他们的身体之间的关系进行进一步分析研究，以期就现代体育的未来发展形态等问题做出初步的探讨。

一、从生物肉身到数字身体

"身体是我们能拥有世界的总的媒介。"法国知觉现象学大师梅洛 - 庞帝（Maurice Merleau-Ponty）的宣言终结了在欧洲影响深远的笛卡尔"身心二元论"。在他看来，我们就是我们的身体，不可能脱离身体仅靠心灵或者思想而存在，"灵魂和身体的结合每时每刻在存在的运动中实现"[①]。体育学者普遍认为："'身体'是体育中最基本的物质基础，身体是构成一切体育现象的基本条件，是体育本质的首要元素。"[②] 这种"身心一统"的观念已经成为人们的共识。

然而，身体并非仅仅意味着我们的肉身。约翰·奥尼尔（John O'Neill）在《身体形态：现代社会的五种身体》中区分了现代社

---

① 梅洛 - 庞蒂 著，姜志辉译 . 知觉现象学 [M]. 商务印书馆，2001:125.

② 刘媛媛 . 身体·感性·自由——体育本质新诠释 [J]. 体育科学，2007(11): 70-73.

会存在的五种身体形态：世界身体、社会身体、政治身体、消费身体、医学身体。① 唐·伊德（Don Ihde）则将身体形态分为三种，即物质身体、文化身体与技术身体：1. 肉身意义上的身体，我们把自身经历为具有运动感、知觉性、情绪性的在世存在物；2. 社会文化意义上的身体，我们自身是在社会性、文化性的内部建构起的，如文化、性别、政治等等身体；3. 技术意义上的身体，穿越身体一、身体二，在与技术的关系中通过技术或者技术化人工物为中介建立起的。② 1985 年，唐娜·哈拉维（Donna Haraway）在《赛博格宣言：20 世纪晚期的科学、技术和社会主义的女性主义》一文中提出"赛博格"的概念："赛博格（cyborg）是控制论的有机体（cybernetic organism），是机器与生物体的混合，既是虚构的生物也是社会现实的生物。"③ 这一概念的提出，意味身体观念的彻底重构。④

数十年来科学技术的发展一日千里，数字技术、互联网技术使我们越来越意识到人类不仅拥有生物学的肉身、社会化的身体，还拥有虚拟的数字身体。身体正在由真实的肉体走向虚拟身体。对于体育研究来说，由此带来的问题是：我们应如何看待虚拟体育中的数字身体？

2009 年，美国学者达西·柏立美（Darcy Cree Plymire）在题为《为后人类的未来重塑体育：体育电子游戏中的具身与主体性》

①　约翰·奥尼尔. 身体形态：现代社会的五种身体 [M]. 张旭春译. 春风文艺出版社, 1999.

②　杨庆峰. 物质身体、文化身体与技术身体——唐·伊德的"三个身体"理论之简析 [J]. 上海大学学报 (社会科学版),2007(01):12-17.

③　D Haraway. *Manifesto for Cyborgs*[J]. Socialist Review, 1985, 80:65-107.

④　欧阳灿灿. "无我的身体"：赛博格身体思想 [J]. 广西师范大学学报 (哲学社会科学版),2015,51(02): 60-66.

的论文中，对电子游戏中的具身和主体性问题进行了研究。他指出，体育电子游戏重塑了体育，使玩家穿透了人与机器之间的界线，导致的结果就是人的电子人身份，从某种意义上这是人与机器融为一体。[①]

柏立美的研究以艺电体育的经典游戏《麦登橄榄球》为主要分析对象。尽管这款美式橄榄球游戏在国内知名度不高，但在欧美，《麦登橄榄球》拥有众多玩家。柏立美解释了体育电子游戏如何通过直觉性（immediacy）和超媒体化（hypermediacy）的特征打造身临其境的游戏体验，讨论了体育电子游戏的沉浸感是如何建构了一种与电视体育所建构的与身体的截然不同的关系。他指出，通过"再中介化/重塑"（remediation）的魔法，当玩家沉浸于游戏之中时，机器就从人的意识中消逝了。当代体育电子游戏的高解析度互动以及新的控制机制的加入（更不用说还有 Wii 游戏系统），使玩家变为奇幻世界中的"居民"，"当数字世界更具有沉浸感的时候，玩家就有更大的可能生活在虚拟的世界中，而把 Cohen 和 Taylor（1992）所说的'至高真实'抛到脑后。"[②]

柏立美的研究使用了"具身"的概念。具身（Embodiment）是一个在身体研究中最常见也最难翻译的术语。熊欢把体育中的 Embodiment 翻译为"身体实践"，所谓身体实践就是个人与

---

① Plymire, Darcy Cree. *"Remediating football for the posthuman future: Embodiment and subjectivity in sport video games."* Sociology of Sport Journal 26.1 (2009): 17-30.

② Plymire, Darcy Cree. *"Remediating football for the posthuman future: Embodiment and subjectivity in sport video games."* Sociology of Sport Journal 26.1 (2009): 17-30.

其身体的互动，以及通过身体和周围世界的互动。[①] 在熊欢看来，身体活动是体育最重要的本质属性。刘小枫《沉重的肉身》把 Embodiment 理解为"肉身化"、"身体化"。[②] 克里斯·希林《文化、技术与社会中的身体》中文译为"具身体现"，译者李康认为，embodiment "可指身体的具备、特征、状态、过程，以及在经验研究和理论阐述中身体视角的凸显。"[③] 刘宇清在《我们何以成为后人类》中文版中将之译为"具体形象"。简而言之，"具身"是用以描述身体的运动或对身体状态的体验、模拟对认知、态度、社会知觉、情绪等发生作用的术语。在梅洛 - 庞帝的知觉现象学中，它被用来克服笛卡尔的身心二元学说在认识论上的困境，"灵魂和身体的结合并不是两种外在的东西——即一个是客体，另一个是主体——之间的一种随意决定来保证的。灵魂和身体的结合每时每刻都在存在的运动中实现。"[④]

"具身"即为"身体的在场"，相反非具身是指身体的不在场 / 缺场。然而，通常人们所指的具身，均是指生物的肉身而言。而在虚拟体育中，具身的是数字身体。在《麦登橄榄球》等体育电子游戏中，生物的肉身被悬置了，是不在场的、非具身的，在场的是虚拟的数字身体，即数字具身。

二、体育电子游戏中的身体

在好莱坞科幻电影《阿凡达》中，双腿瘫痪的前海军陆战队员杰克通过高科技，将意识转移到利用他的双胞胎兄弟基因人工

---

① 熊欢，张爱红. 身体、社会与体育——西方学者视野下的体育 [J]. 体育科学，2011, 31(06): 81-86.

② 刘小枫. 沉重的肉身（第 6 版）[M]. 华夏出版社，2007.

③ 克里斯·希林. 文化、技术与社会中的身体 [M]. 李康译. 北京大学出版社，2011.

④ 梅洛 - 庞蒂 著，姜志辉. 第 1 页注释 知觉现象学 [M]. 商务印书馆，2001:125.

克隆的外星智慧生命"阿凡达"中，从而获得一个完美的身体。他以外星人的肉身在异星世界探险、战斗、恋爱，自己真实但有缺陷的肉身被悬置。然而他又不得不时常从"阿凡达"的身体回到自己残缺的肉身，意识在两个身体之间来回切换。这使他产生了困惑："所有的一切都颠倒了，好像那里才是真实世界，而这里才是在做梦。才三个月，我已经忘了我是谁。"

《阿凡达》不由令人联想到《庄子》的一则寓言："昔者庄周梦为胡蝶，栩栩然胡蝶也，自喻适志与！不知周也。俄然觉，则蘧蘧然周也。不知周之梦为胡蝶与，胡蝶之梦为周与？周与胡蝶，则必有分矣。此之谓物化。"[①]《阿凡达》不仅是一个"庄周梦蝶"般的迷思，也是一个寓言。主人公的意识在两个身体之间切换，两个身体不能同时在场。当他是阿凡达的时候，主人公自己的肉身是缺场的、非具身的，具身的是意识操控的假体——阿凡达。

"阿凡达"（Avatar）一词源于梵语，意为"化身"。在印度教中，Avatar 特指主神毗湿奴 (VISHNU) 下凡化作人形或者兽形的状态。如今，这一词语已成为电脑技术中的常见术语，通常指在虚拟现实中完美并具象化的呈现出人形。在电子游戏中，游戏玩家操纵着自己在游戏中的化身——游戏人物，在虚拟的世界中冒险。对于体育电子游戏而言，出现了两个身体。一个是玩家的现实世界中的生物肉身，一个是游戏中的虚拟的数字化身，即唐·伊德所说的"技术意义上的身体"。在《健身环大冒险》等体感游戏中，生物的肉身与数字身体是同时在场的具身。但至少在目前，体感体育游戏尚不占主流，处于主流地位的是《麦登橄榄球》、FIFA、NBA 2K 等大型模拟类游戏。在这类游戏中，玩家用游戏手柄或电

---

① 庄子 著，王先谦 注. 庄子集解 [M]. 上海书店,1986:18.

脑键盘控制着游戏中的阿凡达完成传球、突破、射门或投篮等体育动作，真实的肉身则像计算机程序一样被悬置于后台，但这仍然符合"体育于活动表面上言之不得不谓之为身体之活动"①，只不过在场是数字身体，真实的肉身则被遗忘，被放逐，成为非具身的缺场。

具身是身体的参与和"在场"（presence），"在场被定义为物体（如身体）在给定的空间和时间内的存在"②。与在场相反，缺场往往是一种高度自我反省、心不在焉的状态，个体从共享世界退居到一个私人的、内在的和想象中的心灵世界。在这种状态下，"个体专注于自己对外部世界发生的事情的看法以及自己在外部世界中的位置，而牺牲了在世界中体验自己"③。在体育运动中，身体积极参与其中，没有身体的参与就不能称之为体育运动，体育运动就是身体的运动。跑和跳，是身体在执行一系列的动作。我们在运动场上奔跑，肌肉高度紧张，身体不断与外界进行能量交换，一场比赛下来大汗淋漓。我们反复练习技术动作，最终达到肌肉记忆。在这些体育实践中，身体自然是在场的，身体的在场构成体育的本质特征。而在体育电子游戏中，人的肉身被驱逐、被悬置、被抽离出体育的时空，取而代之的是数字身体。安东尼·吉登斯深刻地指出，现代化是"时空脱域"的过程，时间和空间被虚化，人和物从具身的时间和空间中脱离出来。④数字身体的具身，颠覆了体育运动中身体的概念。问题是，哪一个才是真实的意义

---

① 吴蕴瑞 . 吴蕴瑞文集 [M]. 黑龙江科学技术出版社 , 2006:48.

② Damasio, A.R. *Descartes' Error: Emotion, reason, and the human brain*[M], New York: Putnam, 1994.

③ Schultze U . *Embodiment and presence in virtual worlds: a review*[J]. Journal of Information Technology, 2010, 25(4):p.434-449.

④ 安东尼·吉登斯 . 现代性的后果 [M]. 田禾译 . 译林出版社 , 2000:15-17.

世界？

之所以会有这样的疑惑，是因为虚拟的世界能够给我们带来更多快乐，虚拟的世界比真实的世界更加精彩。杰克的阿凡达身体是完美的外星人身体，健康而强壮，而自己的真实肉身则是残缺的、半身不遂的。在现实的体育中，一个普通人要想成为运动明星，需要经过极其艰苦的努力，但他不完美的肉身和社会的身体都制约了这一目标的达成。然而在游戏世界，玩家无需流汗，无需反复练习，无需付出艰辛的努力，只需舒舒服服地坐在电脑前轻松按动键盘或游戏手柄，现实中实现不了的明星梦，在电子游戏中就可以轻易实现。游戏装置和显示屏幕将真实的世界与虚拟的世界区隔开来，屏幕内外就是现实与梦想的两个世界，"屏一方面联系了这两个世界，另一方面模糊了这两个世界的差异，它既是边界也是枢纽"。[①] 人们沉浸其中，沉浸在完美的快乐的国度。于是，平庸的现实生活与真实的生物肉身成为被意识遗忘的对象，虚拟的国度反被认为是真实的意义世界。凯瑟琳·海勒在《我们何以成为后人类：文学、信息科学和控制论中的虚拟身体》一书中提到科尔·佩里曼（Cole Perriman）的小说《终极游戏》（Terminal Games），小说讲述了一个谋杀案，谋杀者最后被发现是一种虚拟意识，这种虚拟意识坚信它模拟的虚拟世界比人类居住的物质世界更真实。海勒指出，小说中的谋杀者奥吉实际上是一种新兴的后人类意识，将人类纳入它自己，奥吉以人类为代价建立了他自己的自主性。另一个高度控制的边界是计算机屏幕，它将真实（actuality）与虚拟（virtuality）分隔开来。对奥吉而言，虚拟一边才是"真实的"（real），相反，他认为现实是一种并不可信的模拟

---

① 米金升，陈娟．游戏东西：电脑游戏的文化意义研究 [M]．广西师范大学出版社，2006：115.

/ 仿真。在人类眼里，计算机屏幕不仅标志着真实与虚拟的界线，而且隐约地暗示意识与潜意识的界线。这就是鲍德里亚所说的"超真实"："真实不仅是那个可以再现的东西，而且是那个永远已经再现的东西：超真实。"① 超真实不是不真实，而是比真实更加真实，是一种按照模型生产出来的凌驾于现实之上的真实。"超真实世界取代了真实世界，导致我们感知世界方式的变化。"② 超真实的游戏世界，将改变我们认知世界和把握世界的方式。

按照媒介环境学派的观点，媒介影响了我们对世界的认知、把握和应对的方式。麦克卢汉认为："一代人的社会习俗往往变成下一代人的'游戏'准则。"③ 这句话倒过来也是成立的：一代人的"游戏"准则往往成为下一代人的社会习俗。按照麦克卢汉自己的解释，他的"媒介即是讯息"的著名论断，是指"任何媒介（即人的任何延伸）对个人和社会的任何影响，都是由于新的尺度产生的；我们的任何一种延伸（或曰任何一种新的技术），都要在我们的事务中引进一种新的尺度"。④ 在麦克卢汉看来，"一切游戏都是人际交往的媒介"。这一论断与约翰·赫伊津哈"文明是在游戏之中成长的，是在游戏之中展开的，文明就是游戏"⑤ 其实异曲同工。作为一种"互动的媒介"⑥，电子游戏这种虚拟的超真实世界嵌入我们的日常生活，甚至凌驾于现实之上，将改变我们认知世界、把握世界和应对世界的方式，从而建构新的意义世界。

① 让·鲍德里亚.象征交换与死亡 [M].车槿山译.译林出版社,2012:98.

② 仰海峰.超真实、拟真与内爆——后期鲍德里亚思想中的三个重要概念 [J].江苏社会科学,2011(04):14-21.

③ 麦克卢汉,理解媒介：论人的延伸 [M].何道宽译.商务印书馆,2007:296.

④ 麦克卢汉,理解媒介：论人的延伸 [M].何道宽译.商务印书馆,2007:33.

⑤ 约翰·赫伊津哈.游戏的人 [M].何道宽译.花城出版社,2007.

⑥ 关萍萍.互动媒介论 [M].浙江大学出版社,2012.

　　体育电子游戏是一个超真实的体育乌托邦。这个快乐的体育乌托邦尽管与真实的体育世界有着不可逾越的鸿沟，却比真实的体育更加令人着迷。当游戏玩家的手指在键盘或手柄上熟练地移动，操纵着游戏中的虚拟身体过人突破、投篮得分时，他成为虚拟赛场上的体育明星，但他真实的生物肉身可能连简单的运球都不会。尽管有人声称，当玩家进入一个虚拟的游戏世界时，"我的体验既不是离身认知，我的身体也不是变得只剩下眼球。如在战斗中，我会心跳加速，热血上涌。当游戏中的化身奔跑时，我的肉身也会向相同方向倾斜"[①]，但是玩家身体与屏幕动作联系起来建立的这种认知，只是一种游戏世界的认知，与真实世界的认知有着无法逾越的鸿沟。当玩家想要控制游戏中的化身投篮时，会基于游戏认知而下意识地按下某个按键并得分，但玩家并没有因此而学会现实中的投篮技术，身体也并没有因此得到锻炼。然而，一切或许已经不再重要。尽管体育电子游戏究竟将如何改变我们对体育的认知，还需做进一步的研究，但电子游戏的超真实性或许会使虚拟的数字体育或许成为我们未来惟一真实的体育，数字具身成为体育唯一在场的身体。电子竞技被正式承认为一种体育项目，跻身亚运会等传统的大型体育赛事，并获得千万年轻人的狂热追捧，正是这一转折的必然结果和现实表征。

三、作为身体活动的体育与作为纯粹信息的体育

　　纵观人类体育的发展历程，我们发现，体育就是一个不断被信息化、非具身化的过程。公元前 5 世纪古希腊的文献中就提到包括比赛场地和观众区的体育场，比赛观众的座位就已经是阶梯式逐渐升高的了，以便所有的人都能看到运动员。诡辩家菲洛斯

---

　　① Crick, T. The Game Body: *Toward a Phenomenology of Contemporary Video Gaming*[J]. Games & Culture, 2011, 6(3):259-269.

特拉托斯曾经这样描述体育比赛的现场观众："他们尖叫着，从自己的座位上蹦了起来，这里有人高举双手，那里有人从地上一跃而起，还有人高兴得和邻座抱在一起，因为真正令人兴奋的比赛，观众是不会保持镇静的。"①可见，早在古希腊时期，体育就已经成为一种供人欣赏的身体表演。当然，此时的表演并不是体育的核心。进入工业社会以来，空间流动、"闲暇时间"的增加，使得体育"凭借其显而易见的健康价值、激情以及进步象征等特征成为20世纪最主要的表演之一"。②电报、报纸等现代传媒的发展使"体育越来越走红，成为全球瞩目的目标，吸引信息和宣传的工具"，而电视的出现则重构了体育，"并不是电视屏幕使人得到了更好的观赏条件，而是它创造了一种崭新的观赏方式。而且，它直接把电视观众带进了一个神话，一个建构于比赛之外的故事，一个为了让电视观众感到激动和融入其中而建构的神话，而电视观众也欣然被邀请到这个神话之中"。③精彩的体育比赛对于电视观众来说无异于一幕令人神魂颠倒的大戏，明星运动员就是古希腊戏剧中半人半神的英雄，体育成为一种现代媒介奇观，视觉效果突出的电视体育成为体育的代名词，这正是媒介塑造现实的绝佳案例。

体育越来越成为一种表演，这使得体育被割裂成两个部分：作为身体活动的体育与作为纯粹信息的体育。前者是物质，后者是信息，前者是后者的内容。两者互相促进，但又日益分化。

作为身体活动的体育离不开肉身的在场，因此它是物质的，并

① 沃尔夫冈·贝林格.运动通史[M].丁娜译.北京大学出版社,2015:43.

② 让-雅克·库尔第纳.身体的历史（修订版第三卷）[M].孙圣英等译.华东师范大学出版社,2019:323.

③ 乔治·维加雷洛.从古老的游戏到体育表演：一个神话的诞生[M].乔咪加译.中国人民大学出版社,2007:151-152.

伴随着能量的交换。生物的肉身赋予体育以意义，是体育的主要手段和终极目的。李力研指出，体育的本质就是"人的自然化"："体育既指向人类的肉体，又指向人类的心灵；既指向人类的身体健康，还指向人们的心灵自由。"[①] 现代奥林匹克运动高举着"更快、更高、更强"的旗帜突破人类身体极限，职业运动员在各种体育项目中竞技夺标，普通人在运动中挥洒汗水，获得心灵的快乐和身体的健康，这一切都离不开身体的参与。身体的在场是体育最为本质的特征。

当体育成为表演，成为被观赏的对象，成为被看的客体，成为传播媒介的内容，体育就成为了纯粹的信息。它是体育的派生物和现实镜像。作为纯粹信息的体育在体育诞生之初就已经成为体育的衍生之物，但它却在工业时代随着现代传播技术的发展而获得长足发展，并在后工业时代成为这个时代人类文明的象征符号。报刊和网络的体育新闻，电视中的各项赛事转播，以及各种各样的体育知识、体育影像等等，共同构成了现代社会的一道媒介奇观。它以现实中的体育赛事为内容，使体育得以传播，也传播着人们赋予体育之上的关于国家、民族、种族、性别的种种意义，并形塑着全球化时代的大众文化和社会意识形态，这就是大卫·罗所称的"媒介、体育、文化复合体"。[②]

纯粹体育信息的主体被称为观众，体育观众一般来说都是体育爱好者或体育迷，其本质则是体育信息的消费者。通过电视观赏一场体育表演并非完全的体育实践，因为它完全无需身体的参

---

① 李力研.体育的哲学宣言——"人的自然化"[J].天津体育学院学报，1994(01):27-35.

② 大卫·罗.体育、文化与媒介：不羁的三位一体[M].吕鹏译.清华大学出版社，2013.

与。身体存在信息之中，信息的消费主体除了在兴奋之余振臂高呼或扼腕叹息之外，身体仅仅扮演着旁观者的角色。身体的不在场使主体沦为看客，体育本身被客体化。作为纯粹信息的体育有其不可代替的价值，体育爱好者从信息之中获得收益，不仅能够给沉闷的庸常生活带来亮色，而且可能促使他积极地参与身体在场的体育活动，从而使信息的消费转化为真实的体育实践，体育的价值得以实现。作为纯粹信息的体育来源于作为身体活动的体育，也可能转化为作为身体活动的体育。

体育电子游戏是一种新型的体育媒介，一种新型的体育信息的载体。相比电视体育，体育电子游戏使玩家有更多的参与感。Wii Sports、《健身环大冒险》《舞力全开》等体感电子游戏通过体感捕捉技术实现了身体的在场，创造了一种新的健身方式，模糊了作为纯粹信息的体育与作为身体活动的体育两者之间的界线，预示着未来体育的某种方向。但就目前来说，体感健身游戏还不是体育电子游戏的主流，因此就主流体育电子游戏而言仍是纯粹的信息。在 FIFA、NBA 2K 等主流体育电子游戏中，玩家操纵着游戏中的化身，仿佛自己驰骋在赛场。在电视机前，观众无法对比赛施加任何影响，只能徒劳地眼睁睁地接受比赛结果。而在游戏中，玩家掌控了一切，比赛的胜负取决于玩家的游戏技巧，玩家完全可以通过自身的努力赢得虚拟比赛的胜利。虽然体育电子游戏借鉴了电视转播的镜头叙事方式[①]，但体育电子游戏的参与感是电视体育无法比拟的。只是这种参与通常来说只是大脑和手指的活动，玩家的生物肉身事实上被排斥在游戏之外，全程在场的是虚拟的数字身体。

---

① Consalvo M , Mitgutsch K , Stein A . *Sports videogames*[M]. Routledge, 2013.

体育电子游戏与电视体育不同之处还在于，电视中的体育信息是以现实中的体育事实为基础的。当我们观看一场体育赛事电视转播的时候，我们知道这场比赛正在世界某个体育场进行，没有人会质疑它的真实性。体育电子游戏则不然，它是"无中生有"的，不以真实的体育比赛为自身存在的前提。当2020年世界各大体育赛事因新冠疫情而纷纷停摆时，体育电视只能播放以往的赛事以填补节目时间，但体育电子游戏玩家则可以通过手机、电脑、游戏机，与计算机AI或在线的朋友进行一场虚拟的体育比赛，每一场比赛都不依赖于现实中的体育赛事。只要你愿意，玩家可以化身为球王贝利，与梅西在电子游戏中一决高下，正如我化身为马拉多纳率领巴塞罗那征战西班牙足球联赛一样。

体育电子游戏使体育被更深刻地裹挟到一个虚拟的数字化的纯粹信息世界。这是一个精彩纷呈的体育乌托邦，一个无比奇幻的虚拟世界。玩家沉浸其中，沉浸在虚拟的数字身体活动之中，精神与技术的身体合而为一，生物的肉身则被遮蔽，被遗忘，被驱逐。当玩家不得不从技术的身体切换回生物肉身的时候，他往往怅然若失地体会到《阿凡达》般的迷思，不得不接受这样一个事实：虚拟世界中的王者只不过是现实世界的庸凡之辈。然而，生物的肉身终将与技术的身体共存，这是人类的命运，也是体育的未来。

四、"后人类"时代的体育

德国哲学家尼采宣言："一切以身体为准绳。""世界是从身体的角度获得意义。"[①] 美国心理学家和哲学家安东尼奥·达马西奥指出："我们最精致的思想和最好的行动，我们最大的欢乐和最深的

---

① 尼采.尼采遗稿选[M].虞龙发译.上海译文出版社，2005:112.

悲伤，都是以身体为尺度的。"①体育是人类生物本能的体现，是人类作为一个健康物种存在的前提和手段。但在千百年的进化中，体育逐渐由身体的活动变为表演，成为纯粹的信息，体育电子游戏进一步加速了这一历程。失去了人类肉身的体育预示了"后人类"的未来。

"后人类"（post-human）的概念来自科幻、未来学、当代艺术及哲学领域，指超越人类状态的人或实体的存在。进入信息时代以后，技术的发展日新月异，技术改造并重建了人的身体，成为"后人类"。1987年，美国学者唐娜·哈拉维在《赛博格宣言：20世纪晚期的科学、技术和社会主义的女性主义》一文中提出了著名的"赛博格"思想，"赛博格（cyborg）是控制论的有机体（cybernetic organism），是机器与生物体的混合，既是虚构的生物也是社会现实的生物。"②美国学者凯瑟琳·海勒（N. Katherine Hayles）所著的《我们何以成为后人类：文学、信息科学和控制论中的虚拟身体》一书是探讨"后人类"问题的具有里程碑意义的作品。在海勒看来，尽管关于"后人类"的阐释各不相同，但有一个共同的主题，就是人类与智能机器的结合。她从四个方面阐述了"后人类"的特点：

首先，后人类的观点看重（信息化的）数据形式，轻视（物质性的）事实例证。因此，由生物机制形成的具体形象就被视为历史的偶然而非生命的必然。

其次，后人类的观点认为，意识／观念只是一种偶然现象，就

① Damasio, A.R. *Descartes' Error: Emotion, reason, and the human brain*[M], New York: Putnam, 1994.

② Haraway, Donna. *A manifesto for Cyborgs: Science, technology, and socialist feminism in the 1980s*[J]. Australian Feminist Studies, 1987, 2(4):1-42.

像一个不断发展升迁的新贵，试图把一个次要的节目夸大为整个演出。而在笛卡尔认为自我是思考的心灵之前，漫长的西方传统都把意识／观念当作人格（人类身份）的中心。

再次，后人类的观点认为，人的身体原来都是我们要学会操控的假体，因此，利用另外的假体来扩展或代替身体就变成了一个连续不断的过程，并且，这个过程早在我们出生之前就开始了。

最后，也是最重要的一点，后人类的观点通过这样或那样的方法来安排和塑造人类，以便能够与智能机器严丝合缝地链接起来。

海勒指出："在后人类看来，身体性存在与计算机仿真之间、人机关系结构与生物组织之间、机器人关系结构与生物组织之间、机器人科技与人类目标之间，并没有本质的不同或者绝对的界限。"[①] "后人类"的关键点在于机器对人类身体的重构，这种重构不仅仅是哈拉维所指称的无机体机器与生物体的结合，更主要的是在信息技术主导下的人的"电子人"身体的诞生，以及由此引发的"信息如何失去它的身体、电子人如何被创造为一种文化偶像／标志和技术性人工制品、人类何以变成后人类"等问题的追问。在此背景下，"后人类的体育"或"体育中的后人类"就成为一个值得深入思考的课题。

在科幻电影《瓦力》中，未来世界的人类已经退化成坐在悬浮运动沙发里的肥胖软体动物，一旦跌下沙发就无法自己回到上面，人们通过眼前全息影像的屏幕来消费、游戏。人类已不再运动，甚至性爱都被试管婴儿所取代——靠自己的身体已经无法完成这么高难度的动作。更为严重的是，人类已经忘记了自己是人，

---

① 凯瑟琳·海勒. 我们何以成为后人类 [M], 刘宇清译. 北京大学出版社, 2017:3-4.

一切都在机器的掌控之中。① 如果体育彻底由身体的活动变为纯粹的信息，数字身体全面取代人类的肉身，那么电影中的这一幕就有可能成为现实。李力研指出："体育是一种防止人种退化和机能衰竭的活动。""人类文明进步中，由于工具的发达，获得能量过程中所支付的生物能量越来越少，人的自然天性和动物本性逐步丧失，人类的特种机能开始倒退。"在他看来，人类的进步导致人类动物天性的丧失："每当生产力、生产工具和人类的技术工程能力越发达，从外界环境中获取的能量越广泛和越轻松的时候，人类背离自身原有的动物属性也越远。"于是，越来越先进的机器，使"运动的人，几乎成了不动的'动'物"，只有体育才能够阻止这一切，"只有'人的自然化'才能阻止人类的物种倒退，体育的本质就是'人的自然化'。"② 李力研所说的体育是作为生物肉身活动的体育，他意识到了人们不再运动的危害，却没有预见到人的肉身或许会被虚拟的数字身体所取代。

虚拟现实技术和体感技术的日益成熟，使人的肉身与技术的身体合而为一，一定程度上弥合了二者的分裂对立。《健身环大冒险》等体感健身游戏依靠"嵌入"玩家身体的 Joy-Con 等体感设备，使人在游戏中流汗、锻炼，因而受到众多游戏玩家和健身爱好者的欢迎，在疫情时代为我们勾画了一幅居家锻炼的美好前景，因而在各大电商平台十分畅销。体感设备不仅重构了玩家的身体，也重构了体育。

在电影《头号玩家》中，游戏已成为人们生活的必需品，一

---

① 王坤宇. 后人类时代的媒介——身体 [J]. 河南大学学报 (社会科学版), 2020, 60(03): 46-53.

② 李力研. 体育的哲学宣言——"人的自然化" [J]. 天津体育学院学报 ,1994(01):27-35.

款名为"绿洲"的虚拟现实游戏比处于混乱和崩溃边缘的现实世界更加多姿多彩，人们头戴 VR 头盔，在体感设备中奔跑、战斗和社交，物质的肉身与技术的虚拟身体同时在场，融合为一。《头号玩家》中的未来场景现在被人们称为"元宇宙"（meta-verse）。2021 年是"元宇宙元年"，世界各大互联网巨头纷纷投入巨额研发资金入局元宇宙。体感健身游戏为"体育元宇宙"开辟了道路，VR 技术为我们沉浸式的虚拟观赏体育比赛提供了无限可能。但是，VR 头盔和屏幕仍然是虚拟与现实之间无法消弭的鸿沟。完美的技术身体无法取代健康的肉身，后者才是人类心灵自由的真正基础。脱离了肉身，再完美的虚拟也是反自然、反人性的。"后人类"能够借助科技在虚拟现实中完美地模拟阳光、空气、草坪，但在虚拟现实中运动的肉身却被隔绝在真实的阳光、空气、草坪之外。失去大自然拥抱的肉身即使在场，也无法给人带来只有在真正的阳光和空气下运动才给予我们的人类的原始生命力量。有学者一针见血地指出："介入到虚拟现实影像中的是身体感，而非直接的身体。"[①] 身体感只不过是一种身体在场的假象，它失去了大自然的庇佑，因而是平面的、虚假的，是一种不在场的虚拟在场。更何况在虚拟现实的体育游戏中，玩家的身体事实上被游戏机器所控制、凝视和驯化，"玩家的理性主体地位被解构，与游戏角色的身体达成对等的'身体对身体'的关系，玩家也因而在愉悦与极乐般的快感享受中堕落为游戏机器身体的附件"。[②] 因此，即使在《头号玩家》这个"劝百讽一"的寓言中，游戏的创造者也不忘提醒

---

① 王峰.影像造就事实：虚拟现实中的身体感 [J].学术研究,2018(10):143-149+178.

② 韩敏，赵海明.从凝视到操控：游戏空间的身体存在之维 [J].文化与传播，2019, 8(02): 12-20.

主人公要回到现实中来，因为现实才是唯一的真实。

数字时代的预言家尼葛洛庞帝在《数字化生存》一书中断言："信息的 DNA 正在迅速取代原子而成为人类生活中的基本交换物。""从原子到比特的飞跃已是势不可挡、无法逆转。"① 在这一历史性的伟大变革中，体育不得不适应数字化的挑战，由跑和跳的肉身运动转化为无形的比特。后人类已经发出宣言："因为我们的本质是信息，所以我们可以消除身体。"② 事实上，我们已经是"后人类"。无处不在的计算机、人工智能、机器算法已经深刻地改变了我们的日常生活和体育运动，并将继续改变这一切。

从进步主义的观点看，人类越来越文明，野蛮遭到普遍的唾弃。"野蛮其体魄"的体育在"文明其精神"的口号下也在日益走向文明——体育正走在非具身的路途上。或者，更确切地说，体育正在由身体的活动走向纯粹的信息，由生物的肉身走向虚拟的数字身体，由肉身的在场走向虚拟的在场。我们无法预料未来"后人类"的体育将置人类的肉身于何处，举国若狂的电子竞技热潮是否会使我们的后代认为体育本来就是虚拟的。当谷歌的人工智能 AlphaGo 连接战胜人类最强棋手李世石、柯洁，当电子竞技成为主流体育甚至进入奥运会，我们是否可以进一步预见，未来的体育成为人工智能在虚拟赛场中的竞技，人类的肉身被完全排除在体育之外，体育最终沦为人工智能和机器算法的游戏。

以色列学者尤瓦尔·赫拉利在《未来简史》一书中提出了对人类未来的三问："人类还能继续掌控世界、赋予世界意义吗？生物科技和人工智能将如何威胁人文主义？谁可能继承人类的角色，

---

① （美）尼葛洛庞帝，数字化生存 [M]. 胡泳等译 . 海南出版社 , 1997.

② （美）凯瑟琳·海勒 . 我们何以成为后人类 [M]，刘宇清译 . 北京大学出版社 , 2017.

什么新宗教可能取代人文主义？"①对自由主义来说，想要有意义，就必须有一个真正的自我，而且只能唯一。只是，当人类的肉身在场完全被后人类的体育排斥，我们所推崇的人类生命及人类体验神圣不可侵犯的意义世界将彻底坍塌。

在有些人看来，这杞人忧天式的想象或许荒唐可笑，因为世界体育的现状仍然一如以往的繁荣。事实上，有的国际体育组织已经感受到电子游戏和电子竞技等虚拟体育带来的可能威胁，国际足联推动世界杯改为每两年一届的努力正是这一背景下的自救。更何况计算机技术和人工智能可能在以超出人们想象的速度发展着，我们有必要考虑到可能的技术失控给人类带来的灾难后果。对此，我们不得不重温赫拉利的警告："一旦权力从人类手中交给算法，人文主义的议题就可以惨遭淘汰。只要我们放弃了以人为中心的世界观，而秉持以数据为中心的世界观，人类的健康和幸福看来也就不再那么重要。"

第三节　名气的再生产

对体育明星的崇拜是现代竞技体育的一大特征。一些优秀的运动员由于杰出的运动成绩和独特的个人魅力而被人们所熟知，成为人人崇拜的体育英雄。他们天赋出众，意志坚强，在运动场上往往能够凭一己之力力挽狂澜，摘得桂冠，完成他人无法企及的壮举。葡萄牙足球运动员C罗、阿根廷足球明星梅西、美国篮球运动员詹姆斯、西班牙网球运动员纳达尔、中国运动员姚明、刘翔、苏炳添、谷爱凌……这些都是中国体育爱好者人人皆知的体

---

① 尤瓦尔·赫拉利. 未来简史：从智人到智神 [M]. 林俊宏译. 中信出版社，2017：251.

育英雄，即使对体育不太热衷的普通人，对这些明星运动员的姓名也并不陌生。

西方文化中的"英雄"（hero）一词源自古希腊语 hérōs。古希腊神话中的英雄，指的是"半神"，即神与人之子。英雄拥有超出常人的力量和勇气，如古希腊神话中最伟大的英雄、宙斯之子赫拉克勒斯，出生后不久就在摇篮中制服了两条毒蛇，年轻时徒手杀死狮子，成年后解救了被缚的普罗米修斯，协助伊阿宋取得金羊毛，完成了总共十二项"不可能完成"的任务。《荷马史诗》中的阿卡琉斯、阿伽门农、奥德修斯等人物，都是半人半神的英雄。体育英雄和古希腊英雄一样，具有超出常人的个人能力、永不放弃的意志品质和对胜利的渴望。在运动场上，体育英雄能够在最困难的情况下单枪匹马，"天神下凡"一般完成不可能完成的任务，夺取最终的胜利。他们的不凡壮举和赛场上的传奇故事是现代体育神话中最富魅力、最为人所喜闻乐道的部分。正如罗纳德·B.伍兹所说："一旦你迷上体育，就很难割舍对体育和体育英雄的兴趣、忠诚和挚爱。""孩子们崇拜体育英雄，牢记每一位运动员的职业纪录，梦想着自己有一天也能够赢得这样的名誉与财富。"[①]

对体育英雄的崇拜是人类童年时期"英雄崇拜"的遗存，以至于美国体育社会学家约瑟夫·马奎尔认为："成为冠军的运动员是我们文化价值观的象征。"[②]在中文世界，人们更习惯用"体育明星"一词。"体育明星"，是大众媒体送给体育英雄的桂冠。

严格来说，"体育明星"与"体育英雄"在概念和内涵上都有

————————————

① 罗纳德·B.伍兹.体育运动中的社会学问题[M].田慧译.人民体育出版社，2011:4.

② 约瑟夫·马奎尔，凯文·扬.理论诠释：体育与社会[M].陆小聪译.重庆大学出版社，2012.

所不同。在大众文化研究中,"明星"(star)与"名人"(celebrity,也译作"名流")的概念最为接近。现代社会是一个英雄衰落、名人兴起的时代,历史学家丹尼尔·J. 布尔斯廷指出:"尽管英雄崇拜的民间传说还存在,对英雄的狂热追求还存在,崇敬英雄的愉悦还存在,英雄自身却解体了。那些占据我们意识的家喻户晓的名字和著名人物,几乎无一例外的根本都不是英雄,而只是一种新的人造产品,一种图形革命的产物,用来满足我们被夸大的期待。"他认为:"信息机制导致一种英雄的新替代品出现,这个替代品就是名人,他的主要特征就是他的闻名。"① 简而言之,"名人是通过流言、新闻和电视报道、杂志文章和公共关系建构的"②,而"明星"则介于"名人"和"专业人士"之间,"专业性和私人性构成了明星身份的双重性"③。

大众媒体用"体育明星"一词模糊了体育英雄和体育名人之间的界限。所有具有较高知名度的运动员,都可以称为"体育明星"。英国体育学者加里·沃内尔认为:"明星形象是社会的产物,是一系列制度结构、生产实践、表征惯例和生产消费关系的结果。"④ 雷蒙德·鲍耶也认为:"体育明星是通过媒体的工作实践,通过复杂的选择和框架序列构建和生产的。"⑤ 总之,体育明星"为消费者

---

① 丹尼尔·J. 布尔斯廷. 从英雄到名人:人类伪事件 [A]. 杨玲、陶东风. 名人文化研究读本 [M]. 北京大学出版社, 2013:17-44.

② 克丽斯汀·格拉提. 重审明星身份:文本、身体及表演问题 [A]. 杨玲、陶东风. 名人文化研究读本 [M]. 北京大学出版社, 2013:154.

③ 陶东风. 导言:多维度解读名人 [A]. 杨玲、陶东风. 名人文化研究读本 [M]. 北京大学出版社, 2013.

④ Whannel G. *Media Sports Stars: Masculinities and Moralities*. Routledge, 2002:49.

⑤ Raymond Boyle & Richard Haynes, *Power Play: Sport, the Media and Popular Culture*, 2nd Edition, Edinburgh University Press, 2009:90.

丰富体育生活，进行自我建构提供了消费机会，体育明星以其独特的魅力满足着人们的体育文化消费心理"。①

　　大部分体育明星都在各自的领域取得了突出成就，从而获得媒体的关注和社会的认可。刘翔获得雅典奥运会男子 110 米栏冠军，李娜在国际网球大满贯赛事中两次夺冠，姚明虽没有世界冠军头衔，但在 NBA 书写了自己的传奇故事，他们既是体育英雄，也是体育明星。也有的体育明星其实并没有取得了不起的成就，却因为有较高的媒光曝光率而享有明星待遇，这就是罗杰克所说的"类名流"，即"被造就的名流"（attributed celebrity）②。从另一方面来说，并不是所有在自己的项目中获得历史性突破的体育英雄都是明星，因为他们没有得到媒体的广泛关注，特别是一些比较冷门的运动项目。知名度是体育明星与非体育明星的唯一区别，而知名度是由媒体创造的，因此大众媒体是制造明星的工厂。媒体需要体育明星来吸引受众，"名人对媒介产业意义重大，因为名流浓缩了媒体对注意力的呼唤"③。体育明星是大众媒体的宠儿，同时需要借助媒体提高曝光率，维持作为明星的知名度。体育英雄一旦成为媒体的宠儿，他的名气就不再依赖运动场上的英雄事迹，于是体育英雄就成为纯粹的体育明星。

　　媒体是名气生产与再生产的工具。媒体与体育明星互相需要，谁也离不开谁。

　　自 1983 年美国艺电公司斥巨资邀请当时炙手可热的 NBA 球星朱利叶斯·欧文和拉里·伯德为该公司开发的第一款体育游戏

---

① 孔德国. 体育明星及其消费文化功能研究 [J]. 体育文化导刊, 2007, (11): 43-45.

② 克里斯·罗杰克. 名流 [M]. 刘立玮等译. 北京联合出版公司, 2019:22.

③ 尼克·库尔德利. 媒介、社会与世界 [M]. 何道宽译. 复旦大学出版社, 2014:83.

One on One: Dr. J vs. Larry Bird 代言以来，明星代言就成为体育游戏公司市场竞争的法宝。艺电体育旗下的 *FIFA* 系列将 C 罗、梅西、姆巴佩等最具影响力的足球明星印上游戏封面，《实况足球》、*NBA 2K* 等游戏大作也不甘落后，纷纷请来体育明星为自己的产品代言。不是艺电成就了体育明星，而是体育明星成就了艺电等游戏大厂。

　　为了在市场竞争中击败竞争对手，游戏公司不惜花巨资购买体育组织和体育明星的授权，版权竞争愈演愈烈。以足球游戏的两个老冤家 FIFA 和《实况足球》来说，著名球星的个人版权与联赛、球队的官方授权之争是两款游戏多年来进行市场竞争的核心和焦点。对于球迷来说，能在游戏中玩到心仪的球星是一大乐趣。FIFA 与《实况足球》都曾经由于没有取得球星版权而不得不在游戏中为那些明星球员虚构姓名，比如把贝克汉姆（Beckham）拼写成 "Bekham"，把巴蒂斯图塔（Batistuta）拼写成 "Batustita"，巴西球星罗纳尔多干脆直接被写成 "N0. 9"。于是财大气粗的艺电公司在版权方面投入了大量的资金，对于有些已退役的知名球员，艺电还会花更多的钱去购买独家版权。除了与国际足联及世界各国联赛进行战略合作外，艺电还一度垄断了 FIFPro（国际职业足球运动员联合会）的集体球员形象授权（2002—2007）。有资料显示，在 FIFA 掌握了全球 90% 的主流足球赛事和球员授权后，很多《实况足球》的玩家都选择跳槽到 FIFA。在艺电的金元攻势之下，《实况足球》尽管在游戏的真实性、操控性和流畅度上比 FIFA 更加优秀，但由于大量明星和赛事版权的流失，在市场竞争中节节败退，市场销量被 FIFA 系列远远拉开。[①] 艺电旗下的另一款产品 *NBA LIVE* 系列与其竞争对手 *NBA 2K* 一直采用 NBA 当红球星

---

　　① 佚名.FIFA、实况足球 25 年竞争史，从未停止！[[EB/OL]. 搜狐网：http://news.sohu.com/a/405168787_120099903, 2020-07-01.

作为游戏的封面,不过 2011 年,2K 公司另辟蹊径,请来早已退役多年的"飞人"乔丹重新出山,担当了 *NBA2K11* 的封面,取得了巨大的反响。乔丹,这位史上最伟大的篮球明星在离开球场多年之后证明仍有着超乎寻常的影响力。*NBA 2K* 最终战胜艺电体育的 *NBA LIVE*,成为最受市场欢迎的篮球游戏,乔丹的作用功不可没。

如果说体育明星是体育游戏吸引体育爱好者和消费者的致胜法宝,那么对于乔丹那样的超级体育明星来说,自己的形象是否能够印在游戏的封面上似乎看起来并不那么重要。职业足球运动员在与俱乐部签订工作合同时,一般都会对肖像权的使用有专门的条款,比如梅西与转会巴黎圣日耳曼的合同中,有关肖像权的部分就有 50 页。明星运动员的肖像权牵扯到个人、所在俱乐部、职业联赛和国际体育组织等多个机构,授权方式复杂多样,运动员的形象是否印在游戏的封面或被授权给游戏公司,往往并不由运动员自己说了算。2020 年 11 月,数百名被 FIFA 2021 收录的职业足球运动员考虑对艺电公司提起法律诉讼,因为他们认为艺电公司非法使用了他们的个人肖像。效力于意大利甲级联赛 AC 米兰队的瑞典球星伊布拉希莫维奇是这场维权运动的始作俑者。他在社交媒体发文,称自己从来没有允许过 FIFPro 和国际足联使用自己的肖像盈利。随后,英超热刺球星加雷斯·贝尔表示自己也对 FIFPro 一无所知。艺电公司则在一份声明中强调:"我们直接从联赛、球队、个人球员那里获得了这些授权许可。我们与 FIFPro 进行合作,以确保我们可以囊括尽可能多的球员。就拿这件事情来说,我们对使用球员肖像的权利是通过与 AC 米兰俱乐部的协议,以及我们与英超联赛的长期独家合作关系所获得的,其中包括托特纳姆热刺的所有球员。"艺电与 AC 米兰的协议达成于 2020 年 8

月，根据协议，艺电旗下的 FIFA 系列游戏拥有 AC 米兰全部球员和圣西罗球场的独家版权。事实上，伊布自 2002 年以来就没有缺席过任何一代 FIFA，2016 年他还曾手持自己在 *FIFA* 游戏中的球员卡拍过照。

体育明星与游戏公司的肖像权纠纷，表面来看主要是经济利益分配问题。其实体育明星固然能够利用自己的人气为游戏带来巨额利润，但也能从游戏中获得收益，这种收益不仅体现在于经济方面，更重要的是游戏能够帮助体育明星维护在玩家中的人气。对于体育明星来说，游戏是名气再生产的舞台。

2002 年 10 月 19 日，再过 5 天才满 17 周岁的埃弗顿球员韦恩·鲁尼在一场英超比赛的第 80 分钟替补出场。10 分钟后，他以一脚精彩绝伦的远射，轰开了英格兰国门大卫·希曼把守的大门，帮助埃弗顿队以 2:1 绝杀英超卫冕冠军阿森纳，终结了对手 30 场不败的纪录。世界各地的亿万球迷在电视机前目睹了鲁尼"一球成名"的奇迹。1958 年的第六届世界杯足球赛，是世界杯历史上第一次进行全面电视直播，17 岁的贝利在这届杯赛上大放异彩，不仅帮助巴西队首次问鼎世界杯，也开始了自己的"球王"之路。可以想象的是，如果没有电视转播，那么大多数体育明星的神话故事都将不复存在。布尔斯廷指出："英雄是自我创造的，名人却是媒体创造的。"[1] 克丽斯汀·格拉提也认为："名人是通过流言、新闻和电视报道、杂志文章和公共关系建构的。"[2] 大众媒体创造了明星，塑造着明星的名望、名声。作为名人，明星的名气主要来自

———————

① Boorstin, D.J.. *From hero to celebrity: The human pseudo-event*[A]. The Celebrity Culture Reader[M]. Routledge, 2006:72-90.

② 克丽斯汀·格拉提. 重审明星身份：文本、身体及表演问题 [A]. 杨玲、陶东风. 名人文化研究读本 [M]. 北京大学出版社，2013:154.

大众媒体。报纸、电视和网络上充斥着文艺明星和体育明星的新闻、流言和广告，没有新闻也要制造新闻。即使媒体不制造新闻，明星也会进行自我炒作，主动制造新闻。没有媒体的持续曝光，明星就会星光黯淡，最终被世人遗忘。

与电视转播等传统体育媒体不同的是，体育游戏并不"制造"明星，至少不制造现实中的体育明星。游戏中的"一球成名"（职业生涯）模式制造的是现实中并不存在的明星，这种虚拟的明星只存在于玩家自己的游戏账号中，其唯一的作用就是自我满足而无法与现实的世界产生任何联动。当中国足球在国际赛场上屡战屡败的时候，中国的游戏玩家早已在 FIFA 或《实况足球》中"培养"了无数超级巨星。游戏制造的另一种虚拟体育明星是马里奥和大空翼（《队长小翼》中的人物）等游戏人物和动漫人物。穿着工装裤的水管工马里奥，是电子游戏制造的最具国际知名度的明星人物，但在任天堂的《马里奥网球》《马里奥赛车》等游戏中摇身一变，成为体育明星，《队长小翼》（原名《足球小将》）的主人公大空翼也从电视屏幕转战游戏屏幕，由动漫人物一变为游戏人物。

游戏并不"制造"真正的明星，但是体育游戏的确参与了体育明星的再生产。布尔斯廷说："任何使原已闻名的人更加出名的东西会自动提升其名人地位。"[①] 显然体育电子游戏就是一种"使原已闻名的人更加出名的东西"。沃内尔在媒介体育明星的研究中认为，电子游戏"促成了体育和体育明星形象的二次流通。"[②] 大型模

---

① Boorstin, D.J.. *From hero to celebrity: The human pseudo-event*[A]. The Celebrity Culture Reader[M]. Routledge, 2006:72-90.

② Whannel G . *Media Sports Stars: Masculinities and Moralities[M]*. Routledge, 2002:39.

拟类体育游戏的玩家，多数同时也是体育爱好者，在游戏中能够玩到自己喜爱的体育明星，这对于玩家来说无疑是一种乐趣，正是这种乐趣加强了体育爱好者与体育明星之间的联系，维持了体育明星作为明星的知名度。

电子游戏对体育明星名气的再生产，主要体现在以下几个方面：

1. 游戏封面

游戏封面是游戏给玩家留下的第一印象。大型模拟真实类的体育游戏，往往把那些在体育爱好者当中最有号召力的体育明星印在封面上，成为游戏的代言人。艺电体育明星战略的成功早已充分说明，用拉里·伯德、科比·布莱恩特、梅西、C罗那样世界体育最顶级的超级巨星作为游戏封面和代言人，能够大大提高游戏的知名度和市场销量，并最终在市场竞争中胜出。明星就是市场和利润的保证。另一方面，对于体育明星来说，如果能成为一款市场销量动辄上千万份的游戏的封面人物，那就意味着巨大的荣誉，本身就代表着大众对体育明星地位的认可。2016年，NBA球星科比登上封面NBA 2K17传奇版封面，他说："当选2K17封面球星是'美梦成真的时刻'。我们的孩子们也能够在游戏中体验一下使用年轻时期的科比是一种什么感受，我又多了一个在他们面前耍酷的机会。"游戏厂商与体育明星结为利益的共同体，不仅让游戏更加畅销，明星也会更加出名。

仍以艺电公司的 *FIFA* 系列为例。自1997年开始，*FIFA* 系列游戏就开始以世界著名球星作为封面人物。法国球星亨利、英格兰球星鲁尼、巴西球星罗纳尔迪尼奥、阿根廷球星梅西、葡萄牙球星C罗、比利时球星阿扎尔都曾先后成为 *FIFA* 游戏的封面人物，其中英格兰球星鲁尼连续六年登上 *FIFA* 封面（*FIFA07* 至

FIFA12），成为登上 *FIFA* 封面次数最多的球星，这或许与足球在英国的特殊地位有关。其次是阿根廷球星梅西，他连续四年登上 *FIFA* 封面（*FIFA13* 至 *FIFA16*），其中三次独占封面。巴西球星罗纳尔迪尼奥虽然也曾四次登上封面，但都是与其他球星共享封面，没有一次独占。从 *FIFA03* 开始，到 *FIFA12*，这十年的 *FIFA* 游戏封面都是两至三名球星的群像。自 *FIFA13* 开始，游戏封面由一名球星独占。

以上球星无疑都是当时国际足坛的风云人物。但仔细观察我们会发现，有"外星人"之称的巴西球星罗纳尔多、为法国夺取1998 年世界冠军的法国球星齐达内，这两位在梅西、C 罗之前国际足坛最具统治力的顶级球星没有出现在以上 *FIFA* 游戏的封面上。其实 *FIFA* 有不同的版本，除了标准版，还有终极版、冠军版、地区版等等特别版本，不一而足。齐达内曾出现在 *FIFA20* 终极版（标准版封面人物为比利时球星阿扎尔）封面上，大罗也代言了 *FIFA18* 的一个特别版本，他作为传奇球星出现在游戏中。大罗在社交媒体上写道："非常激动成为 *FIFA18* 的一员。"并配上了以自己为代言人的游戏封面。封面中的大罗身穿皇马球衣，伸着右手食指，露出标志性的龅牙，正庆祝自己的进球。看来，贵为"外星人"的罗纳尔多也为自己能够登上 *FIFA* 封面而激动不已。

一个特例是 *FIFA17*，其封面人物是来自多特蒙德的球星罗伊斯，他是通过全球范围内的投票产生的。超过 310 万人选择了自己心目中的 *FIFA17* 封面球星。最终罗伊斯战胜了当时的皇马中场J 罗、曼联新星马夏尔以及切尔西天王阿扎尔，登上了游戏的封面。令人感到遗憾的是，罗伊斯后来屡受伤病困扰，没有达到球迷期望的高度。

艺电还会在不同地区发布不同的版本，这些不同版本针对不同地区选择了不同的封面人物。如 2002 年世界杯由韩国、日本共同主办，FIFA02 就出现了极具代表性的日本球星中田英寿和韩国球星洪明甫。此外，托蒂、卡洛斯、卡西利亚斯、伊布拉希莫维奇、范尼斯特鲁伊、努诺 - 戈麦斯首次成为了自己国家版本的封面球星，而亨利则连续两年登上法国版封面。到了 *FIFA10*，除了鲁尼、兰帕德和沃尔科特版，兰帕德分别与西芒、克利耶斯坦、布兰科组成了葡萄牙和北美版封面，小罗和基耶利尼出任意大利版封面人物，法国版封面球星为本泽马、曼丹达以及瓦罗，西班牙版封面为在西甲效力的皇马球星本泽马和巴萨球星哈维，而谢马克则单独出任俄罗斯版封面球星。

2022 年发布的 FIFA23 封面球星是来自巴黎圣日尔曼足球俱乐部的法国球星姆巴佩和澳大利亚女足运动员萨姆·科尔，这是姆巴佩自 FIFA21 以来第三次成为这款游戏的封面人物。1998 年出生的姆巴佩是继梅西、C 罗和内马尔之后涌现出来的新一代超级球星。2018 年，年仅 20 岁的姆巴佩在俄罗斯世界杯中打进 4 粒进球，帮助法国队历史上第二次夺得世界杯冠军。据国外媒体报道，姆巴佩在接受采访时表示："登上 FIFA 游戏封面可说是美梦成真。从邦迪到克莱枫丹再到世界杯，对我而言，这意味着另一个巨大里程碑就此立下。这款游戏从儿时陪伴我至今，此次能够代表整个新世代足球员我深感荣幸，希望能够与众多优秀球员共享这份荣耀。"艺电官方在一份声明中表示："姆巴佩是国际足坛最为耀眼的新星之一，他代表了下一代最具标志性的足球运动员，并通过对现代足球的积极影响完美体现了国际足联的社区精神。"艺电体育执行副总裁兼集团总经理 Cam Weber 表示："我们认为，入选封面的球员必须在游戏与足球的未来，真正具备代表性。姆巴佩的个人形象，以及他对进步永不放弃的追求，正是我们希望在 FIFA21 中体现的价值。"

2023 年 7 月，艺电公布了与国际足联分手后的最新续作 E A Sports FC24，封面球量为挪威球星哈兰德。

由于 FIFA 系列游戏在全球足球玩家中的地位，近几年来每一版封面球星的公布，都会引起全球体育媒体、球迷和游戏玩家的关注，这就是布尔斯廷所说的人为制造的"伪事件"①。在这一"伪事件"中，英雄消失了，明星"被故意制造出来，以满足我们对伟大个体的期待"。在封面的视觉创意上，艺电也竭力突出球星睥睨一切的王者之气。FIFA21 封面上的姆巴佩身穿巴黎圣日尔曼队的蓝色球衣，仰天怒吼。而在 FIFA22 封面上，姆巴佩同样身穿巴黎圣日尔曼队的球衣，侧身而立，微微仰头，两眼带着微笑，望向镜头之外，背景则是蓝天和金色的云朵。整个画面营造出一种站在高山之巅"一览众山小"的视觉效果，暗示了姆巴佩在足球世界中无与伦比的地位。这使得姆巴佩的形象成为一种罗兰·巴特所说的"神话"："神话的能指以一种暧昧的方式呈现：它同时既是意义又是形式，一方面充实，一方面有很空洞。"②

2. 能力值

2020 年 9 月，当时效力于意甲国际米兰队的比利时球星卢卡库在社交媒体上发文，抱怨自己在 FIFA21 中的能力值被低估。在 FIFA21 中，卢卡库的能力值为 85，具体到各项分别为：速度 81、射门 83、传球 76、盘带 75、防守 38、身体 84。卢卡库认为 FIFA

---

① 丹尼尔·J. 布尔斯廷. 从英雄到名人：人类伪事件 [A]. 杨玲、陶东风. 名人文化研究读本 [M]. 北京大学出版社，2013：17-44.
② 罗兰·巴特. 神话：大众文化诠释 [M]. 许蔷蔷等译. 上海人民出版社，1999：176.

给球员胡乱评分，错得太离谱。梅西在游戏中的能力值为 93，高居第一。排名第二的是 C 罗，能力值 92，波兰球星莱万以 91 分排名第三。

　　FIFA、《实况足球》、NBA 2K 等模拟类体育游戏一般都具有较为完备的职业运动员能力值评分系统。同一运动项目的不同游戏，评分系统大同小异。如在 FIFA 中，每一名明星都有一张球星卡，除总能力值外，还分为速度、射门、传球、盘带、防守、身体共六个小项。而在《实况足球》中，则分为射门、盘带、传球、速度、身体、防守六个小项，并用六维雷达图等可视化图表直观地表示出来。这六个小项能力值都接近满分的运动员无疑是完美而不可战胜的天才，日本媒体称中国乒乓球运动员马龙为"六边形战士"，就是用游戏中的评分系统来评价现实中的运动员。在《足球经理》中，职业球员的能力值不仅更加真实，也更加细致、全面。据称，艺电体育在全球招募了超过 9000 名兼职数据调查员，他们分散在世界各地，通过现场观察以及观看直播或录像来给球员打分。公司内超过 300 名的数据编辑员会把调查员们收集来的各种反馈纳入每个球员 300 多条的数据项里，再归于 30 多项的单独能力值，最终形成玩家们熟悉的总评能力值。

　　现代体育是一个巨大的数学系统。古特曼指出："现代体育的特点是几近疯狂地想将每一项竞技行为都转换成可以量化、可以测量的事物。"[1]不仅是体育，现代社会的一切都被量化了。德国思想家西美尔早就指出，现代精神变得越来越精于算计："货币经济引起的现实生活中的精确算计与自然科学的理想相一致：将整个

---

　　① 古特曼. 从仪式到纪录：现代体育的本质 [M]. 花勇民等译. 北京体育大学出版社, 2012：51.

世界变成一个算术问题,以数学公式来安置世界的每一部分。"①在体育中,我们所热爱的明星早已被全方位地量化了,他在赛场上的每一个动作、每一次触球、每一秒钟的表现都被记录下来,变成数据,并在游戏中转换为自己的能力值。在 FIFA 里,有着赛季蓝、年度蓝、欧冠卡、动态升级等各种特殊卡牌,这些都与球员在现实赛季里的表现密切相关。你喜欢的球员在比赛里上演了帽子戏法,会开始期待接下来会有一张更好用的升级卡。你高价买了某位球员的特殊卡种,也自然会在看球时更加期待他的亮眼表现,"游戏与现实的两个足球世界,就这么打通了次元壁"②。

然而,游戏中的明星能力值不可能完全准确地反映出一名运动员的实际能力,因为这个世界总有一些东西是无法被量化的。于是,每年 FIFA 游戏公布球员能力值,都会引发诸多球迷和球员的争议与不满。更何况玩家和球迷都有自己偏爱的明星,在他们看来,明星在游戏中的能力值不仅是明星能力的评分,也应当是明星名气的评分。事实上确定如此,那些名气最高的明星总是拥有最高的能力值。即使莱万在赛场上的表现无可指摘,他在游戏中的能力值也比不上赛季四大皆空的梅西和 C 罗。

3. 虚拟新闻

"皮埃蒙特的 Cristiano Ronaldo 被评为意大利足球甲级联赛的赛事最佳球员!"

这是我在 2022 年 3 月看到的一条新闻,新闻中的时间则是 2022 年 5 月 22 日。意大利足球甲级联赛并没有一支叫作"皮埃蒙特"的球队,C 罗早在 2021 年 8 月就已转会到英超的曼联。但这

① 西美尔. 时尚的哲学 [M]. 费勇译. 文化艺术出版社,2001.
② 从能力值说起,FIFA 游戏是如何模拟现实的 [OL/EB]. 搜狐网:https://www.sohu.com/a/395098051_609162. 2020-05-14.

一新闻并不是"假新闻",而是电子游戏 FIFA22 中的一条虚拟新闻。新闻中的"皮埃蒙特"指的是意甲豪门尤文图斯,艺电体育由于没有获得该俱乐部的授权,只能给它起了另外一个名字,这种情况在《实况足球》中也存在。《实况足球》同样也有类似的虚拟新闻,如我在玩"大师联赛"时,法国球星姆巴佩荣获世界足球先生,而这一事实在现实中并没有发生。

我在 FIFA22 中看到的虚拟新闻出现在"职业生涯"模式。这一模式有专门的"新闻"板块,分为爆炸新闻、世界新闻、俱乐部新闻、转会消息和国际新闻等五个类型。在《足球经理》及《实况足球》的"大师联赛"模式中,玩家的虚拟化身还要以主教练的身份参加新闻发布会,与记者打交道并回答记者提问,这些回答会出现在虚拟新闻中。在游戏中,虚拟新闻的媒体有的是现实中的媒体,如英国知名足球杂志《442》,也有社交媒体。

对于游戏开发商来说,虚拟新闻只不过是锦上添花的功能,它能让玩家的游戏体验更加具有沉浸感,但也仅此而已,因此似乎并没有予以特别的重视。游戏中的虚拟新闻在文字上显得粗糙、漫不经心,通常简明扼要,基本上不会超过三段,有时会配上一张新闻人物的肖像照片。在"职业生涯模式"和"经理模式"中,玩家的虚拟化身也有可能成为虚拟新闻人物,但更多的则是现实中的运动员。并不是所有的虚拟新闻都以 C 罗那样的超级巨星为主角,在现实中名气一般的普通运动员同样成为游戏虚拟新闻报道的对象。明星运动员在虚拟新闻中出现的概率尚无法统计,但就我个人的体验来说,我认为玩家显然对明星运动员的虚拟报道更感兴趣。

与假新闻、愚人节新闻不同,虚拟新闻不以欺骗为目的。它更像电影和虚构小说,每个人都知道它是假的,绝不会信以为真。

虚拟新闻为玩家创造了一个仿真的游戏环境，它是技术的产物。在人工智能、虚拟人、虚拟现实技术日益发展的今天，虚拟新闻实在显得微不足道，但在体育电子游戏中，它也是一个名气再生产的系统。虚拟新闻同样遵循着现实世界中的定律：默默无闻的小人物在虚拟新闻中依然是小人物，大明星在虚拟新闻中也光芒四射。对于玩家来说，虚拟新闻只是一个可有可无的背景，他们压根不会在玩游戏的时候认真阅读虚拟新闻中那些粗糙的文字，但明星的光芒总会不经意地吸引他们的注意。

4. 在游戏中永生

能够在现场或电视上欣赏自己所喜爱的体育明星，对于体育迷来说是一件极为幸福的事情，但天下没有不散的宴席，英雄终将老去。2011 年 2 月 14 日，巴西足球明星、"外星人"罗纳尔多宣布退役，结束了 18 年的职业足球生涯，令无数喜爱他的球迷扼腕叹息。当一名传奇运动员退役，我们就再也不可能在赛场上看到他的身影，这对体育迷来说是一大遗憾。2016 年 6 月 3 日，享誉全球的"拳王"阿里在美国病逝，享年 74 岁，但他的名字在美国甚至世界当代体育史上注定是不可磨灭的。与阿里一样，"球王"贝利、马拉多纳、"飞人"乔丹、"车王"舒马赫等已退役的当代最伟大的体育英雄，由于其在赛场上的突出成就而永载史册，他们的姓名被人们牢记，他们的伟大业绩被后人顶礼膜拜。在英格兰曼彻斯特市，曾经帮助"红魔"曼联夺取 1968 年欧洲足球冠军杯的博比·查尔顿爵士、乔治·贝斯特和丹尼斯·劳三人的雕像"Holy Trinity"（神圣三人组）依然矗立在老特拉福德球场前。许多体育组织设有专门的"名人堂"，以铭记那些为体育运动的发展做出过杰出贡献的人，能够进入名人堂的运动员多数是万人景仰的明星运动员。对于他们来说，名人堂是伟大的丰碑，也是对他们职业生涯的巨大肯定。运动场外的明星雕像、体育组织的名人堂，就是一部体育史。

　　但是，传奇英雄们能够在电子游戏中永生。在体育电子游戏中，我们依然能够看到自己所热爱的体育明星在赛场上的矫健英姿，仿佛他们从未离开赛场。体育电子游戏给了体育迷一个缅怀我们心目中体育英雄的空间，为那些曾经在赛场上叱咤风云的体育明星建立了一座虚拟的名人堂。在 NBA 2K 之中，玩家不仅能够操控历史上的经典球队和传奇球星进行比赛，还可以在"梦幻球队"模式中用已退役的名宿和现役球员建立梦想中的球队。他们"有的已经年过古稀，有的甚至已经不在人世，但他们却可以永远在游戏中的虚拟足球场中纵情驰骋，不同时代的球星还可以在游戏中并肩作战或是相互比拼"①；在 FIFA 的"终极球队"（Ultimate Team）模式中，玩家可以让自己最喜爱的明星组建成一支球队，让"球王"马拉多纳与齐达内、罗纳尔多、梅西作队友；在《实况足球》的"大师联赛"模式中，我化身为马拉多纳，带领巴塞罗那征战西甲，重塑"宇宙队"的辉煌。2020 年 1 月 26 日，NBA 传奇球星科比·布莱恩特因飞机失事而不幸遇难。为了纪念这位伟大的篮球明星，NBA 2K21 用科比作为游戏封面，并在游戏封面上印上"永远的曼巴"（MAMBA FOREVER）字样——科比绰号叫"黑曼巴"，那是非洲草原上的一种毒蛇，科比的精神也被称为"曼巴精神"：热情、执着、无情、不屈和无所畏惧。球星陨落，但"黑曼巴"在电子游戏中获得了永生。

　　体育电子游戏能够使体育明星的运动生命通过数字虚拟的方式得以无限延伸，这是一种多方共赢的媒介。对于体育爱好者来

---

① 李翎. 虚拟体育电子游戏中体育文化的重构研究 [D]. 天津体育学院, 2021.

说，体育游戏一定程度上弥补了由于体育明星退役或去世带来的不完美，这是对绝对缺憾的有限补偿。对于体育明星来说，体育游戏最大限度地实现了他们作为明星的剩余价值。对于体育本身来说，体育的历史和文化在游戏中以数字形式得以延续。明星与体育迷被紧密地团结在一起，约瑟夫·马奎尔所说的体育明星的"整合社会的功能"——"以一种共同目标和价值观把人们紧紧地团结起来"①——通过体育游戏得以实现。

　　2022年3月23日，一位记者在一场新闻发布会上问年已40的足球明星伊布拉希莫维奇："退役的时刻在接近，你是否感到难过？"这位狂妄自大的瑞典球星这样回答："我觉得更难过的是你们，因为再也看不到我踢球了。你们应该现在好好享受，像这样的以后可再也看不到了。"伊布说的没错，我们终将失去C罗、梅西和伊布等当代最伟大的球星。他们终将退役，永远地离开绿茵场，但我们仍然能够在体育游戏中欣赏他们的绝佳球技。在FIFA 14发行多年之后，我仍然能够在任天堂的3DS掌上游戏机上玩这款游戏。在这款游戏中，鲁尼仍然在为曼联效力，贝尔也没有离开热刺转投皇马。一切都停留在美好的2014年，供球迷怀念、回味。

---

① 约瑟夫·马奎尔，凯文·扬. 理论诠释：体育与社会 [M]. 陆小聪译. 重庆大学出版社，2012.

第四章　体育媒介的重塑

第一节　新媒体是对旧媒体的"重塑"

体育电子游戏与其说是对体育的模拟，不如说是对体育电视的模拟。在游戏中进行一场体育比赛，与看一场体育比赛的电视转播非常相似。在镜头的应用与切换上，体育游戏大量借鉴了电视转播的镜头语言。正如前文所说，在 *NBA 2K* 中，有模仿电视转播的演播式、解说员、解说嘉宾。进球得分后，有不同角度的慢镜头重放，比赛结束之后还有记者对球员进行采访。这种模式与电视转播如出一辙。但游戏到底只是模仿，不是真正的电视转播，两者之间的差异是显而易见的。有学者认为，体育电子游戏最好被理解为对电视转播形式的"重塑"（remediation）——"建立在既定的媒体上，为玩家提供新的功能体验"。[①]

"重塑"英文原文为 remediation，中文没有对应的词汇，国内学术界没有统一的译法，一般被译为修补、补正、调和、再中介化、再媒介化等，本书译为"重塑"。"重塑"理论来自美国学者杰伊·博尔特（Jay Bolter）与理查德·格鲁辛（Richard Grusin）1999 年合著的《重塑：理解新媒体》（*Remediation: Understanding*

---

① Conway S. *'It's in the Game' and Above the Game: An Analysis of the Users of Sports Videogames*[J]. Convergence, 2010, 16(3): 334-354

New Media，MIT Press, 1999）一书，指新媒介从旧媒体中获得部分的形式和内容，也继承了旧媒介的某种理论特征和意识形态特征，媒介彼此之间相互依存、复制和取代，每一种新的媒介都是对原有的旧媒介的重塑。比如照相术是对绘画的重塑，电影是对小说的重塑，电视是对电影的重塑。这一观点显然继承自麦克卢汉，在《理解媒介》一书中，麦克卢汉认为："任何媒介的'内容'都是另一种媒介。文字的内容是语言，正如文字是印刷的内容，印刷又是电报的内容一样。"[1] 但照相术的出现并没有消灭绘画，电影的出现没有导致文学的消亡，电视的出现也没有消灭电影。相反，"新媒介使旧媒介再度流行"，同时旧媒介以自己的方式融入新媒介以迎接新媒介的挑战。如传统的书信通过与新技术的融合，形成现在的电子邮件，"我们对一种特定媒介的认知，总是建立在对过去和现有媒介的理解之上"。[2] 在博尔特、格鲁辛看来，"重塑"是所有新旧媒介的一般性理论。

电子游戏是一种典型的新媒介，因此《重塑：理解新媒体》一书设专章讨论电子游戏对旧媒介的重塑。在论及体育电子游戏时，博尔特、格鲁辛指出，从高尔夫到美式足球，每一种流行的运动项目都有它的数字化版本，这种重塑包含两个方面："体育本身既是戏剧性的表演事件，同时也是一种电视化的演出，而电脑化的版本（指电子游戏）在这两个方面都重塑了我们的体验。"[3]

重塑理论为我们理解体育电子游戏提供了分析的武器。本书第二章提到的美国学者达西·柏立美运用重塑理论，结合"后人

---

[1] 麦克卢汉 . 理解媒介 : 论人的延伸 [M]. 何道宽译 . 商务印书馆，2007:34.

[2] Bolter J D , Grusin R . *Remediation: Understanding New Media*[M]. MIT Press, 1999:231.

[3] Bolter J D , Grusin R . *Remediation: Understanding New Media*[M]. MIT Press, 1999:89.

类"理论，对艺电体育的《麦登橄榄球》进行了研究，认为当代体育电子游戏使玩家穿透了人类与机器之间的界限，从而重塑了体育运动。[①]澳大利亚学者布雷特·哈金斯（Brett Hutchins）与大卫·罗在合著的《新媒体与体育传播》一书也指出，体育游戏在写实性、经济性和物质性方面所产生的重塑效果是显著的。作为体育游戏中的领军人物，"艺电体育在全球体育媒体产业领域中的影响力可以说是巨大的，它为体育的媒介化和商品化搭建了一个全新的平台，这个平台模仿了体育比赛并且改变了数百万人观看和体验运动的方式。"哈金斯与大卫·罗还比较了著名的拳击系列电影《洛奇》的第六部《洛奇：拳王再临》与一款名为《洛奇拳击》（Rocky）的拳击游戏，最后得出结论认为："电影、体育电视和电子游戏在彼此间沟通流转，它们在文本结构和意义构建上扮演着各自不同的角色。"[②]

"重塑"遵循着两个逻辑：直感性（Immediacy）与超媒介性（Hypermediacy）。

"直感性"（或译为"无中介性"）是指沟通更加直接，让使用者感觉不到媒介的存在。换句话说，能让使用者把注意力放在内容本身而忽略媒介的存在。人工智能、虚拟现实、3D 影像等新技术的发展，使新媒体能够创造出越来越真实的虚拟环境，从而为媒体用户带来极致的真实感和沉浸感，媒介与现实之间的界限越来越难以分辨。2021 年，Epic Games 发布了使用该公司虚幻引擎 5 制作的游戏《黑客帝国觉醒：虚幻引擎 5 体验》。在这段演示

---

① Darcy Cree Plymire. *Remediating football for the posthuman future: Embodiment and subjectivity in sport video games*[J]. Sociology of Sport Journal 2009(26): 17-30.

② 布雷特·哈金斯、大卫·罗维. 新媒体与体育传播 [M]. 张宏伟译. 中国传媒大学出版社，2016:175-176,174.

中，Epic Games 用虚幻引擎打造了一个令人震惊的沉浸式超高保真的环境，逼真的数字人类，行驶的车辆和高楼林立的现代城市，使人完全意识不到这一切只不过是数字模拟的。同一年，英伟达 CEO 黄仁勋在 GTC 2021 技术大会使用了 14 秒钟的数字合成虚拟人进行主旨演讲。如果不是英伟达自己披露，人们压根没有意识到演讲中使用了虚拟人。这就是重塑过程中的"直感性"——我们越来越感觉不到媒介的存在。

与"直感性"相反，"超媒介性"是指媒介始终如影随形地显示自身的存在。比如网页中的超级链接，电视中的文字、演播式、主持人和解说，电子游戏中的高亮指示及玩家手中的游戏手柄和键盘等，它们是媒介的操作界面，同时不断提醒用户媒介的存在。超媒介性是对直感性的制约力量，也是直感性存在的必要前提，在玩家沉浸于媒介内容的同时，把玩家拉回现实。

博尔特和格鲁辛指出："我们的文化既要叠加其媒介，又要抹除所有媒介化的痕迹：也就是说，它想要在叠加媒介的特定行动中抹除媒介。"[1] 直感性和超媒介性，这两重看似矛盾的逻辑同时在重塑的过程中出现，"即在追求抹除媒介痕迹的直感性（immediacy）与关注媒介叠加所留下形式本身的超媒介性（Hypermediacy）之间，在创造关于真实的体验和生产关于媒介的体验之间振荡、摆动"。[2] 在这种双重逻辑之下，电子游戏游走在真实与虚拟之间。它创造了一个虚拟的媒介环境，令玩家沉浸其中，意识不到媒介的存在。

---

① Jay David Bolter, Richard Grusin. *Remediation: Understanding New Media*[M]. The MIT Press, 1999:5.

② 罗婷. 现代性语境中"山水"的再媒介化及意涵重构 [J]. 现代传播（中国传媒大学学报）,2021,43(12):111-114.

体育电子游戏是对体育，也是对体育媒介的重塑，大型模拟的体育游戏越来越接近真实的世界，并悄无声息地改变了体育媒介、体育文化甚至体育本身，"游戏不仅仅模仿了比赛和体育运动，而且直接与社会和现实世界发生互动"，"游戏科技和美学观念已经开始潜入现场体育电视直播中，并且影响了运动员们在赛场上的表现"。在布雷特·哈金斯和大卫·罗维看来，数字化游戏是整体媒体战略中必不可少的组成部分，在这一战略中，电视广播、出版、网络以及移动媒体相互联结，每一种媒体都能帮助促进对方，并为他者带来关注。因此，游戏被越来越多的人视为"体育世界的一个部分"，而不是人为地模仿体育运动。① 游戏技术重塑体育和身体运动的进程仍在继续，例如方兴未艾的 VR 游戏和体感游戏，"体育元宇宙"似乎已经呼之欲出。

第二节　体育电子游戏的镜头语言

前文已经指出，玩 FIFA、NBA 2K、《实况足球》等风靡世界的主流大型模拟真实的体育游戏的体验，与看一场体育电视转播极为类似。事实上，体育电子游戏不仅是对运动项目本身的模拟，也是对电视体育的重塑，这种重塑很大程度体现在游戏对镜头语言的运用上。

"镜头是摄影机一次捕捉一个特定动作或事件的视觉信息的最小单位"。② 体育电视转播离不开电视镜头的运用，不同的运动项目在数十年的发展过程中，往往形成了特定的镜头语言。仍以足

① 布雷特·哈金斯、大卫·罗维. 新媒体与体育传播 [M]. 张宏伟译. 中国传媒大学出版社，2016:170-176.

② 罗伊·汤普森等. 镜头的语法 [M]. 李蕊译. 世界图书出版公司北京公司，2013:2.

球为例,足球电视转播的镜头,可以从机位设置、镜头时长、景别、角度、移动方式、镜头的切换、构图等方面进行分析。不过,在分析体育电视和体育游戏的镜头语言之前,我们需根据体育赛事转播的特征,对镜头机位和景别做一简要说明。

首先是机位的设置。国际足球赛事的现场直播,往往有数十个摄像机同时进行拍摄。随着转播技术的发展,历届世界杯足球赛,电视转播摄像机机位都在增加,从 1954 年世界杯的 1 台发展到 2010 年的 29—32 台、2014 年 35 台、2018 年的 40 台。[①]英格兰足球超级联赛的直播,最多有多达 33 个直播机位。一般来说,比赛的级别越高,摄像机的机位就越多,这些机位布置在运动场的不同角落,其职能也各有不同。下图为 2018 年俄罗斯世界杯足球赛的直播机位布局(图 4—1)。

不同体育组织、不同赛事的直播机位并不一致,但大致有其共性。兹列出主要直播机位如下:

(1)主机位,即 1 号机位,安装在球场中线的电视转播架上,是足球转播中使用最为频繁的机位,承担着全场比赛转播的主要叙事功能;

(2)特写机位,一般有 2 个,安装在主机位旁,主要提供比赛的动作近景和球员、裁判特写等;

(3)场边中场机位,安装在中场边草皮的固定机位,主要拍摄场地、替补席及第四官员等;

(4)斯坦尼康机位,这是场地边的 2 个手持游走稳定支架机位,可拍摄两方球员的赛前热身、换人、边线球、进球后的庆祝等镜头;

---

① 毛有文.历届世界杯足球赛电视转播之新技术 [J].安阳师范学院学报,2019(02):111-116.

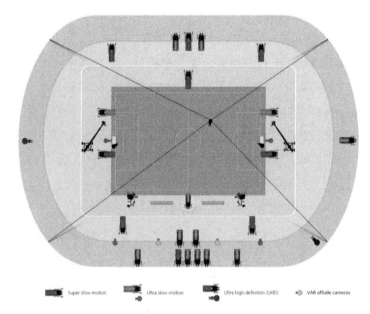

图 4—1：俄罗斯世界杯直播机位布局图

（5）球门背后高机位，安装在两个球门背后的看台，通常有一定的高度；

（6）反向角度机位，这是两个装在主机位对面的摄像机，提供一个反向角度拍摄；

（7）摇臂摄像机机位，安装在两个球门背后的地面，主要用来拍摄射门或进球的画面，通过摇臂的运动提供极具视觉冲击力的镜头；

（8）美女机位，这是一个安装在体育场侧度高处的固定，用来拍摄球场全景、捕捉观众席的细节（如美女球迷等）；

（9）X字线缆式运动镜头，又称索道摄像机承载系统，俗称"飞猫"，可以在场地上空任意移动、悬停飞行，主要提供比赛时的顶摄镜头；

（10）直升机机位，一些重要的比赛会有直升机航拍机位，用来拍摄体育场全景和周边环境。①

以上是足球电视直播的主要直播机位，我们在电视上看到的足球直播画面，大部分是由这些机位拍摄的。世界杯、欧洲杯或英超、西甲等不同级别的比赛，直播机位并不完全相同，如英超直播中没有球门后的摇臂摄像机和 X 字线缆运动摄像机，但总体而言大同小异。实际机位可能比上述更加丰富，此处不一一列举。

其次，关于体育电视转播的景别。景别就是"画面中包含多大的人、物或环境"②，镜头与被拍摄对象的不同距离、变焦镜头的不同焦距，决定了画面的景别。罗伊·汤普森等在《镜头的语法》一书中将电影镜头的基本景别划分为九种：大元景、全远景、远景/广角、中远景、中景、中近景、特写、大特写、极特写。这九种景别主要是就电影镜头而言，汤普森等对这九种景别的界定不一定完全适用于体育赛事转播。比如在汤普森的界定中，中景也叫"腰部"镜头，因为"下边缘刚好切到人物的腰部"③，但种镜头在足球比赛中似乎称为特写更加合适。可见景别是相对的、模糊的，不同景别的区分并没有一个公认的统一的标准。

在体育赛事的电视转播中，主机位的全景或中远景镜头使用最为频繁，其次是特写机位捕捉的精彩射门镜头、多种机位的进

---

① The Football Association Premier League Limited 2021. *Premier League Handbook season 2021/22* [EB/OL], https://resources.premierleague.com/premierleague/document/2022/04/07/c0d0f725-3fe3-4470-ba6c-ed83c7aa75fe/PL_Handbook_2021_22_DIGITAL_07-04-22.pdf。此处还参考了知乎用户"贝斯诺格林"的网帖，网址：https://www.zhihu.com/question/20328019/answer/1612558500.

② 罗伊·汤普森等. 镜头的语法 [M]. 李蕊译. 世界图书出版公司北京公司，2013:9.

③ 罗伊·汤普森等. 镜头的语法 [M]. 李蕊译. 世界图书出版公司北京公司，2013:15.

球画面，再次是用看台上球迷的欢呼画面或人物动作、表情等细节来渲染情绪、烘托气氛、表现戏剧冲突，再加上替补席、运动场等近景或大全景，以及俯仰角、镜头运动、切换等多种视觉修辞手段。以上构成体育电视转播的基本镜头语言，从而为电视机前的体育爱好者提供一场体育表演的大戏。随着转播技术的发展和创新，电视观众的观赛口味越来越刁钻，高清摄像机、超高清摄像机、X 字线缆式运动镜头、斯坦尼康等新技术在近年来的国际体育赛事直播中得到普遍运用，电视直播的画面越来越富有视觉冲击力。

体育电视转播中的镜头语言，成为体育游戏模拟的对象。近年来，电子游戏图像的清晰度越来越高，人物建模也越来越逼真，电脑 AI 的智能化程度也越来越高，使人产生游戏与现实（其实是电视转播）难以分辨的印象。

下表是笔者在《实况足球 2021》快速比赛模式中用尤文图斯与巴塞罗那比赛时记录下的游戏镜头。（见表 4—1）我根据录下的比赛视频，记录下了镜头的时间、时长、机位、景别、镜头的运动方式，以及镜头的内容，以分析这款游戏的镜头语言。比赛的时长可以由玩家自由选择，最短 5 分钟，最长 30 分钟，我选择的比赛时长是 15 分钟。为了更全面地分析镜头，我没有像通常那样跳过比赛的回放、换人、过渡等非比赛镜头，因此这段录像总时长为 23 分 50 秒，共 111 个镜头。另外，有些镜头的机位和运动方式比较难以判断，为谨慎起见，只好暂付阙如。

表 4—1:《实况足球 2021》快速比赛模式的镜头语言

时间	时长（秒）	机位	景别	镜头运动方式	镜头内容
0:00:23	8	航拍	远景	鸟瞰	运动场
0:00:31	6	游走机位	特写	跟拍	运动员列队入场
0:00:37	3	游走机位	近景	推镜头	运动员入场
0:00:40	3	飞猫	中景	横移镜头	看台
0:00:45	5	斯坦尼康	近景	后移、跟拍	运动员入场
0:00:55	10		远景	摇	运动员入场
0:01:05	6		中景	摇	看台
0:01:11	6	斯坦尼康	特写	横移镜头	球员准备活动
0:01:17	7	斯坦尼康	特写	横移镜头	球员准备活动
0:01:24	7	微型摇臂机位	中景	上升镜头	双方球员列队致意
0:01:28	6	美女机位	大全景	静止镜头	球场，A 队出场名单
0:01:42	4	美女机位	大全景	静止镜头	球场，B 队出场名单
0:01:56	2	特写机位	特写	静止镜头	梅西
0:01:58	2	特写机位	特写		尤文图斯球员
0:02:00	2	特写机位	特写		巴塞罗那球员
0:02:02	2	特写机位	特写		尤文图斯球员
0:02:04	2		大特写		中圈开球
0:02:07	3	主机位	全景	摇镜头	中圈开球，比赛开始
0:03:10	10		远景		回放：越位
0:03:20	6		远景	静止镜头	发任意球
0:03:26	12	主机位	远景	摇镜头	发任意球

续表

时间	时长（秒）	机位	景别	镜头运动方式	镜头内容
0:03:38	9	右看台机位	远景		越位回放
0:03:47	11	主机位	远景	摇镜头	发任意球，比赛恢复，尤文射门不进
0:04:18	4	Hot-head 机位	特写	静止镜头	尤文球员懊悔不已
0:04:22	11		中景		回放：射门
0:04:33	6		特写	摇镜头	回放：巴萨门将庆祝
0:04:39	6		中景	静止镜头	角球
0:04:45	55	主机位	远景	横向摇移	角球发出，比赛恢复，进球
0:05:40	3		特写	跟拍	C罗庆祝进球
0:05:43	1		特写	推镜头	C罗与队友庆祝进球
0:05:44	7		特写		巴萨队员沮丧状
0:05:51	3		特写		C罗与队友庆祝进球
0:05:54	4		特写	拉镜头	C罗与队友庆祝进球
0:05:58	11	飞猫	远景	跟拍	回放：进球
0:06:09	6	斯坦尼康	近景	静止镜头	回放：进球
0:06:15	3	球门背后高机位	近景	静止镜头	回放：进球
0:06:18	1		近景	摇镜头	回放：C罗庆祝进球
0:06:19	5	斯坦尼康	近景		回放：C罗庆祝进球

续表

时间	时长（秒）	机位	景别	镜头运动方式	镜头内容
0:06:24	148	主机位	全景	推镜头、摇镜头	中圈开球，比赛恢复
0:08:52	32	主机位	全景	摇镜头	门球，比赛恢复
0:09:24	4	特写机位	近景		上半场结束，球员退场
0:09:28	5	斯坦尼康	近景	横移、跟踪镜头	球员退场
0:09:33	1	航拍	远景		半场数据
0:09:34	14	航拍	远景		半场数据
0:09:48	10	航拍	顶摄		半场数据
0:09:58	22	主机位	全景	摇镜头	下半场开球
0:10:20	22	特写机位	近景		回放：犯规
0:10:27	8	特写机位	特写	静止镜头	回放：球员
0:10:35	17	主机位	远景	摇镜头	发任意球，比赛恢复
0:10:52	6		近景	摇镜头	回放：犯规
0:10:58	7		特写	静止镜头	回放：犯规球员
0:11:05	100	主机位	远景	摇镜头	发任意球，比赛恢复
0:12:45	30	主机位	远景	摇镜头	发角球，比赛恢复
0:13:15	13	左半场机位	远景	摇镜头	回放：射门（关键事件）
0:13:28	22	主机位	远景	摇镜头	门球，比赛恢复
0:13:50	7	慢动作机位	近景	摇镜头	回放：犯规
0:13:57	7		特写	摇镜头	回放：犯规球员

续表

时间	时长 （秒）	机位	景别	镜头运动 方式	镜头内容
0:14:04	35	主机位	远景	摇镜头	发任意球，比赛恢复，进球
0:14:39	4	慢动作机位	特写	拉镜头	C罗庆祝进球
0:14:43	4	慢动作机位	特写	拉镜头	C罗庆祝进球
0:14:47	2	慢动作机位	特写		尤文球员庆祝进球
0:14:49	5	慢动作机位	特写	拉镜头	巴萨门将激励队友
0:14:54	13	飞猫	中远景		回放：进球（关键事件）
0:15:07	9	角旗位	近景	跟拍	回放：进球（关键事件）
0:15:16	6	慢动作机位	近景		回放：庆祝动作
0:15:22	34	主机位	全景	摇镜头	中圈开球
0:15:56	4	球门背后高机位	全景	静止镜头	球门球
0:16:00	37	主机位	全景	摇镜头	球门球，比赛恢复，进球
0:16:37	2	特写机位	特写		44号庆祝进球
0:16:39	4	斯坦尼康	近景	跟拍	尤文庆祝进球
0:16:43	4		近景	拉镜头	尤文庆祝进球
0:16:47	3		中景		看台，尤文球迷欢庆进球
0:16:50	3		中景	推镜头	看台，尤文球迷庆祝进球
0:16:53	3	特写机位	近景		尤文庆祝进球
0:16:56	3	特写机位	特写		尤文庆祝进球
0:16:59	3	18码线机位	远景	摇镜头	回放：进球

续表

时间	时长（秒）	机位	景别	镜头运动方式	镜头内容
0:17:12	5	球门背后高机位	中景		回放：进球
0:17:17	8	飞猫	中景		回放：进球
0:17:25	2		近景		回放：庆祝动作
0:17:27	4		特写	移镜头	回放：庆祝动作
0:17:31	5	反面角度机位	中近景	推镜头	巴萨换人
0:17:36	86	主机位	全景	摇镜头	中圈开球，比赛恢复（中间玩家操作换人）
0:19:02	11	18码线机位	远景	摇镜头	回放：越位
0:19:13	3		中远景	推镜头	看台
0:19:16	2	特写机位	特写	拉镜头	尤文换人
0:19:18	16	特写机位	特写	移镜头	尤文换人
0:19:34	37	主机位	远景		玩家操作换人
0:20:11	3		远景	慢摇	看台
0:20:14	5	特写机位	特写	拉镜头	尤文换人
0:20:19	6	特写机位	特写	摇镜头	尤文换人
0:20:25	7	特写机位	特写	静止镜头	尤文换人
0:20:32	37	主机位	远景	摇镜头	发任意球，比赛恢复，莫拉塔进球
0:21:09	3	特写机位	特写	摇镜头	尤文庆祝进球
0:21:12	7	特写机位	特写	拉镜头	尤文庆祝进球
0:21:19	3		中远景	拉镜头	比分大屏幕
0:21:22	4	特写机位	特写	拉镜头	尤文庆祝进球
0:21:26	2	特写机位	特写	拉镜头	尤文庆祝进球

续表

时间	时长（秒）	机位	景别	镜头运动方式	镜头内容
0:21:28	5	特写机位	特写	拉镜头	尤文庆祝进球
0:21:33	13	飞猫	中景		回放：进球
0:21:46	5	球门后高机位	中景		回放：进球
0:21:51	9	角旗机位	中景	摇	回放：进球
0:22:00	2	特写机位	近景	静止镜头	回放：尤文庆祝进球
0:22:02	4		近景	静止镜头	回放：尤文庆祝进球
0:22:06	47	主机位	全景	摇镜头	中圈开球，比赛结束
0:22:53	6	特写机位	近景		巴萨球员表情（失败者）
0:22:59	12	斯坦尼康	近景、特写	移动跟拍	C罗向看台致意（胜利者）
0:23:11	2	场边中场机位	大特写		回放：开球
0:23:13	1	主机位	全景		回放：开球
0:23:14	12	飞猫	远景	移镜头	回放：精彩镜头
0:23:26	5	球门后高机位	中景	摇镜头	回放：精彩镜头
0:23:31		直升机航拍	远景	鸟瞰镜头	运动场，比赛数据

　　仔细分析上表4—1，不难看出《实况足球2021》快速比赛模式在镜头运用上与电视足球转播的相似度。

　　首先，主机位的全景画面承担了比赛的主要叙事功能，因此用时最长，超过30秒的长镜头共12个，均为主机位拍摄，最长的一个镜头长达148秒。在电视转播中，这种长镜头最大限度地保证了比赛的完整性。有学者指出："选择全景的镜头并尽量保持全场时间，这貌似模拟了球迷在现场只处于一个位置、一个角度的场景。"① 因此我们在玩足球游戏的时候，像是在看一场足球电视转播，又好像是坐在现场看球的观众。

其次，快速频繁的镜头切换。除主机位外，赛前仪式、比赛中的精彩回放等非主机位镜头不断进行切换，不足 5 秒（含 5 秒）的镜头共 53 个，占镜头总数的 47.7%，最短的镜头仅 1 秒，还有大量时长仅为 2—3 秒的镜头。快速的镜头能够加快游戏的节奏，快节奏能够使玩家产生目不暇接之感，保持对游戏的兴奋度。

再次，通过多角度的比赛回放和特写镜头，对比赛中的进球、威胁性射门、犯规等"关键性事件"进行浓墨重彩的描写。比赛场上的这种"关键性事件"永远是体育爱好者们最喜闻乐道的，因此近景和特写镜头不仅能充分体现体育的魅力，也是"对时间的细节描写"。借用叙事学理论，细节描写能够减缓叙事的节奏，从而使整场比赛更加张弛有度。

从上表中还能看出，在比赛场上为胜利而奋力拼搏的运动员——特别是体育明星——依然是游戏镜头中的主角，大部分特写镜头都给了他们。但同时，裁判、观众、替补席、教练员、球场工作人员等非比赛人员和场外元素，也是游戏镜头中不可或缺的因素。笔者的这段录像没有出现教练员的画面，但在"大师联赛"模式下，己方球员如果错失进球良机，会给主教练仰天叹惜、继而伸出大拇指鼓励球员的特写镜头。

最后，用"非比赛事件"的镜头来烘托热烈的比赛气氛，营造游戏的现场感和真实感。比如开头和结尾航拍的运动场鸟瞰镜头、看台上欢呼雀跃的球迷等，以及球迷爆发的阵阵欢呼、歌唱、

---

① 刘方.中外足球赛事转播镜头运用的分析 [J].东南传播，2009, (9): 132-134

鼓掌等音效，使玩家仿佛置身于真实的比赛现场。

可见，《实况足球2021》几乎完全移植了电视足球转播的镜头语言，使玩家宛如坐在电视机前欣赏一场真实的绿茵盛宴，又好像一名身处看台的球迷正身临其境地观看一场现场的足球比赛。《实况足球》的老对手、艺电公司的 FIFA 系列，其镜头语言也相差无几。其他模拟类的大型体育游戏，如排球游戏 *Spike Volleyball*、高尔夫游戏 *PGA TOUR*、网球游戏 *AO Tennis*、以及中国游戏玩家所熟悉的 *NBA2K* 等，都是将电视转播的镜头语言照单全收。例如网球、乒乓球的电视转播，主机位一般都位于运动员身后的高位，以俯视角度镜头为主。而 *AO Tennis* 的默认镜头也遵循了这一规律。总之，电子游戏运动模拟了体育电视转播的镜头语言，营造出一种游戏玩家、电视观众、现场球迷难分彼此、恍然如梦的真实感和虚幻感，完美体现了体育电子游戏对体育电视这一传统体育媒体的重塑以及这一过程中的直感性。

同时，作为"直感性的制约力量"，超媒介性也无处不在地彰显着自己的存在。体育游戏的超媒介性体现在镜头运用上，一方面它与传统体育电子转播的镜头语言并不完全相同，另一方面，游戏本身的媒介特征——游戏符号，也在镜头中无处不在。

体育电子游戏模仿了体育电视转播的镜头语言，但这并不意味着亦步亦趋地照抄照搬。表4—1中的镜头只是玩家最常使用的常规镜头，这些镜头由于与人们日常最熟悉的电视镜头相类似而成为体育游戏中的默认镜头。事实上，体育游戏能够给玩家提供比足球电视转播更加丰富、更有新鲜感的镜头。

以《实况足球2021》为例，脱机模式下摄影机（游戏画面）视角类型有球场、实时广播、动态广角镜、中距离、长、宽、场边、俯瞰、扇形视图、垂直、球员（玩家所控制的球员视角）等十种。FIFA22单人模式则可以选择电视转播、远距视角、合作、增强广播、动态、首尾镜头角度、职业、转播等八种镜头视角，镜头高度、镜头缩放也可由玩家自行调整。这些模式基本上模拟的都是通常体育观众最为熟悉的电视转播镜头，但FIFA 22中的首尾镜头角度、《实况足球》中的垂直视角和球员视角则完全不同。

垂直视角类似排球比赛的镜头，从球门后的高位俯视角度提供比赛画面，并随着足球及球员在两边球门的移动而调整视域。垂直视角是FIFA 22"职业生涯"模式的默认镜头，但现实中的足球电视转播，这种镜头是比较罕见的，只是作为主机位的补充偶尔出现。

球员视角是以玩家所控制的球员的视角来进行比赛。当玩家切换球员时，游戏会从一位球员视角大幅度地无缝切换到另一位球员的视角。每个球员的位置和方向不同，视角也有所不同，因此这种视角的切换通常伴随着视觉在方向和空间上的瞬间转移，极具视觉冲击力，甚至形成"眩晕"感。传统的电视体育转播由于技术的限制，不可能提供这种转播视角，因此《实况足球2021》的球员视角，给玩家提供了一种与观看电视转播完全不同的体验，玩家能够以场上球员的视角传球、射门，观察和把握整场比赛。《F1赛车》《环法自行车赛》（Tour de France）等竞速体育游戏则使用运动员第一人称视角为主视角，这与赛车、自行车比赛电视转播的常规镜头语言也是完全不同的，同样带给玩家不一样的媒介体验。但足球运动场面宏大、球员转换快速、技战术更复杂，因此足球游戏的球员视角带给玩家的视觉体验要远比竞速游戏更加令人震撼。

体育游戏的第一人称视角以一种"陌生化"的手段彰显着体育电子游戏的超媒介性，这无疑是一种全新的、令人兴奋的游戏体验。借用德国戏剧理论家布莱希特的"间离效果"
（Verfremdungseffekt）和俄国形式主义文艺理论的"陌生化"
（defamiliarization）理论，"把一个事件或者一个人物性格陌生化，
首先意味着简单地剥去这一事件或人物性格中的理所当然的、众
所周知的和显而易见的东西，从而制造出对它的惊愕和新奇感"①，
俄国理论家什克洛夫斯基也指出："艺术的目的是要人感觉到事物，
而不是仅仅知道事物。"②体育游戏的这种新视角破除了关于体育的
习以为常或司空见惯的东西，使体育爱好者和游戏玩家从新的角
度来"感觉"我们由于电视转播而习以为常的体育世界，并从中
发现出新颖之美。有资料显示，不仅体育电视转播开始模仿电子
游戏的镜头③，而且"游戏科技和美学观念已经开始潜入现场体育
电视直播中"。④

　　体育电子游戏镜头语言的超媒介性还表现在镜头画面中如影
随形的游戏符号。

　　体育游戏的镜头和画面中，常有一些特别的提示性标符，以
便于玩家识别和操纵，我称之为"游戏符号"。《实况足球 2021》
比赛中，正在受到玩家控制的运动员，头上会出现一个倒三角形
的浅蓝色标识，传球时会显示力量条；FIFA22 用了同样的机制，
只不过受控球员头上的倒三角标识是红色的，传球时没有力量条，
但会有方向指示；NBA2K22 则是通过球员脚下的圆形符号和球员

　　① 布莱希特.论实验戏剧[A].张黎.外国文学研究资料丛刊·布莱希特研究[M].中国社会科学出版社，1984.
　　② 朱立元.当代西方文艺理论[M].华东师范大学出版社，1997:45.
　　③ Dyer-Witheford N，Peuter G D．*Games of empire : global capitalism and video games*[M]. University of Minnesota Press, 2009:47.
　　④ 布雷特·哈金斯、大卫·罗维.新媒体与体育传播[M].张宏伟译.中国传媒大学出版社，2016:173.

名来标识出受控球员，受控球员投篮时还会显示投篮条，只有投篮力量适中才能得分。

游戏符号可分为两种。一种是不可由玩家关闭的游戏符号，如上述三例中的游戏符号即是如此，它意味着玩家对比赛的操控，是游戏内建机制的一部分，玩家没有关闭这些符号的权限，因此这些符号在比赛时的画面中始终存在，但在非比赛画面中就会消失；第二种游戏符号则可由玩家选择是否关闭。如 FIFA22 中受控球员头上还会显示操作提示，这种操作提示对于新手玩家相当友好，玩家熟练之后可选择关闭提示。

几乎所有的电子游戏都离不开游戏符号，如 RPG 游戏中人物的血条和力量条、FPS 游戏的十字瞄准和失血警示、《超级马里奥》的金币和得分数据，以及游戏过程中弹出的操作提示等等。游戏符号只存在于电子游戏中，是游戏机制的符号化表征之一。因此，游戏符号是电子游戏的媒介标志物，在电子游戏中无处不在。除了便于操控，它还不断提醒玩家：这是游戏，这只是游戏。

总之，体育电子游戏的镜头语言是对体育电视转播的重塑。一方面，体育游戏的虚拟镜头在机位、角度、景别、叙事等方面最大限度地模仿了体育电视转播，使游戏玩家能够以最熟悉的方式接受并游玩体育游戏，体现了重塑过程的直感性；另一方面，体育电子游戏的镜头运用又在模仿电视转播之外所有不同，这种不同既有游戏自身的创新和突破，从而体现了游戏美学的异质性，又有游戏机制和游戏媒介的标志性特征，体现出游戏科技的独特性以及体育游戏镜头语言的超媒介性。"重塑"正是直感性与超媒介性的对立统一。

第三节　体育电子游戏中的虚拟解说

在体育赛事的电视转播中，解说员（又称评论员）的角色通常是必不可少的。体育解说员在电视体育处于核心地位，以至于他们"在很大程度上影响到受众对体育赛事转播的认知"。[①] 英国学者雷蒙德·鲍耶认为："体育解说的约定话语已经成为了人们思考、谈论和撰写关于体育的各种文本。"[②] 笔者小时候观看中央电视台中引进的国外体育节目，对南美足球解说员激情四射的解说方式印象极为深刻。在中国，宋世雄解说的中国女排、韩乔生的"语录"、黄健翔的世界杯"疯狂解说"、杨健的刘翔奥运会夺冠时刻、杨毅的篮球解说等等，都是中国体育爱好者不可磨灭的记忆。

体育电子游戏对体育电视的重塑，自然少不了体育赛事解说这一体育电视的核心要素。一名为艺电体育撰写解说词的员工曾经这样写道："电视体育解说通常由两个人（有时是三个人）完成，我们试图在游戏中复制这种体验。"[③] 有资料显示，从 1995 年科乐美推出的《实况足球》初代产品《胜利十一人》开始，在游戏加入解说就成为体育游戏的通行做法。除了科乐美，艺电体育、2K Games 等国际知名体育游戏厂商纷纷斥巨资邀请世界各国著名体育解说员为游戏录制多种语言的真人解说原声。如英国著名足球评论员马丁·泰勒、安迪·格雷、阿兰·史密斯、乔·查普林、吉姆·贝格林等人，都曾先后为 FIFA、《实况足球》录制解说配音，

① 朱俊河. 体育解说的叙事学研究 [D]. 上海体育学院, 2012.

② Raymond Boyle & Richard Haynes, *Power Play: Sport, the Media and Popular Culture*, 2nd Edition, Edinburgh University Press, 2009:78.

③ Ernest Adams. How to Write Sports Commentary[EB/OL]. http://www.designersnotebook.com/Columns/102_How_to_Write_Sports_Commen/102_how_to_write_sports_commentary.htm. 2009-09-29.

美国前 NBA 球员格雷格·安东尼、史蒂夫·史密斯，以及 TNT 著名体育解说员凯文·哈兰等在 NBA 2K 系列游戏中亮相，为游戏录制解说配音。NBA 2K22 的解说团队达到数十人之多。

由于种种原因，国际上大型 3A 级体育电子游戏最初多是以盗版的形式进入中国，这些游戏没有中文解说，这对中国早期的体育游戏玩家来说不能不说是一种遗憾。2007 年，以制作《天下足球》并为之配音而知名的原中央电视台体育频道主持人王涛在机缘巧合之下，开始为《实况足球 7》进行非官方中文解说的配音工作。他后来回忆道："我看到一个论坛里边儿说如何制作《实况足球》的中文解说，教你怎么一句一句录，一句句切割，一句句导入。于是我就开始听翻译、录制、导入、转换文件格式，最后一点一点地听。看似简单的工作，一万多句话加起来，我用了整整半年休息的时间，录制了《实况足球 7》的中文国际版。但是这个时候《实况八》已经上市了，不过这个中文解说在论坛里还受到了一定的好评。"此后，王涛"一发而不可收拾"，先后录制了后来几个版本《实况足球》的中文解说。他幽默风趣的解说风格，在众多《实况足球》的中国玩家中颇受好评，最终被科乐美和艺电体育"招安"，成为《实况足球》和 FIFA 游戏的官方中文解说员。在篮球游戏中，NBA 2K 系列自 2K19 开始有了官方中文解说，苏群、杨毅、杨健等三位国内著名篮球评论员组成了 NBA 2K 的中文解说阵容。

游戏中的赛事解说，使电子游戏最大限度地保持了与体育电视转播的一致性，大大增强了游戏的真实感。但是，现实中的体育解说员一旦进入游戏工作室的录音棚，他的角色和工作性质就发生了转变：他不再是体育解说员，而是游戏配音员。体育解说员的工作是一边看比赛一边进行解说，这种解说虽然需要大量的前期资料准备，但解说词是即兴的，没有现成的文稿，解说员有很大的发挥余地，因此很多知名解说员有着很强的个性化特征。而游戏中的解说则是由真人预先录制好解说词串接而成，任何球场事件，都有若干的音频予以应对。当事件发生时，系统就会触发与之相匹配的录音。[①] 因此一般而言，解说员在游戏中并没有太多发挥的余地，与其说他是体育解说员，不如说是游戏配音员。游戏中的比赛解说是否精彩，一方面取决于语音库的丰富程度，另一方面也取决于解说词的撰稿。一款体育游戏，由真人解说员录制的数万条解说音频——资料显示，自从 FIFA08 开始，游戏的解说词就已经突破了 6 万条——随着玩家数据的输入进行触发反馈，再由人工智能自动生成，就成为游戏中足以乱真的赛事解说。可见，这是一种与体育电视解说完全不同的运作机制。除了套了个体育解说的壳，它完全是个新生事物，流水线的工业化制作和人工智能才是它的核心。在这一机制中，现实中体育解说员的"把关人""意见领袖""议程设置者""涵化者"等功能角色[②] 被消解了。

如果说游戏中的赛事是虚拟的"媒介事件"，那么游戏中的人工智能才是真正的解说员，游戏中的解说词就是一种与机器人写作类似的"虚拟文本"。本质上，虚拟文本是人工智能的产物，但这并不意味着它完全是无中生有的。虚拟文本建立在由游戏工作人员撰写的文稿和由真人解说员录制的语音库的基础之上，它仍然是一种文化产品，遵循着现实中的某些规律。

我们所感兴趣的问题是，体育游戏中的虚拟解说究竟在多大

---

① 游研社．越来越真实的足球游戏解说，到底是如何实现的？ [EB/OL]. 2017-09-30. 网址：https://www.sohu.com/a/195518344_628730.

② 魏伟．体育解说论 [M]. 中国广播电视出版社，2013:116.

程度上模拟了电视解说？这对体育、电视体育媒介以及体育解说员来说意味着什么？

为了对游戏中赛事解说的虚拟文本进行分析，笔者将上一节中用来进行镜头分析的尤文图斯对阵巴塞罗那比赛录屏的解说音频转写为文字。这场虚拟比赛由《实况足球2021》生成，由王涛和苗锟进行虚拟解说。我没有跳过开场仪式、慢镜头重放等，总时长约为23分钟，我把它分为57段。除了个别无法听清的句子，解说音频转写为文字共约2600字，无法听清的句子用省略号代替。其中W指王涛，M指苗锟。

[1] W：在这个舒适的晚上，观看球队比赛的各位观众，晚上好，**赛前仪式确实很精彩，今天天气也很好，好久没有这样的天气了，这样的天气呢真是好到没有朋友。**双方的球迷也是互不示弱，现在气氛真的是热烈。我们感觉这样的天气，冲个咖啡，看个比赛，太爽了。好了，一起来看比赛。当地人都说这里的南北看台会令人永生难忘，所有人都会支持这位意大利的老妇人。

[2] W：比赛已经开始了。尤文图斯对阵巴塞罗那。右路的攻势不错，看接下来的发展。送出直塞，费代里格·基耶萨！

[3] W：克莱门特·郎格莱，梅西，将球转移到了边路，传球，莱昂内尔·梅西，梅西！门将表现非常给力。吊到前场，漂亮的直塞球。

[4] W：他知道自己这球传得不好，想法很好，跑位很机灵，**不过就像你说的，传球太让人失望。**

[5] W：这没有办法，被吹了越位，很无奈。

[6] W：达尼洛，漂亮的脚下功夫。及时的破坏。C罗，越位！旗子举起来了。

[7] W：皮克。克莱门特·郎格莱。阿尔巴。**一个舌尖上的抢断！哎，我为什么要用舌尖呢？**直接长传。费代里格·基耶萨拿球，机会！直接射门！嘿嘿嘿，漂亮的扑救，太精彩了！完全凭直觉将球扑住，确实难度不小。

[8] W：选择地面球，梅西。球失去控制了，看谁先抢到。亚利·桑德罗，将球传到中路。登贝莱。登贝莱，在寻找机会。布茨克茨。将球转移到了前场。没了没了，本来组织得还是不错的。

[9] W：想要穿透防线，精准的传球。球在费代里格·基耶萨脚下，好机会！

[10] W：这种球啊，不进都难。

[11] M：考虑到他的射门能力不错，应该是重点盯防对象，而我坐到这儿则看到了粗心和高昂的代价。

[12] W：终于打破了僵局！**如果您刚刚开始收看，一定猜得到谁是进球的功臣。没错，肯定是他。**

[13] W：漂亮，他的预判非常准确！解围到了安全地带。C罗！送出直塞。及时的抢断。本坦库尔。啊，费代里格·基耶萨。他还在继续带球，有机会吗？

[14] M：没人接应还传中，太牵强了。

[15] W：梅西。漂亮的直塞球。这个断球干净利落。德里赫特。本坦库尔。巴格拉多。达尼洛。尝试从右路发动一次突袭。C罗！

[16] W：球在莱昂内尔·梅西脚下。传球。基耶利尼。达尼洛。一记长传。巴格拉多。继续带路飞奔。登贝莱。登贝莱，试图直塞到身后。球传得非常巧妙。踢得太远啦。巴格拉多。巴格拉多，直接传到前场。

[17] W：阿德里安·拉比奥。**究竟谁能抢到球呢？**一脚长传，队友没能接到这个球。

[18] M：他一开始有时间也有空间，不过最后压得很紧，很难处理了，他应该早点传，寻找配合。

[19] W：一记长传。登贝莱。本坦库尔。先出一脚夺回球权。C罗，送出直塞。皮克。格里兹曼拿球。现在是上半场最后一个动作。

[20] W：好的，经过45分钟的激烈对抗，双方只有一球落差。但是这唯一的进球，却是堪称上半场的高光时刻。

[21] M：目前这一比分，一定能让球迷和球员都很高兴。就看他们能不能守住这个优势了。

[22] W：尤文图斯，握有领先优势，要说场面还算可以，至少比分不是零比零嘛。

[23] W：现在下半时开始。尤文图斯现在一球领先。阿尔巴。双方纠缠在一起。球丢了。巴塞罗那获得一个任意球。巴茨克茨。**身体优势啊，这点让对手很吃亏。他有麻烦了，送给对方一个任意球。**

[24] W：阿尔巴。达尼洛。本坦库尔。C罗。球被对方拦截，无功而返。皮克。登贝莱。格里兹曼。基耶利尼。巴格拉多。达尼洛。克里斯蒂亚诺·罗纳尔多拿球。试图直塞，这次抢断非常关键，他们成功地把球破坏了。这次抢断的跑位非常合理。

[25] W：**对方负责制造问题，而他负责解决问题。**拉比奥特。球在费代里克·基耶萨脚下。登贝莱。格里兹曼。梅西。啊莱昂内尔·梅西。

[26] M：不错，他们就应该这样打。

[27] W：苗锟啊，我觉得这样的进攻才干净利落。要给对手施压，就必须这样。

[28] M：涛哥，我完全同意。

[29] W：梅西。开出了战术角球。将球转移到了前场。C 罗，正在带球前进。脚下动作真快啊。漂亮的传中，跳起头球！他出色地抢到了第一点，但是没能破门。

[30] M：刚才漂亮的带球突破，促成了这次攻门。显然边路采用的站位防守是行不通的，他们这次非常地幸运，否则比分早就改写了。

[31] W：登贝莱。皮亚尼奇。皮亚尼奇。被放倒了，犯规。格里兹曼。**背对球门造不成什么威胁，只能选择传球，如果能够一直让他不面对球门，也没什么威胁了。**

[32] W：他选择攻门！传到前场。**防线脑洞大开，哦不对，漏洞大开。**

[33] W：球来到了左侧。颇具威胁的，纵身跃起！成功了！尤文……，比赛十拿九稳！一等一的传球，一等一的射门。

[34] M：这球顶得很充分，能够将球顶到想到的位置。要论空中能力，他可是当仁不让。

[35] W：尤文图斯，打入了第二粒进球，将比分改写成 2：0。目前的进展可以说是相当的不错，可以感受得到他们越来越有信心。

[36] W：巴塞罗那，试图制造一些威胁。梅西拿球，球在格里兹曼脚，射门！反应很灵敏！这应该是个球门球。

[37] W：克莱门特·郎格莱。皮亚尼奇，本坦库尔。他拼抢夺回了球权。发起反击。

[38] W：出脚很及时。想要穿透防线，好机会，攻门！将球扑住，球又弹了出来，继续继续继续！好球！

[39] W：马克·安德烈·特尔施特根，第一下反应很及时，不过没能让球离开危险区。

[40] M：门将没做出最佳的选择，所以他付出了最昂贵的学费。

[41] W：巴塞罗那，可以换人了。比赛暂停了。

[42] M：**他还能继续坚持，精神可嘉，不过教练换他下来也是为了他好。能看出来，他已经非常疲惫了。**

[43] W：打入三球而一球未丢，真是摧枯拉朽一般啊。

[44] M：他们目前已是牢牢掌控了局面，而对方的防线将承受进一步的考验。

[45] W：皮克。漂亮的直塞球，格里兹曼，抬脚射门！巴格拉多。本坦库尔。戈德里格·基耶萨，戈德里格·基耶萨，直接传到前场，时机不错。……来看，他跑动时越位了。已经有球员在场边热身了，好像是要换人。

[46] M：好的，教练打算为进攻增加一些创造力。

[47] W：皮克，布茨克茨。克莱门特·郎格莱，布茨克茨。球在阿尔瓦罗·莫拉塔脚下，这是个快攻的机会，形成，起脚打门，进球了，单挑门将，不是你死就是我活。

[48] M：……教科书式的单刀破门。

[49] W：教练让他上场的时候他就显得特别高兴，一心想着回报教练对他的信任。

[50] M：教练的指示就是让你上场去带来一些改变，看你能不能完成任务，为球队打进一球。

[51] W：毫无疑问，现在大局已定。

[52] M：整支球队就好像是得到了随时的加持一样，已经势不可挡了，接下来两队的分差可能继续扩大。

[53] W：**球现在没人拿，谁能先抢到呢。**莫拉塔。皮亚尼奇。传球，回传给门将。

[54] W：比赛结束了，尤文图斯漂亮地取得一场大胜，似乎一

切对他们都很有利，本轮的对手被他们远远地甩在了身后。苗锟同学，能否谈谈你的看法。

[55] M：这是一场漂亮的胜利，零封对手值得骄傲，不失球是团队协作的成果，个人作为团队的一分子会感觉振奋。

[56] W：今天的比赛就到这里，那么非常感谢苗锟。

[57] M：我也十分荣幸，王涛老师。

应当承认，这场虚拟比赛的解说显得真实、流畅而富于激情。解说员王涛和嘉宾苗锟相互配合，从赛前双方的入场仪式，到比赛过程的推进、射门和犯规等关键性事件、非比赛事件，最后到比赛结束后的嘉宾点评，其中不乏精彩之处。它已经极大程度地还原了真实的电视体育解说，足以为玩家营造一个与电视转播高度一致的沉浸式的游戏环境。

更值得称道的是，这段虚拟文本很好地体现了王涛幽默风趣、无厘头搞笑的后现代解说风格。王涛在游戏的解说中包含不少中国玩家耳熟能详的搞笑段子，如"一个舌尖上的抢断！哎，我为什么要用舌尖呢？"（第7段）"防线脑洞大开，哦不对，漏洞大开"（第32段）等。没有在这场解说中体现出来的其他幽默风趣的解说词还有不少，如"他带球狂奔八百余里啊""刚刚丢球，就是迅雷不及掩耳盗铃儿响叮当仁不让的迅速把球抢了回来"等。王涛在与苏东共同为FIFA2022录制的解说词同样体现了这一特点，如"球像肥皂一样从球门边漏了过去""两名主教练穿同一条裤，同时进行了换人调整"等等。王涛的这种极接地气的幽默解说，推动了科乐美和艺电体育等国外游戏厂商的本土化战略，这也是科乐美和艺电的成功之处。

与韩乔生、黄健翔、张路、詹俊等中国最优秀的体育解说员相比，王涛还远远谈不上主流，但他幽默风趣、无厘头搞笑的另类解说风格，在国内称得上独树一帜。在中央电视台体育频道，他制作的《疯狂的足球》系列节目就以幽默风趣、无厘头搞笑而为中国球迷津津乐道，其中不乏对大卫·罗所说的体育解说"死亡语言"①——例如"韩乔生语录"——的戏仿。熟悉中国足球的读者不难看出，王涛在《实况足球》解说中的幽默风趣的解说词有着自己鲜明的个人印记，这一点是苏群、杨毅的 NBA 2K 解说所欠缺的。从远里说，王涛在游戏中的足球解说有着"韩乔生语录"的影响与启发，从近里说，它源于《疯狂的足球》，有的句子甚至被原封不动地移植过来。显然，从"韩乔生语录"到《疯狂的足球》，再到《实况足球》，从电视节目和网络文本再到游戏文本，这一嬗变的轨迹不仅有着鲜明的后现代主义特征，也是"旧媒介以自己的方式融入新媒介以应对新媒介挑战"②的完美案例。

《实况足球》中王涛与苗锟的解说毕竟是游戏生成的虚拟文本，在很多方面难免暴露出虚拟文本呆板、机械、不够自然的缺陷。比如大量以"他""他们"等指向模糊的第三人称代词的出现，显得突兀而不知所指。一般我们在使用第三人称代词时，会合理使用上下文，以使读者或听者明确具体指向。如《狂人日记》："拖我回家，家里的人都装作不认识我；他们的眼色，也全同别人一样。"根据上下文，第二句中的"他们"，是指上一句的"家里的人"，具有一般阅读能力的读者都不会不明所指。而在上述虚拟解说文本中，我们无法根据上下文判断"他""他们"的具体所指。

① D Rowe. *Sport, culture and the media : the unruly trinity*[M]. Open University Press, 2004:118.

② Bolter J D , Grusin R . *Remediation: Understanding New Media*[M]. MIT Press, 1999:15.

"他一开始有时间也有空间"，这里的"他"究竟指谁，令人一头雾水。

解说中还多次出现"报菜名"式的解说，比如第16段："球在莱昂内尔·梅西脚下。传球。基耶利尼。达尼洛。一记长传。巴格拉多。继续带路飞奔。登贝莱。登贝莱，试图直塞到身后。球传得非常巧妙。踢得太远啦。巴格拉多。巴格拉多，直接传到前场。"根据球在谁脚下，一一点出球员姓名，这种解说在电视解说中并不少见，也谈不上是缺点。但王涛在游戏解说中常常称呼球员的全名，如用"莱昂内尔·梅西"而不是"梅西"，用"马克·安德烈·特尔施特根"而不是"特尔施特根"，有时还会在短时间内连续称呼球员全名，这就显得诡异而不自然。国外运动员全名译成中文一般都比较长，对于球迷来说，他们已经习惯了用"梅西""C罗""伊布"这样的中文简称。足球比赛瞬息万变，解说员需要在极短时间内用语言表达出尽可能丰富及时的比赛信息，完全没有必要用全名来称呼国外运动员。由此可以断定，目前体育游戏的解说并非全部采用整句提取的策略，而是整句提取与电脑根据语法模板合成的混合模式。

仅仅从一场比赛的虚拟文本，我们还看不出一些问题。但是，如果玩家在游戏中玩的比赛足够多，就能很快发现游戏中解说的一个主要问题，即同一个语句在不同比赛中反复出现。上面虚拟文本中的加粗黑体字部分，如"对方负责制造问题，而他负责解决问题""身体优势啊，这点让对手很吃亏"就是重复率较高的句子。这种情况其实并不难理解。没有资料显示真人解说员究竟为《实况足球2021》、FIFA22、NBA2K22录制了多少条解说词，但据称自FIFA08开始，一款游戏的解说词就已经突破了6万条。尽管如此，相比较体育比赛的千变万化，提前录制的海量解说词条并不能保证解说词不反复出现。然而如果我们只看两三场比赛，这种重复并不明显。笔者将上述比赛的解说与另一场比赛的解说词进行对比，发现仅有两句（"究竟谁能抢到球呢""身体优势啊，这点让对手很吃亏"）出现了重复。应该说，这一重复率并不高。另外，同样是王涛录制的解说文本，《实况足球2021》与FIFA2022居然极少出现重复。这固然极可能是出于版权的考虑，但也说明王涛和他的解说团队的确付出了不少努力。

王涛、苗锟、苏东等真人解说员为体育电子游戏奉献了自己的声音，或许还有文稿，但游戏中一场比赛的真正解说者不是他们，而是人工智能。解说员录制的声音、撰稿人撰写的文稿只是提供了原材料，人工智能利用这些原材料进行解说。游戏中的虚拟赛事解说与机器人写作本质上是相同的，都是人工智能的产物。

机器人的写作质量目前仍无法与人类记者相比。有学者把机器人写作从简单到复杂分为下面5个层次：

1. 书写完整的句子；

2. 组织几个句子构成符合逻辑的段落；

3. 给予特定格式，或者写作模板，能够清晰传递信息，表达意思；

4. 能够不限定格式地写作内容，达到一般人平均水平；

5. 能够达到专业记者、作者和学者水平。

目前计算机能够完成结构比较清晰、格式固定的新闻稿，基本上达到了第三个层次的要求。[①]但这一层次不仅与专业记者有较大差距，即使与那些没有接受过高等教育的普通人相比，机器人

---

① 吴军. 智能时代：大数据与智能革命重新定义未来[M]. 中信出版社，2016：314.

新闻写作也有着明显距离。^① 如果用这五个层次的标准来对照体育解说，笔者认为目前体育游戏中的虚拟解说能够达到第三、四个层次之间的水平。由于体育解说的复杂性、专业性和不可预知性，虚拟解说能够达到一般人的平均水平，但目前还离不开事先限定的格式和模板，与真正的真人专业解说员相比还有相当大的差距。虚拟解说足以满足游戏玩家的基本需要，就目前来说它还不可能取代电视解说。但随着机器学习、语义技术的发展，未来电子游戏的虚拟解说技术完全有可能在一些次重要的体育比赛转播中使用，成为真正的机器人解说。

　　游戏技术照进现实并不令人惊讶。2020 年疫情期间，欧洲足球五大联赛的空场转播已经使用了艺电体育的虚拟声效和观众贴图技术。麦克卢汉认为，媒介最重要的作用就是"影响了我们理解和思考的习惯"。^② 喻国明等人在一项对机器人新闻写作进行的研究中认为："机器新闻写作的算法模型将深刻地影响着我们对于世界的理解与思考模式。"^③ 那么，电子游戏的虚拟解说或许在一定程度上也会影响我们对于体育的理解和思考模式。

　　前艺电体育员工欧内斯特·亚当斯曾经为《麦登橄榄球》、FIFA、NBA LIVE 等多款体育游戏撰写比赛解说词，在一篇题为《如何为体育游戏撰写解说词》的文章中，他将体育比赛的解说词分为两种。一是"实况评述"（play-by-play commentator），主要是通过接球人和传球人的关系、球员的动作，以及足球位置和运动轨迹触发的解说词；二是"增色评论"（colour commentator），

---

① 张子璇，杨剑锋. 人工智能时代体育新闻的现实局限 [J]. 青年记者，2018，(24): 24-25.

② 麦克卢汉，理解媒介：论人的延伸 [M]. 何道宽译. 商务印书馆，2000.

③ 喻国明，刘瑞一，武丛伟. 新闻人的价值位移与人机协同的未来趋势——试论机器新闻写作对于新闻生产模式的再造效应 [J]. 新闻知识，2017，(02): 3-6.

即通过背景知识的穿插介绍和调侃，对单调的解说词进行润色评论。[①] 早在 1977 年，国际传播学会会长詹宁斯·布莱恩特等三位传播学者在《体育解说的戏剧化》一文中，就将体育解说员的解说话语分为三种不同类型的语句：描述型语句（descriptive sentence）、戏剧化语句（dramatic sentence）和幽默化语句（humorous sentence）。[②] 但近些年来随着体育解说的不断发展，越来越多的解说员通过专业的技战术分析来吸引观众，这些分析包括大量的现代体育理念甚至价值判断，其内涵已经超过了欧内斯特·亚当斯所说的"增色评论"。这种评论中的现代理念和价值判断，越来越多地影响着人们思考和把握体育的方式。不可否认，体育游戏中的虚拟解说不可能不受到体育解说中这种倾向的影响，并潜移默化地影响着游戏玩家。比如虚拟文本中的第 18 段："他应该早点传，寻找配合。"第 55 段："零封对手值得骄傲，不失球是团队协作的成果。"这两段都是评论性的语句，分别强调传球配合和团队协作，正是现代足球所代表的一种价值导向。不过在可预见的未来，游戏虚拟解说的这种影响只不过是电视解说的余绪，它还无法成为一支独立的力量。

第四节　体育电子游戏中的时间与空间

在《游戏的人》中，赫伊津哈指出了游戏的一大特征："游戏有一个起点，到了某一时刻，它又'戛然止步'，走向自己的终

① Ernest Adams. *How to Write Sports Commentary*[EB/OL]. http://www.designersnotebook.com/Columns/102_How_to_Write_Sports_Commen/102_how_to_write_sports_commentary.htm. 2009-09-29. 另参：游研社. 越来越真实的足球游戏解说，到底是如何实现的？ [EB/OL]. https://www.sohu.com/a/195518344_628730. 2017-09-30.

② Jennings, Bryant, Paul, et al. *Drama in Sports Commentary*[J]. Journal of Communication, 1977; 27(3):140–149.

结。"① 游戏是在特定时空内进行的,但本节讨论的不是体育游戏的特定时空,而是"魔圈"内的时空。

众所周知,一场足球比赛 90 分钟。如果算上加时赛和点球决胜,最多可达 2 个多小时。马拉松比赛全长 42.195 公里,世界纪录保持者、肯尼亚长跑运动员埃鲁德·基普乔格(Eliud Kipchoge)曾经在 2019 年 10 月 12 日跑出了 1 小时 59 分 40 秒的成绩,而一般人需要 5 个小时左右才能完赛。环法自行车赛分为 21 个赛段,每个赛段距离不一,最长的赛段超过 200 公里。通常一名选手完成一个赛段,用时四到五个小时。一场网球比赛的巅峰对决,也可能持续四五个小时。2010 年温布尔登网球锦标赛男子单打第一轮,美国选手约翰·伊斯内尔与法国人尼古拉斯·马胡特鏖战五盘,耗时达到惊人的 11 小时 5 分钟,最终伊斯内尔以 3∶2 战胜对手。据称,这是现代网球史上用时最长的网球比赛。

然而,这种超长时间的鏖战在体育电子游戏中不可能出现,因为没有玩家有耐心花四、五个小时完成一场虚拟的比赛。在游戏设计师看来,他们的目标是创造体验,而"体验如果太长、太短、太快、太慢,都很容易扫兴"②。于是,体育电子游戏无一例外,统统大幅减少了比赛的时间,并将比赛具体时长的选择权交给了玩家。在《实况足球 2021》中,玩家可自行设置一场比赛的时长,选择范围在 5—30 分钟之间。而 FIFA2022 半场比赛最短 4 分钟,最长 20 分钟。也就是说,在 FIFA2022 中,一场虚拟比赛最短 8 分钟,最长 40 分钟。在《环法自行车赛 2020》中,玩家用时四十

① 赫伊津哈.游戏的人:文化中游戏成分的研究 [M].何道宽译.花城出版社,2007:13.

② 杰西·谢尔.游戏设计艺术(第 2 版)[M].刘嘉俊,等译.电子工业出版社,2016:169.

多分钟，就可完成一个赛段的比赛，而在现实中一个赛段的比赛一般需要四至五个小时。

在游戏中，时间是被模拟的对象。体育游戏减少了游戏中的比赛时间，并不意味着改变了体育的规则。因此，当玩家在《实况足球 2021》或 FIFA 2022 中进行一场时长为 10 分钟的足球比赛，这场虚拟比赛的名义上的时长仍为 90 分钟。于是，比赛画面中的计时器以 9 倍于现实时间的速度飞快地运行着。时间并没有减少，而是被压缩了。在虚拟的世界，一切都被虚拟了，游戏中的比赛时间成为一种可被操控的虚拟时间。玩家不仅获得了操控比赛的乐趣，还获得了操控时间的乐趣。他可以随时暂停比赛，让时间暂时停止，也可以放弃比赛，让时间终止，甚至通过读取存档而让时间倒流。游戏是一个"像上帝一样可以肆意把玩时间的世界"①，它不仅"重塑"了体育媒介，也"重塑"了时间。

在现实世界里，时间是最神秘、最难以认识的一个维度。"不同的社会培养不同的时间观念"②，漫长的人类社会，就是一部不断认识时间、定义时间的历史，而现代体育正是这一过程的产物之一。卞东磊、张稀颖将人类时间观念划分为自然时间、钟表时间和媒介时间。③原始社会和农业社会的时间是自然时间，人们根据太阳、月亮和星辰的运行规律发明了历法以指导农业生产。钟表的发明意味着人类进入钟表时间。钟表时间是一种人造时间，它给人类的日常生活和思想都带来了深刻的变化，成为人类社会的新的尺度。麦克卢汉指出："钟表是一种机器，它按照装配线模式

---

① 杰西·谢尔. 游戏设计艺术（第 2 版）[M]. 刘嘉俊等译. 电子工业出版社，2016:167.

② 戴维·哈维. 后现代的状况 [M]. 阎嘉译. 商务印书馆，2003:242.

③ 卞冬磊，张稀颖. 媒介时间的来临——对传播媒介塑造的时间观念之起源、形成与特征的研究 [J]. 新闻与传播研究，2006, (1): 32-44, 95.

生产统一的秒、分、时等时间单位。经过这样统一的加工，时间就从人的经验节律中分离出来了。简言之，机械钟表有助于创造一个数量化和机械驱动的宇宙的形象。"① 由于钟表时间所划分的小时、分和秒具备可计算的特征，因此它很快成为工业生产的组织者，"钟表是工业社会有条不紊的关键：要求工人服从于固定的时刻表，安排工人工作、吃饭、休息的时间，这种方式迅速改变了人们内心的时间观念"。②

　　钟表时间最终摧毁了欧洲古老的体育体系。在法国，由于工作和休息的时间得到调节，体育比赛脱离了传统的宗教和农业节日范畴，从而创造出了自己的时间表。机械钟表不仅为现代化的生产提供了计算时间的新方式，也在赛跑和其他运动中催生了使用秒表计算成绩的方式。法国学者乔治·维加雷洛指出，"19 世纪末，运动员的这种时间倾向更加强烈，动作和比赛时间都得到更加精确的计算和测量"。③ 维加雷洛认为，随着周期性和反复性的比赛时间的出现，周而复始的体育比赛又导致了与以往成绩的不断比较，催生了现代体育纪录制度。纪录概念的出现对于现代体育来说意义重大，它"不仅使得在同场竞技的运动员之间的竞争成为可能，还可以使那些不同时间和空间里的运动员们的竞争也成为可能"。④ 比赛日程表的出现，不仅布置了赛事行为，也布置了准备行为。它使得训练和比赛交替进行，也使各项赛事的相隔

---

① 麦克卢汉．理解媒介：论人的延伸 [M]．何道宽译．商务印书馆，2000: 187-188.

② 卞冬磊，张稀颖．媒介时间的来临——对传播媒介塑造的时间观念之起源、形成与特征的研究 [J]．新闻与传播研究，2006, (1): 32-44, 95.

③ 乔治·维加雷洛．从古老的游戏到体育表演：体育神话是如何炼成的 [M]．乔咪加译．中国人民大学出版社，2007:64.

④ 阿伦·古特曼．从仪式到纪录：现代体育的本质 [M]．花勇民译．北京体育大学出版社，2012:55.

时间具有了节奏。总之，现代体育展示了时间的多种概念，它是钟表时间的产物。

二十世纪后半叶以来，电视、电脑、互联网和手机等新一代电子媒介的快速发展使它很快充当了替代钟表的角色。广播的报时、电视屏幕上的整点与半点时间显示、电脑和手机的连续性显示，成为人们获得时间的最便捷方式。广播电视的周期性节目安排完成了媒介对人们日常生活的建构，中央人民广播电台每天清晨 6:30 的《新闻和报纸摘要》成为许多人起床锻炼的时间，中央电视台 12:00 的《新闻 30 分》、19:00 的《新闻联播》、22:00 的《晚间新闻》变成了吃饭、午休、睡觉的标准。时间参考标准的媒介化，宣告了媒介时间的来临。

在卞东磊、张稀颖看来，与钟表时间不同的是，媒介时间具有瞬间性、零散化和无序性的特征。现代媒介技术对时间的压缩造成了媒介时间的瞬间性，大众媒介的内容对时间的分割造成了媒介时间的零散化，而内容结构对时序的消灭造就了媒介时间的无序性。媒介时间是时代向人格外的一种回归，它将钟表时间独立的时间体系瓦解，使时间再次与人紧密相连。与自然时间同身体的密切联系不同，媒介时间主要作用于人的精神世界。①

与广播电视、手机一样，体育电子游戏参与了现代媒介对时间的重塑。不同的是，广播电视和手机用户的时间观念是在不知不觉中被电子媒介重塑的，而电子游戏的玩家则拥有更多的自主权。玩家可以选择体育游戏中的比赛究竟是 5 分钟还是 20 分钟，也有绝对的权力取消一场比赛。对比赛结果不满意？没关系，他可以比赛重新开始，让时间倒流。当然，如果需要，他还可以让时间

---

① 卞冬磊，张稀颖．媒介时间的来临——对传播媒介塑造的时间观念之起源、形成与特征的研究 [J]．新闻与传播研究，2006, (1): 32-44, 95.

164

加速，在短短十几天的时间就在游戏中完成整整一个赛季的比赛，还可以用几个月甚至更短的时间，体验一名职业运动员从初出茅庐，到一举成名天下知，再到功成身退的全过程。因此，游戏中的时间与现实中的时间往往是不同步的，我们可以生活在过去，也可以生活在未来，一切都在玩家的掌控之下。正如游戏设计师杰西·谢尔所言："游戏让我们得以做一件现实中永远不可能的事情：操控时间。"[①] 这种自主性其实是一种假象，但这种假象培养了游戏玩家对时间的认知。由于媒介时间是一种"消灭等待、促进人提早实现愿望"的时间，它所带来的"瞬间时间"感觉，"加剧了人们对事物'即时满足'的需求"[②]。对于玩家来说，体育比赛不再只是按照钟表时间安排的事件，而是一种可以"即时满足"的需求。当现实世界中没有比赛的时候，玩家可以根据自己的愿望随时随地在游戏中进行一场虚拟比赛，以填补体育赛事的空窗期。在游戏中，体育彻底突破了钟表时间的局限。

同样被电子游戏重塑的，还有空间。

国内网络上，有这样一个帖子：

……知乎上的一则问答曾经引发了游戏迷们的惊呼。一位女网友在吐槽，自己的老公明明是第一次去巴黎游玩，可对那个语言不通的城市却是门清，总是一路小跑的奔赴各个景点，来去自如，"他说，坐在塞纳河边时，情不自禁的眼泪往下流，仿佛回到阔别已久的故乡……"这位女士如此转述她丈夫的话语。

---

① 杰西·谢尔. 游戏设计艺术（第2版）[M]. 刘嘉俊译. 电子工业出版社，2016:168.

② 卞冬磊，张稀颖. 媒介时间的来临——对传播媒介塑造的时间观念之起源、形成与特征的研究 [J]. 新闻与传播研究，2006, (1): 32-44, 95.

许多《刺客信条》的玩家，都曾经自夸过对巴黎的熟悉，有一个微博主甚至自诩在巴黎圣母院游玩时，可以给他夫人指出哪个拐角有楼梯、哪个拐角有雕塑之类的往事，缘由就是在游戏里的这个场景中，被 GAME OVER 的次数太多，以至于整个场景都背了下来，才通关。……①

《刺客信条》是由法国游戏开发商育碧开发的系列动作冒险游戏，该系列的第五部作品《刺客信条：大革命》（Assassin's Creed Unity）发布于 2014 年 11 月，游戏的背景设定在 1789 年法国大革命时期的巴黎。这款游戏真实还原了巴黎圣母院等巴黎标志性建筑。为了打造游戏内的场景，育碧花费了 2 年时间对巴黎圣母院进行扫描和测绘，还制作出了 1:1 的 3D 数字模型。2019 年 4 月，巴黎圣母院突遭大火，有着 800 多年历史之久的古老建筑损毁严重。火灾发生后，育碧公司决定为巴黎圣母院的重修捐款 50 万欧元，并向玩家免费提供《刺客信条：大革命》下载，供广大玩家在游戏中缅怀巴黎圣母院。除此之外，育碧还在《刺客信条2》还原了文复艺兴时期的佛罗伦萨，在《刺客信条2：兄弟会》中还原了包括斗兽场、万神殿等历史名胜的古罗马。

电子游戏的互动性和沉浸式体验，是小说、电影、电视等传统媒介所无法比拟的。在游戏中，我们仿佛置身现实之外的历史场景，或虚拟的异度空间，甚至亿万光年外的外星异域，任何现实中的地理障碍都不复存在。美国传播学者约书亚·梅罗维茨（Joshua

---

① 佚名.巴黎圣母院起火！给卡西莫多找一个新家，有多难？[EB/OL].百度百科.2019-04-16.网址：https://baike.baidu.com/tashuo/browse/content?id=f490c020f2ef3510c8bcc51e&lemmaId=5658586&fromLemmaModule=pcBottom&lemmaTitle=%E5%B7%B4%E9%BB%8E%E5%9C%A3%E6%AF%8D%E9%99%A22.

Meyrowitz）在《消失的地域：电子媒介对社会行为的影响》一书中写道："电子媒介跨越了以物质场所为基础的场景限制定义。"①在体育游戏中，中国体育爱好者与英国的伦敦、西班牙的马德里、意大利的米兰、美国的盐湖城等体育名城之间的空间消失了，玩家可以坐在伦敦的温布利大球场、巴赛罗那，的诺坎普球场、洛杉矶的斯台普斯中心等闻名世界的体育圣殿，瞻仰这些曾经只能在电视中才能出现的无比宏伟的体育场。艺电的 FIFA、科乐美的《实况足球》都以收录现实中的伟大体育建筑为一大卖点。游戏中的镜头会刻意带着玩家从这些标志性的体育建筑的上空缓缓滑过，全方位展示这一特殊的体育空间。

与 FIFA、《实况足球》等游戏中不同的是，任天堂的趣味体育游戏不以任何真实的体育空间为蓝本，它创造了一个现实中完全不存在的异度空间，如《马里奥赛车》中的蘑菇赛道、《马里奥网球》中的海洋体育场、Nintendo Switch Sports 中的虚拟运动中心，以及《健身环大冒险》的独特的冒险式运动世界，这种虚拟的运动空间充满着天马行空的想象，使得体育空间的边界被无限扩展了。

现代体育创造了体育场，"制定了最终脱离了日常生活的场所"。②根据列斐伏尔的空间理论，体育场是一种生产性的空间。体育游戏中的虚拟体育空间是物理体育空间的延伸。加里·克劳福德运用列斐伏尔的空间理论，将体育电子游戏理解为体育的"主题"空间，这与其他主题地点有相似之处，例如快餐店和主题公

---

① 梅罗维茨. 消失的地域：电子媒介对社会行为的影响 [M]. 肖志军译. 清华大学出版社, 2002:34.

② 乔治·维加雷洛. 体育神话是如何炼成的 [M]. 乔咪加译. 中国人民大学出版社, 2015:52.

园。它们是"非场所"（non-places）的主题，目的是在日益无所作为的社会中提供一种分裂、控制和逃避的感觉。① 对于列斐伏尔来说，"空间不是通常的几何学与传统地理学的概念，而是一个社会关系的重组与社会秩序实践性的建构过程"。② 体育游戏中的虚拟运动场，是玩家 / 体育爱好者的社会关系与体育实践的体现，玩家 / 体育爱好者在这种虚拟的体育空间建构了自己的身份认同。它是体育空间作为物理空间的抽象化符号，更接近美国学者爱德华·W.索亚（Edward W. Soja）所说的"第三空间"的概念。在索亚看来，第一空间即物理空间，是静态的、凝固的、客观的存在；第二空间即精神空间，是人在主观层面对物理空间的感受，是一种具有想象性质的对第一空间的重构；"第三空间"则在真实和想象之外，又融构了真实和想象的"差异空间"，一种"第三化"以及"他者化"的空间，"充满幻象与暗示……是一个'无法想象的宇宙'。"③ 游戏中的体育空间不仅仅是物理空间的虚拟镜像，而是具有无限可能的，它唯一局限就是人类的想象。

体育电子游戏对时间和空间的重塑，体现了吉登斯所说的"时空脱域"的过程，时间和空间不再相联系④，变得愈加捉摸不定，也体现了电子游戏时代的娱乐化体验的独特特征。游戏玩家 / 体育爱好者的双重社会身份在虚拟与现实之间，在不确定的时空中被重构了，并充满了相互交换和不确定性。这种感觉似曾相识，又

① Crawford G. *Is it in the Game? Reconsidering Play Spaces, Game Definitions, Theming, and Sports Videogames*[J]. Games and Culture. 2015;10(6):571-592.

② 刘怀玉. 现代性的平庸与神奇：列斐伏尔日常生活批判哲学的文本学解读 [M]. 中央编译出版社，2006:418.

③ 爱德华·索亚. 第三空间：去往洛杉矶和其他真实和想象地方的旅程 [M]. 陆扬等译. 上海教育出版社，2005.

④（英）安东尼·吉登斯. 现代性的后果 [M]. 田禾译. 译林出版社，2000:15-17.

前所未有。

　　总之，体育电子游戏不是简单地模仿，它重塑了体育，重塑了电视体育转播，也重塑了我们的时间观念和空间观念。

第五章 艺电 VS 任天堂：资本、体育与电子游戏

第一节 FIFA、艺电与体育

北京时间 2022 年 5 月 11 日，美国游戏开发商艺电公司 (EA) 宣布，其旗下足球游戏 FIFA 系列将从 2023 年起更名为"EA Sports FC"。艺电与国际足联 (FIFA) 的冠名合作即将到期，2022 年下半年发售的新作 FIFA23 将沿用系列名称，这也是该系列最后一款以 FIFA 命名的游戏。[①] 如期而至的 FIFA23 乏善可陈，但仍有众多老玩家习惯性购买了这款游戏。

自 1982 年创立以来，艺电公司很快成长为世界上最成功的游戏开发商之一。根据该公司 2020—2021 年度财报，2021 财年艺电公司总净营收为 56.29 亿美元，净利润为 8.37 亿美元，虽然后一数据相比 2020 财年的 30 亿美元下降不少，但这并不能否定艺电公司在全球游戏市场的巨大成功。其中，开发了 FIFA、《麦登橄榄球》等著名大型模拟真实类系列体育游戏的"艺电体育"居功至伟。

---

① 中新网 .FIFA 系列足球游戏将更名 这里是否也有你的青春 [EB/OL]. 中新网 ,2022-05-11. 网址：https://www.chinanews.com.cn/ty/2022-05-11/9751629.shtml.

一、艺电公司及 FIFA 系列游戏的发展史

1982 年 4 月，美国苹果公司的员工特里普·霍金斯（Trip Hawkins）从苹果离职，和大学时代的同学宾·戈登（Bing Gordon）等人创办了一家游戏公司，这就是后来名闻世界的艺电公司。霍金斯生于 1954 年的加利福尼亚，后来在哈佛大学主修社会科学和计算机，又在斯坦福大学获得 MBA 学位。1978 年毕业后，加入苹果公司工作。

霍金斯对电子游戏有着浓厚的兴趣，他敏锐地意味到这种新兴娱乐方式的潜在价值。1983 年春，艺电发布了第一批电子游戏，这些游戏用特制的折卡式包装，封面上印上了设计者的名字。正如公司名字一样，精美的设计使得这些游戏如唱片散发着艺术的气息，不仅获得媒体的广泛好评，在市场上也大获成功。随后，艺电的第一款体育游戏 *One on One: Dr. J vs. Larry Bird* 上市。这款游戏彻底改变了上一代体育游戏的极简、抽象风格，不仅具有 24 秒违例、镜头重放和逼真的现场音效，而且第一次将现实世界中的运动明星引入虚拟的电子游戏，玩家可以选择扮演 NBA 球星拉里·伯德（Larry Bird）或朱利叶斯·欧文（Julius Erving）。艺电公司斥巨资邀请了 NBA 球星拉里·伯德代言，开启了用体育明星为游戏宣传的先河，也标志着"艺电体育"（EA Sports）这一子品牌的诞生。

真正奠定艺电体育地位的，是 1988 年开始发售的美式橄榄球游戏《麦登橄榄球》（*Madden NFL*）。艺电找来了奥克兰突袭者队的传奇教练、在美国家喻户晓的美式橄榄球评论员约翰·麦登，希望他的加入不但能把游戏做得更真实，同时还可以通过他的名气和地位提升销量。麦登用两天的时间详细讨论了游戏的细节，之

后定期会面，监督游戏的开发进度。力求"真实"的《麦登橄榄球》是一款具有颠覆性的体育游戏，在 1988 年发售后，逐渐成长为艺电坚持时间最长、最成功的游戏系列之一，对后来者影响极为深远。

《麦登橄榄球》的大获成功，启发了艺电公司一位被派驻伦敦欧洲办公室的高管马克·刘易斯（Mark Lewis）。1991 年底，刘易斯提议开发一款高端、高技术的足球游戏，挑战当时流行的《感官足球》（*Sensible Soccer*）、《冠军足球经理》（*Championship Manager*）和 *Kick-Off* 等英国体育游戏。不过，他的建议遭到艺电几乎整个美国总部的反对。刘易斯回忆说："他们认为作为一项体育运动，足球太复杂了。"好在他最终说服了总部的老板们，刘易斯雇用了两个利物浦的自由游戏设计师，开发了三个不同版本，其中最好的一个版本使用了等距视角，让玩家觉得他们从体育场的某个角落俯瞰球场。与当时其他足球游戏所采用的自上而下视角不同的是，这一新的视角让玩家能够看到球员的整个身体，拉近了电子游戏和电视转播的球赛之间的距离。

此后，艺电决定将制作游戏的任务转移给经验更丰富的加拿大团队。艺电美国总部计划将它命名为《美国队足球》（*Team USA Soccer*），但这个名字遭到刘易斯的强烈反对。1993 年 5 月，艺电欧洲营销副总裁汤姆·斯通（Tom Stone）飞往瑞士，与国际足联谈判，在游戏中使用"FIFA"。国际足联的官员们没有充分意识到"FIFA"这四个字母的品牌价值，这笔交易很快达成了。斯通回忆说："我们获得了 4 个字母的授权，付给他们的特许权使用费率非常非常低。"艺电获得国际足联的授权意义重大，但在艺电总部却几乎没有人表达出任何兴趣，因为美国人不踢足球。斯通认为："FIFA 之所以如此成功，原因是它是由一个远离总部办公室的团队制作和发行的。"

1993 年 9 月，这款名为《FIFA 国际足球》（*FIFA International Soccer*）的游戏顺利发售，并在发售四周后就卖出超过 50 万份，成为了当年最畅销的一款游戏，同时也开启了 FIFA 系列长达 30 年的辉煌。在中国，这款游戏被称为 "FIFA 94"。玩家可以从 48 支国家队中进行选择，每支球队有 20 名球员，但每个球员看上去都差不多，而且使用的虚构的名字，因为艺电体育当时并没有取得肖像权。

国内知名游戏媒体"触乐"在一篇回顾 *FIFA* 系列游戏发展历程的文章中指出，艺电对于真实性的极致追求，是 *FIFA* 日渐占据市场主导地位的关键。创始人霍金斯表示，在创办艺电之前，"制作逼真的团队体育模拟游戏"就是他的愿景。最初的口号是："比赛里有的，游戏中都有"（If it's in the game it's in the game），后来变成了 "EA 体育：尽在游戏中"（EA Sports: It's in the game）。约翰·麦登在为《麦登橄榄球》代言时，艺电计划每支球队只有 6 至 7 名球员。他坚持每支球队必须有 11 名球员，这对于当时的技术来说是一场噩梦。不过，经过三年的开发，《麦登橄榄球》取得了成功。*FIFA* 高度模拟了足球运动的所有美学细节，包括球员的假动作、任意球的完美弧线、颤动的球网等等。"这些都是为了准确呈现人们看电视时感受到的比赛体验"，游戏评论家史蒂夫·伯恩斯（Steve Burns）说。在游戏中，双方球员在逼真的赞助商展示板前握手，而比赛则会在温布利、大阪万博公园竞技场等被虚拟化的真实赛场中进行。虚拟球迷会为他们支持的球队唱歌喝彩，也会嘘裁判。艺电几乎将整个真实的足球世界搬进了 FIFA 这款游戏之中。FIFA 系列游戏"对很多人来说已经不再是足球的附属品，而是成了足球世界至关重要的组成部分之一"。①

艺电还与 9000 多名数据审查者进行合作，他们由在科隆的德国统计学家迈克尔·穆勒 - 莫宁（Michael Müller-Möhring）所领导，确保每个球员的资料，包括速度、体力和气质在内的超过 30 项数值尽可能准确。每代 *FIFA* 通常在 9 月份的最后一个星期发售，而在游戏发售几小时后，许多球员都会焦急地查看自己在游戏中的数值。*FIFA* 的数据如此准确，以至于某些球队开始使用这款游戏寻找潜在的签约球员，或者研究竞争对手的优势和弱点。

除了 *FIFA* 系列，对真实性的极致追求也贯穿在艺电开发的其他体育游戏中。除了长盛不衰的《麦登橄榄球》外，*NBA LIVE*、*PGA TOUR*、*EA SPORTS UFC*、*NHL* 等艺电发行的大型体育游戏，都尽可能地追求真实的运动员、数据、体育场，在玩法上也是硬核的体育拟真写实的风格，力求在游戏中重现真实的体育世界，从而吸引了来自全球的大批狂热的体育迷。凭借这些游戏，艺电建立了一个涵盖足球、篮球、高尔夫、拳击、赛车等世界各大主流体育项目的游戏帝国，这对于体育的传播功不可没。2014 年，ESPN 的一份用户问卷调查报告结果显示，34% 的美国人因为玩 *FIFA* 成为足球迷，50% 的美国人称这款游戏提升了他们对足球运动的兴趣。艺电负责 FIFA 的创意总监马特·普雷尔（Matt Prior）表示："人们通过我们的游戏认识了足球运动。"也正是由于艺电多款成功的体育游戏打通了游戏与体育之间的壁垒，"游戏被越来越多的人视为'体育世界的一个部分'"。②

---

① 触乐 . FIFA 系列发展史：一款游戏 改变了足球运动本身 [EB/OL].
DONEWS, 2016-12-28. 网址：https://www.donews.com/news/detail/3/2945338.html.

② 布雷特·哈金斯、大卫·罗维 . 新媒体与体育传播 [M]. 张宏伟译 . 中国传媒大学出版社，2016:176.

二、FIFA 与"FIFA"

从 1994 年推出的续作 *FIFA Soccer* 95 开始，艺电体育将努力争取尽可能多的球队、球场和球员的肖像授权作为一大战略。这是一种"双赢"的策略。尽管需要支付授权费，提高了成本，但艺电从中获得的利益显然更多。艺电体育甚至不惜重金，邀请 BBC 的约翰·莫森（John Motson）和天空体育的安迪·格雷等足球比赛解说员到工作室录制游戏解说。英格兰足总和英超，以及后来的国际足联从中发现了更广阔的商机。1998 年法国世界杯的成功举办大大提升了国际足联的品牌价值，国际足联在与艺电的谈判中索要了更高的授权费用。游戏开发商、体育组织、体育媒体，几种不同的力量为了共同的利益展开密切合作，你中有我，我中有你，使全球体育市场呈现出一种更为复杂的形态。

作为一款风靡世界 30 年的体育游戏，艺电的 *FIFA* 与国际足联开始于 1993 年的合作是游戏开发商与国际体育组织联姻的标杆，以至于在许多人心目中，"FIFA"这一品牌就是足球游戏的代名词，而不是"国际足联"的简称。据媒体报道，在国际足联每年公布的财务报告中，与 *FIFA* 游戏有关的收入被计入了"许可授权"（Licensing rights）的大项中。据《纽约时报》透露，国际足联每年可从艺电得到近 1.5 亿美元的授权费用。有体育媒体曾撰文透露过艺电与国际足联之间现有的授权合约细则：授权费用并非一次性付清，而是由基础授权费＋游戏收入提成的模式组成。对于头部的体育 IP 和游戏公司的授权合作，这是一种常见的模式。这也就意味着，游戏卖得越好，国际足联赚得也就越多。

通过多方面的合作，艺电体育将触角伸向欧洲各国足球联赛及全球各个足球市场，尽管开发成本成倍提高，但球队、球场和球员的肖像授权，以及欧冠等重大足球赛事的版权给艺电带来巨大利润，成为艺电体育击败竞争对手科乐美的有力武器。艺电公司曾在 2021 年 9 月底公布，*FIFA2021* 系列共有 3600 万名付费用户。另据《金融时报》透露，该公司目前已花费数十亿美元开发这款游戏，并有 1500 名员工专门负责该游戏。^①换来的结果是，*FIFA* 系列成为世界上最赚钱、最成功的体育电子游戏，艺电体育则成为全球体育游戏的领头羊。

三、资本的逐利性、数字劳工与文化帝国主义

目前艺电在全球拥有近一万名员工，在加拿大、英国、澳大利亚、中国等拥有众多游戏工作室。除 *FIFA* 等体育游戏外，艺电旗下还有《战地》《极品飞车》《模拟人生》《孤岛危机》等多个在全球玩家中广受欢迎的游戏 IP。一项统计数据显示，截至 2021 年 1 月，艺电公司以 423.85 亿美元的总市值，位列全球主要游戏公司的第三位，仅次于任天堂和动视暴雪。

作为一家已有 40 年历史的跨国公司，尽管争议不断，但成熟的运营体系、庞大的 IP 资源，艺电成为世界上最有影响、最赚钱的游戏公司之一。30 年来，*FIFA* 系列游戏早已形成工业化、标准化的生产模式。与此同时，艺电挥舞着独家许可授权的大棒力压竞争对手科乐美，牢牢占据着全球足球游戏市场的主导权。换汤不换药、每年发布新版本游戏的"年货"模式，早已成为体育游戏的标配，不仅迫使其他游戏公司纷纷跟风照搬，更令全世界游戏玩家不得不每年乖乖掏出真金白银付钱购买，成为任凭艺电收割的"韭菜"。此外，作为一款买断制游戏，资本的贪婪还驱使艺

---

① PP 体育. 艺电结束和国际足联 30 年《FIFA》游戏合作，谁亏了？[EB/OL]. 搜狐号，2022-0512. 网址：https://www.sohu.com/a/546461955_99895233.

电通过多种方式引诱玩家在游戏中购买虚拟道具，如 *FIFA* 中的终极球队（FUT）模式。在这种模式下，玩家可以用随机选择的球员卡片组成一支队伍，在线上与其他玩家竞争，如果获胜将能够得到新的卡包作为奖励。但玩家需要支付通过其他模式积累的虚拟货币，或者花钱才能进入比赛。在 2016 年的一次投资者会议期间，EA 首席财务官布莱克·约根森（Blake Jorgensen）透露，EA 每年销售虚拟道具的收入就达到了 6.5 亿美元。①

艺电及其旗下产品 FIFA 等体育游戏无疑是法兰克福学派所批判的"文化工业"的一部分。尽管艺电创始人霍金斯许诺将游戏当成艺术，但法兰克福学派认为，文化工业的标准化、齐一化和程式化使得个性成为一种幻象，艺术不再是马克思所说的"自由的精神生产"，而是经济和社会机制的产品，消费变成了快乐工业的意识形态；文化工业所有许下的诺言都是一种幻觉，它在不断向消费者许诺的同时，又不断地欺骗他们。阿多诺、霍克海姆尖锐地指出，"娱乐制造商知道，即使消费者心烦意乱，仍然会消费他们的产品，因为每一个产品都是巨大的经济机器的模型"，"整个文化工业把人类塑造成能够在每个产品中都可以不断再生产的类型"。②文化工业理论能够让我们更加清醒地认识到艺电体育游戏的特征，标准化、工业化的游戏生产，许下的是自由游戏的幻觉，但对游戏开发商来说，玩家的消费和由此带来的巨大利润才是终极目标。在游戏开发商的精心设计下，玩家心甘情愿地为每年一版的 *FIFA* 买单，把自己纳入文化工业再生产的序列之中。

---

① 触乐. FIFA 系列发展史：一款游戏 改变了足球运动本身 [EB/OL]. DONEWS, 2016-12-28. 网址：https://www.donews.com/news/detail/3/2945338.html.

② 马克斯·霍克海默，西奥多·阿多诺. 启蒙辩证法：哲学断片 [M]. 渠敬东、曹卫东译. 上海人民出版社, 2006:114.

在阿多诺、霍克海姆的时代，文化工业更多的是指电影、流行音乐等新兴的大众文化，但电子游戏的时代已经有所不同。加拿大学者尼克·戴尔威瑟夫（Nick Dyer-Witheford）和格雷格·德·皮特（Greig de Peuter）在合著的《帝国游戏：全球资本主义与电子游戏》一书中，将艺电作为"认知资本主义"(Cognitive Capitalism) 的典型例子。①

"认知资本主义"一词最早出现于 2001 年，用来指称 20 世纪 70 年代以来持续的技术创新与知识经济相结合所形成的资本主义阶段。这一阶段被认为是继重商资本主义、工业资本主义后资本主义发展的新阶段。②蔡万焕指出，"认知资本主义"中的"认知"一词强调的是人的认识能力、知识、创造力、想象力和情感等认知因素对经济发展的作用和影响。"认知资本主义"论学者认为，"非物质劳动"(Immaterial Labour) 是当前最重要的资本积累方式，也是认知资本主义下最重要的变化和特征。作为非物质劳动产品的认知商品是一种特殊商品，其独特性在于，产品不会在消费中被损耗，可被无限分享和复制，可被数人在同一时间拥有。③认知资本主义同样也是资本主义，不过它剥削的对象不再是以出卖体力为主的产业工人，而是进行"非物质生产"的"数字劳工"。马里索尔·桑多瓦尔 (Marisol Sandoval) 将数字劳工定义为：将 ICTs（信息与通信技术）和数字技术作为生产资料的脑力劳动者和体力

---

① Dyer-Witheford N，Peuter G D．*Games of empire : global capitalism and video games*. University of Minnesota Press, 2009:35-68.

② Vercellone C．*The hypothesis of cognitive capitalism*[J]. Université Paris1 Panthéon-Sorbonne (Post-Print and Working Papers), 2005.

③ 蔡万焕. 认知资本主义：资本主义发展阶段研究的新进展 [J]. 马克思主义研究, 2018, (8): 49-57.

劳动者，包括生产者和使用者。[①] 就以艺电为代表的游戏开发商来说，散布在世界各地工作室中的游戏设计师、软件工程师、美工、测试员等雇员面临着高强度的工作压力、不稳定的工作环境，甚至随时可能被取代的命运。艺电给他们的雇员允诺提供环境优美、设施先进的办公环境，但《帝国游戏：全球资本主义与电子游戏》一书中的研究表明，电子游戏行业是一个昼夜节奏经常被打破的行业，在游戏开发周末的"关键时刻"（crunch time），工作时间通常增加到每周65—80小时，有时甚至更长，每周100小时也并非没有。[②] 触乐的文章也证实了这一点。一位在艺电开发 FIFA 系列游戏的中国员工表示，在过去几年，艺电许多员工为 FIFA 的成功付出了代价："我牺牲了我的健康和家庭生活"[③]。FIFA 开发初期，艺电雇用了两个英国利物浦自由游戏设计师，后来将项目转到加拿大工作室负责，这正是数字资本主义典型的"后福特主义"模式——"工作被传播新科技进一步切割、细分，知识与技能持续并加速贬值，资本完成了对数字劳工的'去技能化'(de-skilling)与弹性雇佣"。[④]

在桑多瓦尔看来，数字劳工不仅指非物质商品的生产者，还包括使用者，甚至电子游戏玩家也成为"玩工"(playbour)。尤里安·库克里奇 (Julian Kuücklich) 将"玩工"定义为"通过玩耍的形

① Sandoval M . *Foxconned labour as the dark side of the information age: Working conditions at Apple's contract manufacturers in China*[J]. TripleC, 2013(2).

② Dyer-Witheford N，Peuter G D . *Games of empire : global capitalism and video games*[M]. University of Minnesota Press, 2009:59.

③ 触乐 . FIFA 系列发展史：一款游戏 改变了足球运动本身 [EB/OL]. DONEWS, 2016-12-28. 网址：https://www.donews.com/news/detail/3/2945338.html.

④ 姚建华，徐偲骕 . 全球数字劳工研究与中国语境：批判性的述评 [J]. 湖南师范大学社会科学学报 , 2019, 48(5): 141-149.

式，在其闲暇时间内创造价值的用户"。^①库克里奇认为，游戏"玩工"在不知不觉中，为游戏平台吸引了更多的用户，创造了更多的内容，甚至修改游戏中的漏洞以优化用户的体验。他们自发修改和创作的游戏内容成为了游戏产业价值和创新的重要源泉，他们的创造性极大降低了公司在研发和营销上的人力成本和其他费用，并且是无酬劳动。在这一过程中，游戏公司悄无声息地成为了最大的赢家。虽然库克里奇考察的主要是游戏模组爱好者，但在大数据时代，全球数以千万的玩家不仅为艺电奉献了海量的时间，他们在游戏时生产的数据也成为艺电公司无形的数字资产。中国 FIFA 玩家还将自己玩游戏的视频精心制作后上传到哔哩哔哩等社交媒体、视频平台。例如，一位网名为"羽痕之恋"的网友，将自己玩 FIFA 职业生涯模式的视频，制作成共包括 191 条视频的作品合集上传到哔哩哔哩平台，总时长达到 32 个小时。像"羽痕之恋"这样的玩家，在哔哩哔哩平台并不少见，更不用说还有大量的游戏评测、试玩分享、游戏推介等内容。他们付出大量时间和劳动，心甘情愿地对 FIFA 进行义务宣传，并且是完全免费的，最大的受益者毫无疑问是艺电公司。当然，玩家对艺电公司最直接的贡献是每年在终极球队模式中为艺电贡献数亿美元的巨额收入，并每年为换汤不换药的新一代游戏买单。

不夸张地说，在热爱足球的游戏玩家心目中，"FIFA"这四个字母不是指国际足联，而是指艺电的足球游戏。艺电主导了全球足球游戏市场，除了科乐美的《实况足球》系列，财大气粗的艺电没有对手，在全世界的足球玩家中成为一款推介媒介帝国主义的电子文本。

---

① Julian K . *Precarious Playbour: Modders and the Digital Games Industry*[J]. Fibreculture Journal, 2005(5).

媒介帝国主义是文化帝国主义在当代的主要形态。二战之后，帝国主义的全球殖民体系土崩瓦解，但随着信息技术的迅速发展、互联网的普及，西方凭借信息传播媒体进行文化扩张却变得愈加便利。张其学在研究中指出："西方发达国家由于在现代电子信息技术等方面处于领先地位，而广大的发展中国家却依赖于西方，这样西方的影视节目、广告等文化产品流入了第三世界国家，向这些国家的人们展示西方的生活方式和价值观，使他们不知不觉地追求和向往西方的生活方式和日用消费品。"[①]"媒介帝国主义"的概念是西方文化传播学者鲍依巴瑞在 1977 年提出来的。他认为："媒介帝国主义"指"任何国家媒介的所有权、结构、发行或传播内容，单独或总体的受制于他国媒介利益的强大压力，而未有相当比例的相对影响力。"媒介帝国主义是一种通过媒介来推进和实现的文化扩张行为。张小平指出，文化输出已成为美国文化产业发展的核心目标。不论在官方的政府建议、报告以及法规中，还是主流的政治话语和媒体评论中，文化产业服务于文化霸权的目的都非常明确。早在 2000 年，美国三个最具影响力的智库联合发布了一份名为《美国国家利益》的报告，该报告将文化输出看作美国的"重要利益"，因此强烈要求美国"在全球信息传播中保持领先地位，确保美国价值观继续积极地影响其他国家的文化"。好莱坞电影深烙着美国文化的印记，成为美国推行其意识形态和生活方式的最为隐蔽和有效的手段。[②]据称，20 世纪福克斯公司的一位制片人曾不无自豪地谈道，"没有其他方式可以在向人们灌输自

---

① 张其学. 媒介帝国主义：文化霸权主义的当代形态 [J]. 南京社会科学，2004，(10): 21-24.

② 张小平. 当代文化帝国主义的新特征及批判 [J]. 马克思主义研究，2019，(9): 123-132，160.

由的生活方式、激励人们对自由的欲望与对美好前程的憧憬方面，比电影所发挥的作用更大。"[①] 在我看来，近二十年来好莱坞的影响力事实上已经让位于欧美等国的电子游戏。在这一新兴产业中，美国及美式文化居于绝对的主导地位。即使电子游戏的另一世界中心日本，虽不乏所谓的"游戏东方主义"[②]的某种情调，其游戏产品也打上了深深的西方文化的烙印。

艺电的 FIFA 系列及其竞争对手《实况足球》占据了中国几乎百分之百的足球游戏市场。除这两款游戏外，中国玩家没有其他选择。早在 20 世纪 90 年代开始，艺电就通过盗版游戏培养了中国足球玩家的品味。现在，中国玩家可以在任天堂、索尼和微软的游戏主机，以及通过 steam、腾讯游戏等平台轻松购买 FIFA 系列及其手游版 FIFA Online。在艺电及科乐美《实况足球》的挤压下，庞大的中国游戏市场几乎没有给《实况中超》等国产足球游戏留下多少生存的空间。

与好莱坞电影不同，FIFA 等足球游戏似乎人人皆宜，与政治和意识形态毫不相关，然而这正说明了体育游戏作为媒介帝国主义文化产品进行文化渗透的隐蔽性。国外的研究表明，电子游戏不仅是对体育运动的简单反映，实际上是对体育进行的严格、谨慎的建构，是对"媒介、体育、文化综合体"的文化逻辑的延伸。[③]体育电子游戏同媒介体育一样，与民族、性别、种族、国家等意识形态有着千丝万缕的联系，且更为隐蔽。正如张小平所说，"多元化使得消费者产生一种自由选择的感受，他会认为在不同类型

---

① 唐纳德·怀特.美国的兴盛与衰落 [M].徐朝友等译.江苏人民出版社,2002:323.

② 章戈浩.数字功夫：格斗游戏的姿态现象学 [J].国际新闻界,2018,40(5):13.

③ B Hutchins, D Rowe. *Digital Media Sport: Technology, Power and Culture in the Network Society*[M]. Routledge, 2016.

的文化产品之间进行挑选是个人自由意志的体现。面对多元的文化产品，接受者往往很难感受到接受过程中的意识形态入侵，反而认为这是基于自己的主动选择，而非被动灌输，因此心甘情愿地接受输出国的价值观念以及生活方式"。① 于是，玩家在一种"集体无意识"的情况下接受了附加于游戏中的西方式价值判断。艺电的 FIFA 只是西方体育电子游戏的一个代表。欧美主导的体育游戏，强化了以欧美为主导的西方体育在全球的支配性地位。如果说 FIFA 还是以欧洲足球及足球文化为蓝本的话，那么 NBA 2K 系列则是彻头彻尾的美式文化，充斥着美国式的个人奋斗、男性气质、黑人文化和篮球暴力美学，以及隐藏在 NBA 品牌之后的美国式价值观。

第二节　体育的哈哈镜：任天堂、马里奥与体育

或许很多热衷于 FIFA、NBA 2K 等大型体育电子游戏的玩家没有意识到，以《超级马里奥兄弟》《塞尔达传说》等游戏和 3DS、Switch 等家用游戏机而著名的日本游戏巨头任天堂，或许才是世界上最大的体育电子游戏开发商。

北京时间 2022 年 6 月 10 日，日本游戏公司任天堂在自家的 Switch 游戏平台发布了一款引人瞩目的足球游戏《马里奥激战前锋：战斗联赛》(Mario Strikers: Battle League，以下简称"马里奥足球"）。这款游戏可视为 2005 年任天堂发行于家用游戏主机 GameCube 上的《超强马里奥足球》(Super Mario Strikers) 在 Switch 平台的后续版本。与 FIFA 系列、《实况足球》等足球游戏

---

① 张小平. 当代文化帝国主义的新特征及批判 [J]. 马克思主义研究, 2019, (9): 123-132, 160.

玩家熟悉的大型仿真类足球游戏不同的是，在《马里奥足球》中驰骋绿茵场的不是现实中的足球明星，而是马里奥、路易吉、桃花公主、奇诺比奥、耀西、酷霸王、森喜刚等任天堂《超级马里奥》系列游戏中的人物。玩家可以选择 4 名马里奥游戏中的人物，加上一个无法操作的守门员，与电脑或线上对手在 5 人制的室内球场对战，用踢球、扔球、头球甚至屁股砸球的方式将球送进门框，没有裁判，现实中的足球规则也几乎不存在，动作混乱而夸张。因此，许多中国玩家将其戏称为"格斗足球游戏"。

任天堂是世界电子游戏市场当之无愧的超级巨头，世界电子游戏产业的开创者，旗下拥有包括《超级马里奥》《赛尔达传说》《精灵宝可梦》等在内的一系列享誉世界的游戏 IP，以及 Wii、3DS、Switch 等游戏主机和掌机。

创始于 1889 年 9 月 23 日的任天堂，最初靠生产骨牌、纸牌维持。1960 年代，在时任社长山内溥的领导下，任天堂转型生产玩具，1977 年又开始向电子娱乐业转型。1983 年 7 月，任天堂推出 FC 红白机，取得巨大成功。1985 年 9 月，任天堂在红白机上发布了世界上最为成功的电子游戏《超级马里奥兄弟》。马里奥（任天堂官方译为"马力欧"，但中国玩家习惯译为"马里奥"）这个头戴红帽子、身穿背带裤、留着胡子的水管工，成为任天堂的招牌角色，也是电子游戏史上最为知名的人物形象，由他扮演主角的游戏超过 200 款，累计销量超过五亿份，为任天堂创造了高达 360 亿美元的巨额商业利润。此后的四十年，任天堂延续了在家用游戏机、掌机等硬件和在游戏软件上的成功，确立了全球电子游戏产业领导者的地位。截至 2021 年 9 月末，任天堂的游戏机 Switch 全球销量达 9287 万台，软件销量达 6.81 亿份。

在《超级马里奥兄弟》中，马里奥是一个普通的意大利裔水管工，他与双胞胎兄弟路易吉一起在蘑菇王国冒险，拯救被大反派酷霸王绑架的桃花公主。由于马里奥这个角色过于深入人心，在此后的 30 多年里，任天堂推出了数以百计的冠名马里奥的游戏，耀西、奇诺比奥、黛西公主、瓦里奥、瓦路易吉等角色也纷纷登场，最终形成一个庞大的马里奥游戏宇宙。

但马里奥等游戏角色并非一直在蘑菇王国拯救桃花公主。在《马里奥网球》（*Mario Tennis Ace*）中，马里奥、桃花公主乃至酷霸王摇身一变成为网球高手，在蘑菇山谷、库巴城堡网球场对垒；在《马里奥赛车》（Mario Kart）中，他们又化身为卡丁车车手，在黛西丘陵、泡泡鱼泻湖赛道风驰电掣；在《马里奥足球》中，他们是足球运动员，在绿茵场上一决高下。此外还有《马里奥高尔夫》《马里奥棒球》《马里奥与索尼克在北京奥运会》《马里奥篮球 3 对 3》等多款体育题材的马里奥游戏。这些马里奥体育游戏，有的是任天堂授权第三方开发（如《马里奥网球》是由 Camelot Software 开发），有的与其他厂商合作（如《马里奥与索尼克在北京奥运会》），多数是任天堂自主开发的。其中《马里奥赛车》首发于 1992 年，《马里奥高尔夫》首发于 1999 年，《马里奥网球》首发于 2000 年，《马里奥足球》首发于 2005 年，这几款游戏至今仍在不断出新，是任天堂最为畅销的体育游戏，加上 Wii Sports、Wii Fit、《健身环大冒险》等体感健身游戏，共同构成了任天堂的体育游戏世界。

以 Wii Sports 为代表的体感游戏，国内外学者已多有研究，本书也有专节论及，此处不再讨论。本书将以《超级马里奥》系列游戏中的人物为主角的体育游戏称为"马里奥体育游戏"，这类体育游戏目前似无学者专门进行研究。在喜爱 FIFA、NBA 2K 等大型体育游戏的铁杆体育电子游戏玩家心中，似乎马里奥体育游戏被排除在体育游戏之外。刘羿江对 33 名体育电子游戏玩家的访谈中，只有一位玩家提及马里奥的体育游戏（见本书附录二），还是负面的。但在马里奥游戏玩家看来，《马里奥网球》等游戏是不折不扣的体育电子游戏。只不过，马里奥体育游戏与 *FIFA* 等体育游戏截然不同，两者有着巨大的差别。

首先，与 *FIFA*、*NBA 2K*、《实况足球》等体育游戏的写实风格不同，任天堂的马里奥体育游戏有着突出的动画风格，它不追求在游戏中复制真实的体育世界，无论是游戏中的人物还是运动环境，都是卡通化的、动漫化的，造型夸张，色彩鲜明，就像在看一部典型的日本电脑动漫一样。这是任天堂体育电子游戏与以艺电为代表的仿真类体育游戏最大、最根本的不同。

其次，由于第一点的差异，马里奥体育游戏中出场的体育人物也与艺电等体育游戏以真实的体育明星为主不同。在 FIFA、《实况足球》等足球游戏中出场的游戏人物是 C 罗、梅西、姆巴佩等足球明星，在 NBA 2K 中出场的是篮球爱好者最熟悉的詹姆斯、哈登、库里等 NBA 明星，他们都是现实中唤风唤雨的大牌体育明星，在世界各地拥有成千上万的狂热粉丝。而在马里奥体育游戏中，则完全没有现实中的体育明星，出场的人物是马里奥、路易吉、桃花公主、奇诺比奥、耀西、酷霸王、森喜刚等，他们都是任天堂《超级马里奥兄弟》系列游戏中的人物。在《马里奥网球》中，与水管工马里奥同场竞技的，是娇滴滴的桃花公主，是用尾巴发球的迪迪刚，是飘来飘去的害羞幽灵，不同的人物在力量、速度、技巧、奇招、防守等方面有着不同的特征。

第三，马里奥体育游戏不遵循现实中的体育规则，而是以极度的夸张建构一个离奇独特的游戏世界，具有很强的超现实色彩。以艺电为代表的模拟类体育游戏，尽可能地遵循着现实中的体育项目规则，尽管在比赛时间上出于电子游戏的本身局限进行了缩减，但在场地、裁判、换人、犯规、红黄牌、暂停，乃至镜头、音效、观众等方面都力求贴近现实。而马里奥的体育游戏则仅保留最基本的规则，如《马里奥足球》是踢球入门得分就算足球，至于裁判、犯规、换人、红黄牌等现实中的足球要素，在游戏中统统不存在，因此呈现出无规则大乱斗的特征。作为足球运动员的马里奥可以将对方撞出三丈开外而不用担心任何惩罚，因此被中国玩家称为"格斗足球"。在《马里奥赛车》中，玩家可以丢出香蕉皮、绿龟壳等道具攻击对手，延缓对手的速度。不仅如此，马里奥体育世界还增加了大量超现实的动作和特效，如《马里奥足球》中，玩家碰到边网会被电到，能使出动作极为夸张的"超绝爆球"，这时球会被一脚踢上太空，在天上绕一个圈，落到球场变为冰球，将对方的守门员一起冻结，进一球得 2 分。《马里奥网球》中有一个会随着不断击球而逐渐积攒的能量槽，消耗相应的能量则能够让玩家进入所谓"子弹时间"，精确瞄准并进行扣杀，或者释放威力强大的终结技。这种超现实的因素赋予马里奥体育游戏更多的童话色彩和趣味性，玩起来妙趣横生，游戏体验与艺电的体育游戏大相径庭。

最后，马里奥体育游戏体现了任天堂游戏一以贯之的易学难精的特点。艺电的 FIFA 等大型体育游戏对于新玩家来说，学习成本要高得多，多种组合按键的功能要花不少时间才能适应。相比之下，任天常的游戏向来对新手很友好，上手简单，即使是没有接触过体育游戏的玩家，也可轻松掌握。但要想达到较高水平，则有相当的难度，需要不断赚取积分，或购买装备，在比赛中与对手斗智斗勇，才能赢得比赛。因此，马里奥体育游戏虽然上手简单，画面卡通，玩法看似荒诞不经，但在很多玩家心目中却是非常硬核的体育游戏。

艺电的大型模拟类体育游戏，是高度仿真的，真实性是它的基本价值追求，代表了西方主流世界的体育观；任天堂的体育游戏是动画的，奇幻的，拟像的；它不以仿真为目的，因此有许多超自然的因素，它是任天堂马里奥宇宙的组成部分，有着鲜明的日本游戏的审美风格。

艺电的体育游戏，强调写实性、竞技性，它与真实的体育世界有着极为紧密的联系，如真实的运动员、真实的运动队、真实的赛场、真实的赛事。它是现代体育的一部分，其玩家群体主要是铁杆体育爱好者，游戏的成功离不开体育的魅力和体育的逻辑。而马里奥的体育游戏，用趣味性消解了体育的严肃性和竞技性，强调游戏本身的娱乐性、消遣性。它与现实的竞技体育没有任何关联，与体育的魅力相比，游戏性是其成功的关键，遵循着电子游戏的逻辑。相比较而言，它更接近《排球女将》《足球小将》等日式体育影视和体育动漫，是体育题材的互动艺术。

法国精神分析学家拉康将人类现实划分为实在界、想象界和象征界。① 如果说以艺电为代表的写实主义的体育游戏处在实在界的话，那么马里奥体育游戏就处于体育现实的想象界。*FIFA*、*NBA 2K* 等体育游戏是大型模拟类体育游戏的代表，任天堂的马里奥体育游戏则代表了一种卡通、动漫风格的体育游戏。这类的体育游戏包括早期的《热血足球》等街机游戏，也包括现在刻意模仿街机象素风格的《象素足球世界杯》(*Pixel Cup Soccer*)，以及由日本体育动漫《足球小将》改编而来的漫改游戏《队长小翼：新秀崛起》等，这些游戏几乎都出自日本游戏开发商，体现出鲜明的

---

① 卜华度 . 拉康的结构主义精神分析学 [J]. 世界经济与政治论坛 ,1987(07):34-39.

日本游戏文化和动漫文化的特点。任天堂首席游戏制作人、被称为"马里奥之父"的宫本茂是任天堂的灵魂人物。宫本茂与两任社长山内浦、岩田聪一样，奉行"游戏要简单有趣"的理念，"简单有趣"成为任天堂的游戏哲学。即使在 Wii 的体感游戏中，任天堂也尽量追求健康、有意义、充满童趣的游戏[①]，而动画美学恰好符合简单有趣的理念。宫本茂原本是个钟情于动画片的画家，正是他给任天堂的游戏植入了动画的基因。微软 Xbox 以及有着浓厚美国背景的索尼 PlayStation 平台上的游戏，以极度逼真的写实主义的游戏见长，《荒野大镖客 2》《侠盗猎车手 5》是最典型的代表。相比之下，任天堂 Switch 平台则以动画风格的游戏见长。

在这里，需厘清"卡通""动画""漫画""动漫"等几个概念。"卡通"译自英语 Cartoon，原意是壁画、油画、地毯等的草图、底图，后来指一种幽默讽刺的绘画形式。"动画"一词来自日语"动绘"，对应的英语是 Animation，意为活动的绘画。漫画（Comic）是用简单而夸张的手法来描绘生活或时事的绘画，常采用夸张、比喻、象征等手法进行讽刺或批评，后来出现一种多幅叙事的连环漫画。这几个词，含义相近，但又略有不同。一般来说，"漫画"的载体是纸张和书籍，而"卡通""动画"更多的是指影视作品，如卡通片、动画片等。但"卡通"一词有着明显的欧美文化背景，而"动画"一词源自日本，有着明显的东方文化背景，因此钱家骏力主采用"动画"一词取代"卡通"。[②]为了行文的方便，本文不得不进行模糊处理，不作具体的区分。与之相关联的，还有"动漫"一词，即动画与漫画。

---

① 彭剑锋.任天堂：让世界充满微笑 [M].机械工业出版社,2013:25.

② 朱远如.苏州美专动画科史考 [A].刘伟东,黄惇编.苏州美专研究专辑 [C].南京大学出版社,2012.

动画本质上是一种视觉魔法，是对童年的怀旧，"能够赋予事物神奇的力量"。[①]比起一般绘画来，动画有着特别的艺术魔力。法国哲学家加斯东·巴什拉认为，动画"赋予我们进行想象的存在，那么充沛的存在，它曾是我们跨入新世界的入口，那么新颖，那么超越于被日常生活所损坏的世界的入口"。[②]齐骥指出："动画作品中最为重要也最为深刻的是其中蕴含的哲学价值或是用哲学思辨体现出的哲学品格，表现在对童年生活的片段回忆中怅然所失的感叹。"[③]郭海涛、郝萌在论及与动画同源的动漫美学时认为，动漫能实现现实中无法实现的情景，缓解工作生活的压力和烦闷，娱乐大众，帮助人们找回童真、自然和梦想，满足人们的所有想象和猎奇心理，因此成为现代人，尤其是年轻人生活中的一部分。因此，动漫美学文化撕下了动漫的"幼稚""孩子气"的标签，"转变了人们对动漫的认识，使人们堂堂正正地享受动漫带来的快乐"。[④]

日本文化源于中国。与西方美术重写实的传统不同，中国绘画以神韵见长，这为日本动画注入了东方主义的基因。在日本，二战后美国占领期间的文化倾销，对日本国民的文化心理产生了强烈的刺激。1960 年代以来，日本经济进入高速增长的快车道，但社会的生活节奏不断加快，年轻人生活压力剧增。80 年代末，由于经济泡沫破灭，日本进入"失去的 20 年"，整个社会弥漫着一种找不到出路的低迷情绪，日本年轻人没有欲望、没有梦想、没

---

① WELLS, Paul, *Understanding Animation*[M], Routledge, 1998:11.

② 加斯东·巴什拉. 梦想的诗学 [M]. 刘自强译. 生活·读书·新知三联书店，1996:160.

③ 齐骥. 动画文化学 [M]. 中国传媒大学出版社，2009:2.

④ 郭海涛，郝萌. 动漫美学文化的影响力 [J]. 电影文学，2010(23):2.

有干劲[①]，纷纷在动漫中寻求心理的安慰。在这些背景下，动漫不再是儿童的专利，成为日本年轻人逃避压力的避风港。再加上日本政府对动漫产业的大力扶持，动漫美学文化的影响无处不在，日本形成了以"御宅族""二次元文化"为主要特征的青少年亚文化。

林品的研究指出，"二次元"（にじげん；nijigen）一词源自日本，它在日文中的原意是"二维空间""二维世界"，本是一个几何学领域的术语，"后来被日本的漫画、动画、电子游戏爱好者用来指称这三种文化形式所创造的虚拟世界、幻象空间。这三种文化形式之间存在着密切的文化互渗和产业互动。"[②] 薛强也认为，动漫和游戏本身就有千丝万缕的联系，动画（Animation）、漫画（Comics）、游戏（Game）三位一体合称"ACG"。日本拥有世界第一的动漫产业，能够和电子游戏结合在一起共同发展。[③]

日本动画、漫画与电子游戏的相互渗透和产业互动，表现在电子游戏方面，就是像《塞尔达传说》《超级马里奥兄弟》《精灵宝可梦》等动画风格的游戏成为日本电子游戏的主流。在体育电子游戏中出现了以任天堂为代表的动画风格的体育游戏，就显得顺理成章了。无论是马里奥世界的体育游戏，还是《健身环大冒险》等体感健身游戏，任天堂都以其独特的动画风格代表了日本体育游戏的独特面貌，与以艺电体育为代表的欧美写实主义的体育游戏双峰对峙，形成了全球体育电子游戏文化的二元格局。

陈奇佳在《日本动漫艺术概论》中指出，动漫艺术有三重艺术

① 大前研一 . 低欲望社会 [M]. 上海译文出版社 , 2018.

② 林品 . 青年亚文化与官方意识形态的"双向破壁"——"二次元民族主义"的兴起 [J]. 探索与争鸣 ,2016(02):69-72.

③ 薛强 . 赛博空间里的虚拟生存：当代中国电子游戏研究 [M]. 复旦大学出版社 , 2018:51-52.

逻辑：抽象、变形与拼贴。他指出，抽象乃是漫画艺术（及其相似艺术类型）一个根本性的艺术特征，它是人类一种本能的天赋。变形则是艺术抽象特性的一个自然延伸，因为抽象必然涉及对于对象物某几个特征特别的夸张和强调。但如果这种夸张达到了过分的地步，以至于完全破坏了对象物整个形体的比例均衡或者还引起了怪诞的感觉，这就是所谓的变形了。在陈奇佳看来，变形是漫画这一类型艺术创造的秘密所在，它集中显现了作者的自由意志。拼贴是在一个形象中，组合几个明显不同类型事物的特征的漫画手法，即"把所有的东西都混为一体"。对于动画来说，如果没有了拼贴，它的艺术魅力将会大大逊色。①

正如前文所说，以任天堂为代表的动画风格的体育游戏，与日本动漫相互渗透、相互影响，因此同样体现了抽象、变形与拼贴的三重逻辑。

1. 抽象的逻辑

从《双人网球》和 Pong 开始，最初的体育游戏就是高度抽象的。如《双人网球》用一条长横线代表场地，中间一条短竖线代表球网，一个白点代表网球，网球被极度简化为点和线。由于技术的限制，复杂的体育运动还无法进行精细的图形化，因此抽象是一种必然而无奈的选择，即使到了 1982 年，艺电的 *One On One: Dr. J to Larry Bird* 也不得不将篮球抽象为两个线条小人。直到 1990 年代中后期，随着计算机图形技术的进步，画面越来越精细的电脑图形才成为可能，《麦登橄榄球》《实况足球》、FIFA 等体育游戏才越来越向真实的体育靠拢。马里奥体育游戏在画面越来越精致的同时，并没有放弃动画的美学追求，但这种抽象与《双

① 陈奇佳. 日本动漫艺术概论 [M]. 上海交通大学出版社，2006:10-14.

人网球》时代的抽象早已不可同时而语。《马里奥赛车》《马里奥网球》是一种精致的抽象，它刻意保持着与真实世界的审美距离，在真实与抽象之间达到完美的平衡，从而塑造了一种"超真实"的美学，反而更加接近沃林格所说的"净化一切变化无常的事物，从而使之永恒并合乎必然"[①]。

2. 变形的逻辑

以任天堂为代表的日本体育游戏的变形和夸张尤为显著。这种变形，一方面表现在任天堂体育游戏对体育的"魔改"，另一方面也体现在那些令人印象深刻的"必杀技"上。

任天堂体育游戏中的体育，是体育，又不是我们熟悉的体育，是对体育的"魔改"，是体育的哈哈镜。如前文所说的马里奥、桃花公主、酷霸王等游戏人物，纷纷化为足球、网球、高尔夫球运动员和赛车手，体育规则在游戏中也被极大地简化了。《热血足球》《马里奥足球》《队长小翼：新秀崛起》等足球游戏纷纷引入暴力因素，甚至鼓励玩家在游戏中横冲直撞，哪怕将对手撞出三丈开外也不会受到任何惩罚，一时间人仰马翻，场面火爆、搞笑，而裁判是完全缺席的，即使有也纯属摆设。在《马里奥网球》中，迪迪刚发球时会用尾巴抛球，球在空中飞行时能划出一个夸张的弧线，最后落到场地上。《马里奥赛车》则更加夸张离奇，赛道可以在空中，可以在水下，还可以上下颠倒，玩家还能向对手掷香蕉皮、绿龟壳、拉稀墨汁等奇奇怪怪的道具攻击对方，玩家驾驶卡丁车腾空时会变出像滑翔机那样的机翼在空中滑翔，还能反重力加速，完全违背物理运动的规律。在陈奇佳看来，夸张到怪诞的形象"具备否定性和新奇性的意味"，暗示其对于某种蕴含的新

[①] W. 沃林格. 抽象与移情 [M]. 王才勇 译. 辽宁人民出版社, 1987: 17-18.

奇空气（极端的东西自然是新奇的）。^①但这种怪诞造型和离谱的设定并不一定具有"深层次的象征、隐喻内涵"，它只有一个目的：创造有趣的游戏，给玩家带来快乐。

任天堂体育游戏的还有一种类似"必杀技"或"大招"的设定。如《马里奥足球》中不同的人物有自己的"超绝爆球"，不仅一下可以得 2 分，还可以看到一段华丽爆燃的特写。《马里奥网球》中，在能量槽最大时按手柄相应按键，能够打出"特别击球"，无论球在哪里，人物自动瞬移过去打出威力强大的击球。不属于任天堂阵营的《队长小翼：新秀崛起》则有动漫剧《足球小将》标志性的"猛虎射门"等必杀技，此时足球会带着火焰特效飞向对方球门。这些"必杀技"因新奇的视觉效果使日本的动画体育游戏具有 FIFA 等写实体育游戏无法拥有的独特乐趣。

"必杀技"最初是日式格斗游戏用语，指游戏中虚拟角色的强力攻击技能。在《龙虎之拳》《拳皇》等格斗游戏中，"必杀技"被发扬光大，后期的日本格斗游戏几乎都加入了类似的设定。日本的动漫剧、武侠剧和特摄剧也有这样的设定。至于体育题材的动漫，"必杀技"更是不可或缺。例如拍摄于 1979 年的漫改体育连续剧《排球女将》，主人公纵身一跃，在半空连续转体，使出"晴空霹雳""流星赶月"等"必杀技"，一举扣杀得分。这种视觉效果炸裂的"必杀技"着实令当时还是小学生的笔者目瞪口呆，但它在现实的排球比赛中完全不存在。在体育动漫《足球小将》中，"猛虎射门""滑翔冲力射球""火焰射球"等动作极为夸张的"必杀技"也令不少观众如醉如痴，由《足球小将》改编的《队长小翼：新秀崛起》出现以上"必杀技"就是水到渠成的。总之，

---

① 陈奇佳.日本动漫艺术概论[M].上海交通大学出版社,2006:13.

具有强烈视觉效果的"必杀技"成为日本动画风格的体育游戏有别于 *FIFA* 等欧美写实主义体育游戏的一大特色。

　　无论是对现实中体育的"魔改"，还是令人印象深刻的"必杀技"，日本动画风格体育游戏对体育的变形和夸张虽然脱离了现实的逻辑，但由于动画的审美特性，并没有给人太过突兀和不真实之感。有人认为，我们在看到卡通画面时，大脑其实会下意识地认为"这是虚拟的"，因此对游戏中的画面"放下戒备"。而当游戏的采用了写实风格，大脑也会自然而然地将现实的逻辑套用在游戏画面上。这时如果出现了一些反直觉的画面，敏感的大脑是很容易察觉到问题的，也就因此而导致眩晕感的产生。这也是为何任天堂总喜欢使用卡通画风的一个原因："卡通可以脱离现实逻辑，在不仅在玩法层面能拥有更多想象力，同时也能面向更多玩家。"[1] 这一分析是有道理的。只有脱离了现实逻辑，人类的想象才能得到最大限度地释放，才能承担人类更多的梦想与激情，也是任天堂体育游戏拥有众多拥趸的重要原因。

　　3. 拼贴的逻辑

　　"拼贴是在一个形象中，组合几个明显不同类型事物的特征的漫画手法"，也就是"把所有的东西都混为一体"。陈奇佳认为："对于动画来说，如果没有了拼贴，它的艺术魅力将会大大逊色。"[2] 动画常常用动物作为故事的主人公，这种形象既是人，也是动物，是人与动物形象的拼贴。马里奥体育游戏的人物，有人（如马里奥），有动物（如森喜刚），也有幽灵（如害羞幽灵）。当然，玩家在游戏中可以化身为卡通形象 Mii，与马里奥、森喜刚、桃花公主、

---

①　任饭团 Switch 游戏 . 作为玩家，最痛苦的事莫过于此 [EB/OL].2022-05-20. http://www.yitb.com/article-19967.

②　陈奇佳 . 日本动漫艺术概论 [M]. 上海交通大学出版社，2006:14.

酷霸王等一起在体育世界中冒险。任天堂与世嘉合作开发的《马里奥和索尼克在东京奥运会》（*Mario & Sonic at the Olympic Games Tokyo 2020*）更是一个将《超级马里奥》和《刺猬索尼克》两大系列游戏人物拼贴在一起的超级大杂烩。

除了人物形象，马里奥的体育游戏有着明显的不同类型游戏的拼贴特征。《马里奥足球》整合了足球和格斗游戏，马里奥等人物还要购买装备，戴上战盔、护胸、手甲，又使它看起来与美式橄榄球有三分相似。《马里奥高尔夫》则整合了体育、竞速、RPG、冒险等多种游戏类型，还融合了《精灵宝可梦》和《勇者斗恶龙》的一些玩法。玩家在与马里奥等对手一起冲向下一个击球点时，高尔夫游戏就变成了竞速游戏，在此过程中吃金币的设定又使人仿佛回到最经典的《超级马里奥》。

总之，以马里奥体育游戏为代表的日本体育游戏，用孩子的眼睛审视体育，突破了对电视体育的模仿，在欧美写实主义的体育游戏之外，走出了适合自己的道路并取得成功。它不与现实的体育产生任何交集，而是依靠本国的ACG文化，凭借独特的动画风格、令人惊叹的想象力和超出竞技的趣味性，创造了一个离奇有趣的体育乌托邦，一个神奇的体育哈哈镜，也为欧美以外地区体育游戏的发展提供了另外一种思路。

结语

对于有些玩家来说，游戏就是游戏，游戏只是游戏。但对另外部分玩家来说，游戏是他们的生活。在 Steam 平台《欧洲卡车模拟器 2》游戏评论页面，一名中国玩家有这样一段留言：

一个雨夜我开着卡车拉着拖拉机走在寂静弯曲的环山路上，前面有一辆拉着搅拌机的卡车也许是马力不够走着很吃力非常慢，我没有超他，因为我不想让他自己享受孤独，因为这个时间也许连工地的工人都睡觉了，我们却一样为了生活而奔波，买了辆破二手卡车还欠了银行巨额贷款，跟了他一段路终于在一个路口我们无奈要分开了，心里默默祝他一路平安，虽然我知道他是个电脑车，当我把货安全地送到时，看着那血汗钱我默默地退出了游戏，看了看手机中的催款信息，拿出了我六年的 C 照做个决定，游戏中的我都可以那么努力，为什么现实中被压得自暴自弃？我要去升 A 照，我也要想办法买一辆自己的二手卡车去跑长途货运，也许几年以后我还清了巨额欠款，也遇见了生命中的那个她，等我再打开这个游戏我能笑着说它改变了我的一生，或者我以后再也没打开它。

这段留言打动了复旦大学中文系教授严锋，他在微博上写道：

"游戏就是艺术，就是生活。或者说，游戏、艺术、生活，这三者之间的界线会变得越来越模糊。"笔者认同严锋教授的观点。游戏不是洪水猛兽，相反，它很可能成为未来世界的元媒介，成为文化的主要载体之一，甚至会更深入地嵌入我们的生活，成为生活的一部分。

体育本身就是一种媒介，人类社会离不开体育。小孩子奔跑、嬉戏，年轻人每日跑步、健身，老年人散步、跳广场舞，只有在运动中，我们才是活力四射的真实的生命个体。竞技体育是后现代社会的一大表征，作为体育的镜像和哈哈镜，体育电子游戏能够为体育爱好者和游戏玩家带来快乐，这种快乐是人类幸福的来源之一，让我们的日常生活变得生机勃勃，我们不应因有人沉迷其中而否定这种快乐的价值。其实，体育电子游戏是最不易深迷的游戏类型，因为它的价值很大程度上依附于体育。因此，体育游戏又不仅仅是为了娱乐，它是一种新的体育媒体，是体育世界的一部分，甚至在一定程度上能够代替体育。事实上，体育电子游戏已经悄悄地改变了现代体育、体育文化和体育产业，为它们注入了更多活力，也为现代社会快节奏、高压力之下的日常生活带来更多丰富的色彩。

当然，我们也必须意识到，体育电子游戏仍然是游戏，它具有电子游戏的欺骗性和平面感，更不能真正代替现实中的体育运动。正如再美味的零食都不能代替主食，再完美的体育游戏，都不如到真实的运动场上，在阳光和空气的拥抱中奔跑、流汗。

附录

附录一　体育电子游戏大事记

·1958 年秋，美国布鲁克海文国家实验室的物理学家威廉·希金博姆（William Higinbotham）发明了运行在示波器上的电子游戏 tennis for two（双人网球）。这款网球游戏是世界上第一款电子游戏，但当时的科学家认为"将昂贵的电脑用于娱乐游戏很浪费"，希金博姆也没有申请专利，美国政府只给他 10 美元作为奖励。

·1961 年，麻省理工学院 (MIT) 学生史蒂夫·拉塞尔（Steve Russell）设计出了太空大战（Spacewar）游戏。在游戏中，2 个玩家可以互相用激光击毁对方的太空船。这款游戏运行在 PDP-1（编成数据处理器 -1）上，后来在其他计算机实验室也得到运行。这是世界上第一款运行在电脑上的交互式电子游戏。

·1967 年 5 月 7 日，美国 Sanders 公司的拉尔夫·贝尔和助手比尔·哈里森进行了历史上第一次电视游戏双打对战演示。进行演示的是乒乓球游戏的雏形，电视显示屏中央一条白线，两端有由玩家控制可以自由移动的白色光块，互相轮流将光球击向对方半场，光球会因为击打时碰撞的角度不同，在经过白线后发生偏转。贝尔相继开发出乒乓球、排球、手球、足球、曲棍球等一系列运动游戏和一台名为"Brown Box"的原型游戏机，以及一套光枪外设。

·1971 年 3 月，拉尔夫·贝尔将"Brown Box"授权给米罗华（Magnavox）公司生产，易名为米罗华·奥德赛（Magnavox Odyssey）。同年，Don Daglow 在 Pomona College 的 PDP-10 大型计算机上开发了《BASBAL》，这是世界上第一款棒球游戏。

·1972 年 5 月，雅达利公司创始人诺兰·布什奈尔（Nolan Bushnell）参加了在加州伯林盖姆举行的一场 Magnavox Odyssey 演示会，随后，他决定将这台游戏机上的乒乓球游戏改写为街机版本，由此诞生了风靡一时的 Pong。这是世界上第一款在商业上获得成功的电子游戏。据说当第一个 Pong 的街机被安放在一家当地酒吧里（加州的 Sunnyvale 的 Andy Capp's）做测试，但没多久机器就出了故障，原因是投币口已经被硬币塞满了，再也无法继续投币。1972 年是电子游戏由实验室走向大众的分水岭。

·同年（1972 年）8 月，世界上第一部利用电视作为显示界面的商业家用电子游戏机米罗华·奥德赛（Magnavox Odyssey）由美国的米罗华（Magnavox）公司发售，发明人拉尔夫·贝尔被称为"电视游戏之父"。1975 年推出的奥德赛 100 内置了 2 款体育游戏（网球、曲棍球）。1977 年的奥德赛 3000 又新增篮球、美式足球及栏球（Gridball）3 款游戏。

·1976 年，日本世嘉公司推出街机游戏《重量级拳王》，成为后来格斗游戏的鼻祖。

·1982 年，苹果公司的员工特里普·霍金斯（Trip Hakins）离职后创办了艺电公司（Electronic Arts，简称 EA）。

·1983 年，艺电公司开发的第一款体育电子游戏 One on One: Dr. J vs. Larry Bird 上市。艺电公司斥巨资邀请了 NBA 球星拉里·伯德（Larry Bird）代言，开启了用体育明星为游戏宣传的先河，并大获成功。

·1983 年 7 月 15 日，任天堂推出家用游戏机 Famicom（简称 FC，俗称"红白机"），红白机是当时最畅销的游戏机，全球累计销量超过了 6100 万台。FC 游戏机对电子游戏业产生了十分深远的影响，奠定了任天堂在游戏界的地位。

·1984 年，日本游戏软件商科乐美（KONAMI）开发了一款模拟赛车游戏——《公路战士》，这是最早的赛车游戏之一。

·同一年，Data East 与 Techno Japankgant 推出格斗游戏《空手道》，首次采用了一对一的方式进行格斗，成为后来格斗游戏的主流玩法。

·1985 年，科乐美（KONAMI）推出红白机电子游戏《功夫》（Yie Ar Kung-Fu）。这款以李小龙作为蓝本的游戏成为后来格斗游戏的雏形，它的许多设定延续到后来，成为很多格斗游戏的标准规范。

·1986 年，美国游戏厂商 Bethesda Softworks,LLC（B 社）在 Amiga 和 Atari ST 平台发布了橄榄球模拟游戏《Gridiron！》。它的游戏角色用一个个圆点来模拟，但游戏的物理引擎上做得很真实，球员之间碰撞后会有不同的物理反馈。凭借独特的游戏效果，《Gridiron！》获得了 1987 年 Family Computing Award。

·1987 年 8 月，日本游戏公司 CAPCOM 推出格斗类单机游戏《街头霸王》（Street Fighter），标志着格斗游戏的正式诞生。此后，VR 战士、拳皇、铁拳等经典格斗游戏相继问世。

·1988 年夏，微软公司的一名暑期实习生 Wes Cherry 为 Windows 2.1 系统开发纸牌游戏，后被用于 Windows 3.0 系统。这款小游戏捆绑于以后的历代 Windows 系统中，成为 Windows 平台最为知名的电子游戏之一。

·1988年，艺电公司发布了划时代的麦登橄榄球（MADDEN NFL），这是该公司最为成功的系列竞技体育电子游戏之一，在体育电子游戏领域影响深远。约翰·麦登是知名橄榄球教练和体育节目主持人，坚持希望游戏中的比赛尽可能真实。

·1990年，任天堂在FC平台推出Q版娱乐搞笑格斗足球游戏《热血高校躲避球部足球篇》，这是《热血足球》第一代作品的日版，随后在美国推出英文复刻版《任天堂世界杯》。《热血足球》系统是一种颠覆规则的大乱斗式的足球游戏，有着很强的趣味性。

·1992年，日本游戏公司任天堂发布初代《超级马里奥赛车》。这是以任天堂招牌游戏《马里奥》系列的角色所构成的趣味卡通赛车游戏，自1992年于SFC首度推出以来，又先后登录任天堂GBA、NDS、3DS、Wii、Switch等游戏平台，销售屡创佳绩，是休闲类赛车游戏销售之冠。

·1992年来自英国的科利尔兄弟开发PC游戏《冠军足球经理》（*Championship Manage*），1993年上市。

·1993年，艺电公司发布足球模拟游戏FIFA国际足球（FIFA International Soccer，后来被玩家称为FIFA94）。艺电公司对这款电子游戏没当回事，因为美国人不踢足球，但FIFA取得了巨大成功，在发售四周后就卖出超过50万份。玩家可以从48支国家队中进行选择，每支球队有20名球员，但都使用了虚构的姓名。此后，艺电获得了球队、球场和球员的肖像授权，并在次年的续作中延续了此前的成功，成为世界上最畅销的体育电子游戏之一。在这之后，艺电公司又陆续推出NBA Live、NCAA Football、FIFA足球经理、极品飞车等体育模拟电子游戏，建立起一个涉及足球、篮球、橄榄球、棒球、网球、高尔夫、格斗、滑雪、赛车等多种竞技体育项目的游戏帝国。

·1995 年，艺电公司推出赛车游戏《极品飞车》(Need For Speed)，成为赛车电子游戏的经典之作。

·1995 年 7 月 21 日，科乐美 (KONAMI) 出产的足球游戏《J 联盟实况胜利十一人 (J. League Winning Eleven)》发售，这一系列后来发展成为《实况足球》系列，与艺电公司的 FIFA 系列展开竞争。

·1997 年末，SCE 旗下的 Polyphony Digital 开发的 GT (Gran Turismo，跑车浪漫旅) 系列在日本上市。2004 年末，GT4 面市。该游戏的副标题是 the real driving simulator——真实驾驶模拟。《GT 赛车》得到了法拉利、兰博基尼、奔驰、宝马、丰田、本田等数十家世界知名汽车制造商，HKS，KW，Nismo，Yokohama 等汽车零配件制造商和 WRC、纳斯卡、Super GT、勒芒等专业汽车赛事的授权，收录了超过 50 条赛道，超过 1000 款车型，可谓"汽车博物馆"。

·1999 年 11 月 10 日，Rockstar Games、2K Games 制作的 NBA 篮球类游戏 NBA 2K 初版由 SEGA 发行上市。NBA2K 系列游戏与 EA 的 NBA Live 系列一直是全球最受欢迎的两大篮球游戏。随着 NBA Live 的退出，NBA 2K 成为全球篮球电子游戏的霸主。

·2006 年 11 月 19 日，日本任天堂公司推出革命性的家用游戏主机 Wii，第一次将体感引入了游戏主机。Wii 自带体感游戏 Wii Sports，包含网球、棒球、保龄球、高尔夫球和拳击等五种运动模拟游戏，玩家能使用 Wii 手柄做出与真实生活中的运动类似之动作，例如挥动网球拍、掷保龄球等。每种运动游戏的规则都经过简化，让刚接触的玩者容易上手。Wii Sports 是世界上第一款体感体育电子游戏，具有一定的健身功能，在体育电子游戏的发展历史上具有里程碑意义，在商业上也取得了巨大成功，全球销量达到 8254 万份。

·2007 年 1 月，任天堂和澳大利亚的连锁商场 Myer 公司共同在墨尔本举办了《Wii Sports》网球赛，获胜者拥有与职业网球手帕特·卡什和马克·伍德福德竞技的机会。6 月 23 日，美国纽约布鲁克林区的 Barcade 酒吧举办名为"Wii 布尔登"（Wiimbledon）的非官方《Wii Sports》网球赛，吸引了 128 名选手参加。

·2007 年 12 月 1 日，任天堂发布体感健身游戏 Wii Fit。Wii Fit 总共包含超过 40 种、适合各年龄人群的健身游戏。它还可以测量使用者的体重以及平衡力等指标。游戏还会根据玩家的个人情况不同，给出不同的锻炼建议，相当于玩家的个人健康教练。玩家需要借助 Wii Ballance Board（Wii 平衡板）的控制器，可以在板上练习瑜伽或跳动感舞蹈操等。游戏使用 Mii 人形系统，即可以让玩家将自己、朋友或者家人的虚拟形象输入到游戏里面。

·2013 年，由美国学者 Mia Consalvo, Konstantin Mitgutsch 和 Abe Stein 共同编辑的体育电子游戏论文集《体育电子游戏》（*Sports Videogames*）由鲁特莱奇（Routledge）出版社出版；2015 年，由 Robert Alan Brookey、Thomas P. Oates 主编的《为胜利而玩：体育、电子游戏和玩的文化》（*Playing To Win: Sports, Video Games, and the Culture of Play*）由印第安纳大学出版社出版。这两本论文集汇集了欧美主要体育电子游戏研究者的研究成果，是目前仅有的两部体育电子游戏研究著作，代表了西方体育电子游戏研究的主要成果。

·2015 年 11 月 10 日，中超官方授权的正版手游《中超风云》发布。该游戏由中超公司、体育之窗、拱顶石游戏与互动互爱合作打造，是优秀国产体育游戏的代表。但总体而言，国产体育电子游戏的发展仍远远落后于欧美、日本等国。

·2017 年 3 月，任天堂发布家用 / 掌机一体化游戏机 Switch。2018 年至 2019 年，任天堂相继在 Switch 平台推出体感健身游戏 Fitness Boxing、RingFit Adventure，体感健身电子游戏日益成为体育电子游戏一大门类。

·2019 年 4 月 15 日，国际足联举行首届 FIFA 电竞国家杯，共有来自 20 个国家和地区的队伍参赛。最终，法国队在决赛中以 3:2 的总比分击败阿根廷队夺冠。代表中国出战的江俊德与马玮璘在小组赛阶段被淘汰，未能出线。

·2019 年 10 月 18 日，任天堂发售体感健身游戏《健身环大冒险》。玩家可将 NS 上的 Joy-Con 装入游戏自带的 "Ring-Con" 及腿部固定带中，以识别自己的动作，一边健身一边在游戏中冒险。游戏中的健身动作分为增肌系、韵律系、瑜伽系三大类别，共计 60 种动作。2020 年疫情期间，健身环大冒险在中国脱销。

2020 年，新冠疫情全球爆发，包括东京奥运会、欧洲足球锦标赛在内的国际体育赛事纷纷停摆，欧洲足球五大联赛推迟举行，恢复后空场比赛。英超、西甲等联赛转播商使用艺电体育的虚拟声效和观众贴图技术进行空场转播，据称艺电为转播商提供约 13 个小时的音频数据，其中有歌声和嘘声，还有抱怨裁判的吐槽声。为应对疫情，全球各职业俱乐部纷纷入局线上赛事。西甲和英超就分别在 FIFA 20 中举行线上虚拟赛事，NBA 的菲尼克斯太阳队也在 NBA2K 上完成了一次特殊的赛事直播。

2020 年 3 月，国际汽联推出了基于官方授权游戏 F1 2019 的 F1 电子竞技虚拟大奖赛系列，参赛者都是现实中的 F1 职业赛车手。最终，代表雷诺车队的中国车手陈冠宇赢得虚拟巴林大奖赛的胜利。

2021 年，"元宇宙" 概念火爆全球。3 月 13 日，国际奥委会通过《奥林匹克2020+5议程》，鼓励虚拟运动的发展，以推广奥林匹克价值观。

5月13日—6月23日，国际奥委会举办"奥林匹克虚拟系列赛"（Olympic Virtual Series），为东京奥运会预热。赛事包括棒球、自行车、赛艇、帆船和赛车等项目，是历史上第一个获得奥林匹克授权的虚拟体育赛事。《实况力量棒球》《GT赛车》和Virtual Regatta等体育电子游戏，被用作棒球、赛车和帆船等项目的虚拟比赛平台。

2021年11月，杭州亚运会组委会宣布电子竞技成为第19届亚运会正式比赛项目，共有包括FIFA Online 4在内的8个小项，这是电竞首次作为亚运会正式竞赛项目出现在公众视野中。

2022年5月，艺电宣布终止与国际足联长达30年的合作关系，FIFA游戏将更名为EA Sports FC，内容将保持不变。国际足联在与艺电体育谈判破裂后，计划推出自己的FIFA足球游戏。

2022年8—12月，上海举行首届上海虚拟体育公开赛（Shanghai Virtual Sports Opening），共设赛艇、骑行、滑雪、赛车、高尔夫等五个虚拟运动项目。

2022年9月，字节跳动旗下VR品牌PICO发布新一代VR一体机Pico 4，主打视频、游戏与虚拟健身。在国内外的VR平台，《多合一运动VR》等VR体育游戏、《莱美搏击》《超燃一刻》等VR健身游戏受到体育游戏玩家和健身爱好者欢迎，体育元宇宙发展进入快车道，有望形成虚实相融的新型体育形态。

2023年7月，艺电宣布在结束与国际足联合作关系后推出的第一款足球游戏EA Sports FC 24将于9月29日正式发行。据称，这款倍受瞩目的游戏包含19,000多名完全授权的球员、700多支球队和30多个联赛，打造"前所未有的真实足球体验"。

附录二 体育电子游戏玩家访谈实录

访谈时间：2019 年 10—12 月

访谈人：刘羿江

001 男 20 岁 本科 大学生

请问您最喜欢什么体育项目？

足球。为什么？我想用《天下足球》中托雷斯退役特辑里的一段话来作答：离别时，你说："究竟我做了什么值得你们这样的爱？"爱你的却说："究竟我们做了什么能配得上这样的你。"

这么有诗意啊？

《天下足球》对我影响很深。

说说你最喜欢的球队和球员吧。

最喜欢尤文图斯和马尔基西奥。英俊如希腊雕塑的超高颜值、潇洒扎实的球风、大器晚成的欧冠最佳阵容中场。跟他儿时的偶像皮耶罗一样优秀，他是这支意大利最优秀的球队耀眼的图腾与国王。

你平时运动吗？踢球吗？

踢，经常踢。

大概运动多长时间？

每周三次以上，每次两小时以上。

运动的原因是什么呢？

我本身就喜欢运动给我带来的快乐，也算是对平时压力很好的释放。

平时压力很大吗？

蛮大的，课程很多。

这么喜欢足球，那一定也喜欢玩体育类电子游戏吧？

对，在去年接触了网易代理的实况足球。

可以简单介绍一下吗？

这款游戏主要组成是玩家操控整场比赛对战和球员收集培养两方面，对游戏的参与度很高，单机玩或者联机玩都可，玩法很多样，上手也较容易。大概玩了接近两年，慢慢收集培养球员吧，享受过程，现在基本集齐让自己满意的球员了。

能否给体育电子游戏下一个定义？

参与式的球员生涯模式或者管理养成式的经理模式都可以属于，主要还是来源于现实的体育组成模式，能够面向有些热爱体育运动或者不擅长的爱好者；以及忙工作没办法长期运动的玩家。

玩实况手游的原因有哪些？

最主要的因素还是喜欢足球，同时实况足球这款手游画面做得很赞，人脸模型捏的很好，游戏内活动项目玩法很多，AI 也比较智能，操作起来手感很自然，以及不需要氪金也能获得优秀球员，玩的很快乐，真的很值得一玩。

你更倾向于通过什么设备玩这款游戏？原因是什么？

手机，iPhone 8 plus。手机玩这款游戏完全带得动，然后随手玩也很方便，想自我调节一下的时候拿出手机玩一盘，或者玩累了放下手机就睡，都很方便。

玩这款游戏的目的是什么？

累的时候，压力大的时候，放松自己。或者就是没时间出门去运动，玩会儿体育游戏很解压，也能过过运动瘾。

喜欢玩国外的还是国产的？原因是？

都可以。目前国产游戏目前还是比较少的，现在主流能玩到的大多也是引进国外的，不过操作度好，可玩性强就行，国产或国外其实都一样。不过存在的问题是体育游戏需要运动员的版权，国内游戏起步去做的话，购买版权可能是个大难题。

游戏中享受的主要乐趣有哪些？

养成球员或者担任球队 Manager 很有成就感，过一过做足球俱乐部经理人的瘾。还有就是在压力大的时候来一盘很放松，很快能通过竞技来解压。没闲工夫去运动的话，作为替代玩一玩还是比较过瘾的。

倾向于玩哪种模式？原因是？

模拟经营和单机吧。首先每个足球迷都很难拒绝模拟经营啦，毕竟做球迷的，很多时候都有想为自己的俱乐部出谋划策发表意见，模拟经营就给了玩家这样一个实践的机会，很值得用心去玩。

再来谈谈单机模式，毕竟有累的时候只想玩会儿小游戏休闲休闲，这时候一个人安安静静地来一盘比赛真的很能解压。

你的游戏昵称叫什么？有什么依据吗？

Clauemperor，哈哈，这个是来自我喜欢的球星马国王，克劳迪奥·马尔基西奥（Claudio Marchisio）。

如何提升自己的游戏水平？

提升水平我建议还是佛系慢慢玩吧，毕竟不玩职业的话，我们大多数人玩游戏就图一乐，我个人认为没有必要吊着心思太刻意去迅速磨练提升。慢慢玩，玩久了也会很强的。

操纵单名球员会打哪个位置？与现实中相同吗？

后腰，我自己踢球就踢这个位置，代入感会强一些，我比较喜欢后腰这种掌握全局，参与度比较高，攻防都能打出自己的影响的位置。

充值吗？

充过。

累计充过多少钱？原因是什么？

累计大概 200—300 吧，都是最近冲的。就是为了能够获得一些好球员。其实我本人的观念，玩游戏是不要充钱的，本身就是随意放松，对于游戏里的东西不要太过在意，能创造快乐就行，当然资金富裕那肯定随意，不过千万不要沉溺于此，花费大量钱财。所以我直到最近才有稍微冲一些钱。哈哈哈哈为什么我会充钱呢，最近有压力略大，打开游戏没啥进展就想小充一些获得一些好球员，毕竟消费也能给人带来快乐啊。但是还是要量入为出。未来我也不会充值很多的。

怎么看待氪金玩家？您觉得公平吗？

资金富裕那就随意，如果不是很宽裕真的不建议氪金；或者也可以这么说，不宽裕还沉迷氪金那就是玩物丧志。

这很公平，本来花的就是自己的钱，买卖关系本身就是公平的，如果确实有明显的不公平那大概率是游戏开发者的设计问题。

您有游戏情结吗？为什么？

基本没有。游戏对我来说就是生活里的一个小逗号吧，以放松调节为主，称不上情结。

你人际关系怎么样？

尚可，朋友比较多，不过没有游戏好友或者网友，都是身边人。

那你会不会去加入一些游戏社群？

没有加入过，我玩游戏放松自己为主，不多深入。

你觉得游戏中的好友跟现实中的好友相比，哪个更重要？

现实好友重要。已经很明显了，我甚至连游戏好友都没有。我更享受现实人际的真诚与原始的感动。隔着网络难说别的，情感表达很容易趋同而难以准确到位，远不及现实中丰富。

是否遇到过破坏游戏环境的玩家？心情如何？

很少，遇到的时候当然很烦，大家玩游戏都是为了快乐，将心比心，做出这种损伤他人的事情会为人所不齿。

现在的游戏监管挺到位，相关外挂挺少见的，平台跟玩家都要积极抵制，消灭这种恶意现象。

游戏在多大程度上促进了您对体育知识、体育规则的理解？

我认为基础方面提升会比较大，但是高阶知识也许相对会少一些。因为比如一些基本的战术，或者比赛的具体规则。游戏里是定死的，反复出现可以加深入门玩家对规则或战术的理解。不过真要细致理解还是要回到瞬息万变的现实赛场的。

你认为什么是真正的体育精神？

我认为奥林匹克格言"更快，更高，更强"是最准确的，因为本身竞技体育的意义就在于挑战身体的极限与随之而来的荣耀，所以我认为最原始的竞技层面的优秀相对仍然要比"友谊第一"等精神气质更重要些。

体育电子游戏能否体现出真正的体育精神？

不一定，但基本符合。原因很多，主要还是取决于玩家看待游戏的方式。比如强烈的好胜心，非胜利不求而忽视了享受比赛的快乐；当然也有实力超群的玩家。总体而言排名还是能够体现体育精神的，毕竟排名的来源是长期比赛的积累。

输掉比赛后是什么心情？

会有一些不爽。不过没有关系，好好享受比赛过程，有些失利也是美丽的落败。不会影响我在现实中的心情。我是为了放松自己才打开游戏，我没有必要为了它再置气的。

游戏对现实体育参与的影响？

有。比如我所在的球队，因为也没有条件请专业的教练。所以在游戏里体现的一些战术意识和战术套路，在现实中很受用，我们训练时也经常会提到。有一些游戏里出现的，譬如伤病这些不好因素，我们也会想办法在现实训练中规避。

玩过体感健身类游戏嘛？

有所了解，但没有玩过，我只喜欢玩足球游戏。

002 男 25 岁 本科 设计师

喜欢什么运动？

足球，从小就喜欢，大连这座城市也比较有足球氛围，周末会踢球、看比赛。

有没有喜欢的球队和球员呢？

曼城，阿奎罗。这支球队和球员陪伴我整个上学的时光，打法和风格一直让我很欣赏。不到最后一刻不放弃，阿奎罗的成名经历对我也是一种激励。

平时都做什么运动？多长时间？

踢球、跑步，每周末会参加运动，平常工作日没有时间。

玩那些体育电子游戏？简要介绍一下。

FIFA 足球系列、实况足球系列、NBA2K 系列，大概玩了 15 年左右，从十岁就开始玩了，最开始是在游戏厅街机还有一些主机上玩：比如 PS2、PSP、GBA 掌机。

现在呢？

最开始用街机还有 PS 主机，后来通过电脑还有掌机玩得比较多，主要原因是电脑比较方便，游戏多一些，掌机容易携带。

是什么原因让你玩这些游戏？

因为我在现实中喜欢足球，所以喜欢玩足球的游戏。还有就是希望放松自己、获得愉快的游戏体验、多了解足球。

你认为什么是体育电子游戏？下个定义。

各种球类运动，或者赛跑等项目都算体育电子游戏。跟现实生活中能接触到的运动很像，运动规律和体验也有很多相似。

喜欢玩国外的还是国产的？原因是？

喜欢玩国外的游戏多一些，制作比较成熟一些，成系列的玩起来更加熟悉操作，国内制作没有国外精良。

游戏中享受的主要乐趣？

操作上可以实现一些花式运球过人，比较愉快，和朋友对战促进感情，还可以打发无聊的时间。

倾向于玩哪种模式？原因是？

单机在线和生涯模式都喜欢。有人就玩联机游戏，朋友间娱乐比较有趣，自己玩喜欢生涯模式，比较有代入感。

游戏昵称有什么依据？

有的游戏里面会起名叫 kum 或者 kun，是根据喜欢的球星阿奎罗的外号起的。

如何提升游戏水平？

自己找时间练习、和电脑对战、上网查攻略等等。

操纵单名球员会打哪个位置？与现实中相同吗？

中锋，比较好得分，而且我现实里比较擅长这个位置。

会充值吗？充过多少钱？

每个我玩的足球游戏最少有一千，多的有几千快一万。

为什么充这么多？游戏消费观念是什么？

为了获得更好的自己喜欢的球员，很有吸引力。消费观念是，能支付得起的前提下就买。

你本身就是氪金玩家，怎么看待你们这个群体？

氪金玩家值得尊重，而且里面还有很多大神，这很公平，人家掏钱了，而且我也是。

您有游戏情结吗？为什么？

有游戏情节。从小玩到大的游戏我会支持，会拿出来回忆也会买正版。

你的人际关系怎么样？

人际关系挺好，朋友不是很多，每个阶段 3 ～ 5 个吧。

加入过游戏社群吗？为什么？

加入过一些玩家的 QQ 群、微信群，主要想聊聊天或者找人玩、或者交易、练技术。

在社群中活跃吗？

不算太活跃，有需要才会发言。

如何与玩家相处？

小心谨慎，比较网上骗子多。

是否会参加社群举办的线下活动？为什么？

如果关系好才会参加线下活动。因为工作忙，而且要看是什么类型的活动，如果感兴趣会去，比如一群人看看比赛、打打游戏。

游戏中的好友与现实中好友相比？

现实中朋友更重要，网络上不确定的因素太多了，很多人都对网上的事情不够了解，现实中朋友都是比较久很有感情的，共患难。

是否遇到过破坏游戏环境的玩家？心情如何？

遇到过，心情比较差，我认为是没有责任的行为，影响了别人的游戏体验，没有体育精神。

游戏与您对体育知识、体育规则的理解？

能够在很大程度上提高理解，比如规则还有相关的知识，能够让一个不懂的人对一项运动产生兴趣，也可以让一个刚刚产生兴趣的人更加热爱这项运动。

您所认为的体育精神？

体育精神在我看来就是要遵守体育道德，同时要尽自己可能拼搏，为团队贡献自己的力量，拼到最后一秒。

体育电子游戏能否体现出真正的体育精神？

能体现，比如双方公平竞赛，保持拼搏的精神，争取胜利的精神。游戏中有和现实比赛一样的规则，并且玩家都需要遵守，还要保持拼搏。

输掉一场比赛心情如何？

技术原因输掉会有小失落，要是对方用不好的方法赢得比赛，比如 bug、卡网、外挂、会很气愤，会影响我几分钟吧，不会很久，毕竟游戏是虚拟的，而且玩游戏是为了开心，不会看得很重。

游戏对现实体育参与的影响？

有影响，一些技术动作就是从游戏里学到或者产生兴趣才去研究的，能够帮助我更好地参与现实体育运动。

玩过体感类电子游戏吗？

玩过很多，确实感觉不一样，这种可能更接近体育运动的本质，代入感更强，但可能玩多了会累，还不如躺床上打游戏。

003 男 17 岁 高中 学生

可以谈一谈自己喜欢的体育运动吗？

足球，因为足球能帮我减轻更多生活中的压力释放自己，足球还能使我结交一些有相同爱好的朋友，能给我的身体带来健康，最重要的是我的偶像也是踢球的。

你的偶像是谁？

C罗，他是我足球的启蒙，我从13年欧冠对拜仁那场喜欢上了C罗，我喜欢他那永不服输勇于挑战的精神。至于皇家马德里嘛，我可以说是一个人爱上一支队，我陪皇马走过了欧冠三连的几年，皇马是我熬夜看球的动力，皇马纯白的风格也很让人痴迷啊.我爱皇马的原因还有这支球队的风格，犀利的反击、细腻的技术，还有一次次补时的惊天绝杀，队中的每一个人都是我爱上皇马的原因。

那现在C罗都离开皇马了，你支持皇马还是尤文？

两个都支持，哈哈。

平时踢球吗？

踢球、跑步、篮球都参加，我每天大概参加1小时左右体育运动，因为每天锻炼能让身体更健康嘛，也能放松放松，学些基本的运动技巧，我理由也挺简单的。

玩什么体育电子游戏？

《实况足球》手游。

大概详细讲一下吧。

我玩体育电子游戏大概6年左右吧，最开始接触是小学的时候，玩的一款来自日本的小型的像素足球，到后来有比较先进的手机了，玩的就是梦幻足球联盟之类的，再到去年接触到手游版的《实况》。

更喜欢玩那个？

《实况》，因为《实况》可玩性高，又比较容易能玩到。也符合现实足球，有竞技性，还有战术布置抽卡之类的。

你怎么定义体育电子游戏？

像实况足球FIFA之类的吧，我的依据是比较大型的和体育有关的游戏。我比较喜欢玩实况足球和NBA2K系列的游戏。

通过什么设备玩游戏？原因是什么？

设备嘛就是小米手机，学生党嘛，不可能经常接触电脑的，手机比较方便。

玩体育类电子游戏的目的？

玩游戏的目的很简单，就是娱乐放松。

你那么喜欢皇马，会在游戏中使用皇马和他们的队员吗？

我会自己买球员组皇马套，但游戏中没有皇马。

这个是版权的问题？

对。

FIFA 有版权，为什么不去玩 FIFA？

FIFA 手游不好玩，要氪金，电脑的话我平时难接触。

喜欢玩国外的还是国产的？原因是？

我比较喜欢国外的电子游戏，国内大多数游戏单一而且不充钱没啥可玩性。

游戏中享受的主要乐趣？

我享受的主要是战胜对手带来的快乐和抽卡中了的感觉。还有研究战术。

倾向于玩哪种模式？原因是？

单机吧，因为没网也能玩哈哈。

游戏昵称的依据？

Emm，我在游戏的昵称叫克里斯蒂亚诺，因为我喜欢 C 罗。

如何提升自己的游戏水平？

我一般会多打几局多研究游戏，然后看高手怎么操作吧。

操纵单名球员会打哪个位置？与现实中相同吗？

我会打前锋。因为能带来突破和进球的快感。很喜欢用前锋过人，丢失球权还有保护我，也喜欢拿前锋创造机会吧。现实中大部分时间是踢中场，偶尔会打前锋，但速度是劣势，我的优势是带球。

充值吗？

充。

冲多少？为什么？

我为游戏充过 800 左右吧，就是想要好点的卡呗，我的观念是不要超出自己所能承受的范围就差不多了。

怎么看待氪金玩家？您觉得公平吗？

我觉得氪金玩家很正常，别人氪多少是别人的事，毕竟别人有那么多钱，不关我们的事。

有游戏情结吗？为什么？

没有。

人际关系如何？

我人际关系还算可以吧，朋友一般。

加入过游戏社群吗？为什么？

我加入过挺多游戏社群，因为想更加地了解这个游戏还有就是为了和玩家交流经验。

在社群中活跃吗？如何与玩家相处？

我在社群中挺活跃的，就是尽量不和玩家争吵，多交流游玩的经验和联机打比赛之类的。

是否会参加社群举办的线下活动？为什么？

我很少参加线下活动，因为经常在学校没那么多时间，网也不好吧。

游戏中的好友与现实中好友相比？

那肯定现实中的好友重要啊，网络上的毕竟是虚拟的，有很多事也不能真的做吧。

是否遇到过破坏游戏环境的玩家？心情如何？

遇到过，刚开始是特别愤怒的，后来就无所谓了，点个举报就好了。这种人我觉得纯粹就是心理有问题吧，毕竟游戏只是拿来娱乐的，这样搞没意思。

游戏与您对体育知识、体育规则的理解？

很大程度吧，比如 2K，我之前很多不懂的篮球的规则都在那搞明白了，还有一些球员最近的表现和转会。

您所认为的体育精神是什么？

我认为体育精神就是在对方球员出现意外的时候应该合理的按照场上情况处理，不能太极端，要符合基本的体育素养吧，就是做出的事情不能让大众反感，还有一种就是对目标的不懈的努力吧。

体育电子游戏能否体现出真正的体育精神？

不太可能体现吧我觉得，这个我也解释不清楚，毕竟都是网上控制的。

输掉比赛后的心情？

输了就特别难受啊，比如一些关键比赛，就是很影响心情的，有时甚至会把这种情绪带到生活中。

游戏对现实体育参与的影响？

过人这方面，有点灵感，还有打中场的时候会慢慢学习学习吧。之前有学习过德容的动作，因为之前打中场控制不下来球，很慌，但操作德容就很舒服，会学到点灵感。

004 男 20 岁 本科 学生

喜欢体育运动吗？喜欢什么运动项目？每天运动的时间？

喜欢足球，1.5 小时左右。

这 1.5 小时是踢足球吗？

差不多，一般额外跑十几分钟。

有没有特别支持的球队？

巴萨和巴西。

巴萨和巴西都是梦幻足球的象征，你很喜欢这种风格吧？

也不是因为风格，主要是 14 年世界杯看球喜欢内马尔，刚好他是巴萨、巴西，就喜欢这俩队，也了解他们了。风格更喜欢快速的防守反击。

好，那你都玩哪些体育类的游戏呢？

FIFAol3、4，实况足球手游。

玩了有多少年了？每天大概玩多长时间？ 主要通过什么设备玩？

端游玩了三年，每周六周日玩，每次两个多小时，偶尔事多不玩；手游一年半，差不多每天都能玩一个小时。

为什么不玩 FM、FIFA、实况这种国外的游戏？

FM 破解版玩过几把，但是感觉这个游戏如果想玩好的话，太耗时间了，自己没有这个耐心和精力，然后又不想随随便便玩，索性就不玩了，其他两个主要是消费观念的问题，个人是不太喜欢在游戏上花钱的，然后 FIFA 和 PES 通病就是每年需要花钱换代，然后如果想要一个良好的网络环境还要买加速器，就放弃了。

如果现在不是学生，是个上班族，那你还会坚持你的游戏消费观念吗？

应该还是会坚持吧，毕竟还是不理解在游戏里花钱有什么意义，钱花在游戏里永远是会贬值的，都是零氪。

那你怎么看待那些疯狂氪金的玩家？你觉得这符合体育精神本质的公平性吗？

氪金还是能理解的，毕竟游戏厂商也是需要挣钱的。如果有人零充，那么就要有人维持一个平衡。不过对于那种提升不了游戏体验的充值行为，我认为是比较，有点傻。符合公平性，因为提升实力的手段有很多，氪金只是其中的一个手段。

玩过体感健身游戏吗？比如跳舞毯之类的。

玩过，在家里玩过智能电视里的网球游戏，就是拿着遥控器模拟手握球拍打球。这种肯定是更接近体育的本质，毕竟是让你真正动起来了。

是因为喜欢网球才玩这个游戏吗？还是其他什么原因？

就是图个新鲜感，然后就不怎么玩了，有这时间不如去楼下打打羽毛球。

很多人有游戏情结，比如实况情结，你听说过吗？你有这种情结吗？你怎么看待这种现象？

听过，但是我玩游戏没什么情结，就是纯玩，没意思就不玩了，换别的东西做。据我了解他们这种情结是因为以前科技还没怎么发展，普及度不高，所以他们玩到这些游戏的机会有限，所以产生一种我感觉应该叫"忆苦思甜"的情结。像现在我们玩啥都挺方便的，选择度也高，不会产生这种感情。

你喜欢玩什么模式呢？单机？在线对战？生涯？模拟经营？

模式就是在线对战，因为与人斗其乐无穷，享受和人对战的快乐。

我是否可以理解为这是人类一种原始的竞技欲望？

可以。

如果让你只能控制一个球员，像那种生涯模式，你会选择那个位置？

中锋。

你在线下踢球的时候是踢什么位置？

右后卫，有着一颗前锋的心。

你在游戏中的昵称叫什么？有什么根据吗？

昵称 championPES，意思就是争胜利。

玩游戏增加还是减少了你在现实当中的体育参与？

应该是不增不减，体育活动的时间是固定的，不会受其他事情干扰（除非学业的事情）。

游戏是否加深了你对体育知识、体育规则的理解？

加深是自然的，尤其是一些战术的安排。

遇到过作弊的玩家吗？或者故意拖延时间的。怎么看待这种现象？

都遇到过。

作弊的玩家绝对要抵制，要处罚，因为是这是违反规则的行为。故意拖时间在规则允许的范围里，虽然不道德，同时也比较气，但是理解。

加入过相关的游戏社群吗？比如微信群？

加过。

目的是什么？

做游戏任务，平常潜水，有活动任务再出来。

没有什么社交需求吗？

没有，因为群主管理员加上活跃的人平时自成一个圈子，有的时候聊的超出游戏范围内，也就不想参与。

现实中呢，也不太主动吧？

比较属于随大流吧。

当输掉一场比赛，心情波动会很大吗？

看输的方式，如果被绝杀，或者这个人的踢法挑衅，就容易心态崩。

会上瘾吗？

不会，输了直接就退应用了。

你更倾向于通过什么方式提升游戏水平？

打高难度人机。

如果有知名球星去代言一款游戏，你会去尝试吗？

不会的，不看这种明星效应的，还是会去看口碑，再决定玩不玩。

还有什么别的感受吗？

就是因为玩游戏，往往更加关注现实妖人的近期表现，就好像炒股一样，希望自己花经验培养的妖人不要伤仲永。

005 男 22 岁 本科 大学生

喜欢体育运动吗？喜欢什么运动项目？每天运动的时间？

喜欢踢足球，平时几乎每天两个小时左右，最近在实习，但是最少也会半个小时左右。

玩过的体育类电子游戏呢？

FIFA 还有实况，端游手游都玩过，玩得最多的还是实况手游。

大概每天玩多长时间？

两小时左右。

有特别喜欢的球队或球星吗？

巴萨还有恒大，当然是梅西了，还有"暴力鸟"。

在游戏中用的是哪个队？

我没用喜欢的主队，用的是一个队徽特别酷炫的俄超球队图拉兵工厂。

充过钱吗？充过多少？

冲过，大概两百多吧。

怎么看待那些疯狂氪金的玩家？

个人喜好吧，可能是经济实力的确还不错，可能是为了氪喜欢的球员上头了，总之还是量力而行比较好。

如果资金充足，你会疯狂氪金吗？

疯狂倒不至于，我微氪，现在的阵容也不错，传奇也有七八个，可能我比较理智，也不会疯狂氪金的。

端游那边，氪金情况如何？会花钱去买昂贵的游戏设备吗？

端游也只氪了一百多左右吧，只买过一个手柄，其他倒没有买过。

你一般通过什么方式练习游戏技巧？

和真人对战，人机再强也只是机器，套路单一，变化少，真人对战才更刺激，变化更多，更粗暴，更容易锻炼技术。

所有游戏模式中你最喜欢真人对战吗？除了练习技巧，还有其他原因吗？

更刺激，赢了比赛会更有成就感，而且也可以和好朋友一起对抗，更有趣味性。

我是否可以理解为这是人类一种原始的竞技欲望？

没错。

你更倾向于国产的体育游戏还是国外的？

也没有很大的倾向，主要还是游戏的质量是不是足够好，如果同等水平当然选国内的，毕竟我是中国人嘛。

那你觉得在游戏中享受到的最大的乐趣是什么呢？

抽到心仪球员的激动，和朋友对战的乐趣，还有和一群志同道合的朋友讨论游戏的乐趣。

那你一定加入过一些游戏社群吧？

加过，主要还是为了和别人多交流交流。

都是主动交流吗？

有时候看到感兴趣话题会主动交流。

一些社群或游戏中的线下活动，你会参加吗？

这倒没有参加过。

玩足球游戏对于你现实中的体育参与有什么影响？

让我对战术安排，和各种技战术有一种上帝视角的了解。

对于你现实踢球的时间呢？会不会因为玩游戏减少了？

也不会，我玩游戏一般都是休息的时候。

技术动作会有学习到吗？

会模仿一些比较实用的动作，比如搓射还有油炸丸子。

你踢什么位置？

中场。

如果让你在游戏中只操控一个人，你会选哪个位置？

还是中场，我更喜欢助攻。

一场虚拟比赛的胜负能在多大程度上左右你现实中的心情？

我心态比较好，无所谓，但是碰到素质不好的也会很生气。

会有摔东西的冲动吗？

有时候会有。

一直输会不会一直玩下去？

踢到赢为止，以至于耽误了别的事情。

你怎么看待那种倒角、作弊的玩家？

恶心人，没素质。

如果联系到公平竞赛的体育精神，你觉得体育游戏有没有做到这一点？

实况还行，比较看技术，个别游戏阵容真的很影响体验。

阵容？

阵容强的对阵容差的绝对碾压。

你觉得这是不公平吗？

绝对碾压我是认为不公平的，差距我是接受的。实力碾压我绝对可以接受，假如对面脚脚无解世界波，守门员全场神扑我是不接受的。

那你觉得通过游戏有没有加强玩家对体育精神的领悟？

不到最后一刻不放弃，绝地翻盘也是经常有的，尊重对手是我的底线。

遇见不道德的人你会举报吗？举报有效吗？

举报啊，好像没有效果。

你觉得体育电子游戏和体育本身有哪些共性和不同？

都是竞技性的，都有一套规则，不同之处电子游戏缺少身体的全身投入，更多是脑子和手指。

真实性方面呢？

游戏可以接近真实，但是永远到达不了真正的比赛那种感觉。

有沉浸其中的情况吗？就像是自己在参与或在观看一场现场直播。

的确有这种情况。

你觉得游戏的本质是不是应该让人沉浸其中与现实隔离？还是人们应该清醒地意识到"自己在玩游戏"。

游戏本质就是一种消遣和陶冶情操的工具，我会在游戏中清醒地知道自己"是在玩游戏"。

你玩过体感健身游戏吗？

这倒没有。

关于体育电子游戏对玩家造成的现实影响？

可能会对一些自制力差的玩家造成一些影响，比如对视力啊，也可能会沉溺其中影响心情，总的来说，电子游戏是不错的消遣方式。

娱乐也是体育的本质之一，不过体育本质最重要的还是教育和超越自我，你觉得电子游戏能体现出这两点吗？

当然可以，玩家对电子游戏里的胜负还有排名的重视会督促他们不断超越自我。游戏里体现的一些知识也是生活中很难碰到的，也会促进他们对一些常识的认识与理解，也会让玩家体会到一些竞技精神，体现了教育的意义。

006 男 21 岁 本科 大学生

喜欢体育运动吗？喜欢什么运动项目？每天运动的时间？

喜欢，踢球，两个小时左右。

体育类电子游戏的话，都玩那几款呢？

NBA2Konline、《实况手游》。

那也喜欢篮球咯？

对。

有特别喜欢的足球、篮球队吗？是否在游戏中也使用该队？

喜欢的足球队是巴萨，篮球队是雷霆，是。

会去刻意地组那种球队套吗？

不会。

为什么，根据什么选择球员？

不好收集，一般根据球员实力。

充过钱吗？累计充过多少？

几十块钱吧，我不是氪金玩家，毕竟是学生党。

你怎么看待那些疯狂氪金的人？

我不喜欢氪金，但我也不反感那些氪金的玩家。我觉得要根据自己的经济水平氪金，不要盲目充钱。

你倾向于通过什么方式提升自己的游戏水平？

网上学习操作技巧，自己多练。

你喜欢玩什么模式呢？单机？在线对战？生涯？模拟经营？

在线对战，因为我喜欢赢其他人的快感。在线对战未知数大，不像人机对战固定死板。

你觉得玩游戏对你现实中的体育参与有何影响？

足球的话，对各个位置该怎么跑位接球有很好的理解，技术动作的话，毕竟是游戏，对现实基本没有什么帮助，对规则理解有些帮助。

遇到过作弊的玩家吗？

没有，体育游戏的作弊玩家还是比较少的，非常歧视作弊玩家，感觉违背了游戏的本来目的。

会举报吗？

会，果断举报。

你在游戏中的享受到的主要乐趣是什么？

游戏嘛，主要是娱乐，还有就是做出一些技巧很有成就感。

你的游戏昵称叫什么？有什么根据吗？

Gadluo，我喜欢小罗。

加入过相关的游戏社群吗？

没有，这种游戏群太乱了，平时就自己玩，有时和同学一起。

控制一个球员的话，你一般选择哪个位置？

篮球选的是控卫，足球是中场。

那你在打篮球和踢足球的时候，也是这俩位置吗？

打篮球时是控卫，踢足球一般选边后卫。

为什么喜欢中场呢，一般人可能会选前锋？

我喜欢控制比赛节奏。无论是足球的中场还是篮球的控卫，都是全场指挥官。

输掉一场比赛，心情如何？

有时候会有冲动的感觉，特别是被绝杀的时候。不过大多数时候都会继续下一把，会一直玩，导致其他时间被占用了。

你玩这些游戏多少年了？每天大概能玩多长时间？

NBA2K 是以前玩的，玩了三四年。一般周末玩，一天玩两三个小时吧。实况足球玩了一年多，一天一两个小时吧。

你更喜欢玩国内的还是国产的体育游戏？

国外的，国产的体育游戏质量太差了。

玩 2k 通过什么设备玩？

NBA2Konline，不是买的。腾讯代理的。

有没有接触过体感健身游戏？

没有。

赛车类的呢？

赛车玩过，但不多，我对赛车运动没什么了解，应该是追求一种速度感吧。

对于游戏中的一些线下活动，你会参加吗？为什么？

不会，一是自己没太多时间，还有就是一般线下活动离自己住的地方比较远。

如果有时间、离得近，是不是就会参加？

也不会，我不喜欢参加活动，你可以理解为这是一种对于陌生社交的抵触。主要是这些活动也没有什么实际的意义，说不好听的话，有点像乌合之众。

玩游戏对你打球或踢球的时间增多了还是减少了？

毫无影响，游戏一般是放在所有选择后面的。

你在玩游戏的时候是否会沉浸其中？

一般不会沉浸其中，虽然玩的时间多，但还是能和现实分开的。

有沉浸其中的情况吗？就像是自己在参与或在观看一场现场直播？

不会，我有个舍友倒是会，其实我见过很多人也会这样。

你觉得游戏的本质是不是应该让人沉浸其中与现实隔离，还是人们应该清醒地意识到"自己在玩游戏"。

应该清醒地意识到自己在玩游戏，游戏不能和现实混为一体，游戏的本质是娱乐。

一款体育游戏，你最看重哪些要素？

一是能不能接近现实，再就是手感吧。

会去关注游戏中的妖人球员吗？

会，因为我比较喜欢看体育新闻，了解球员信息。

体育本质？

强身健体，还有竞技精神吧。游戏毕竟是游戏，体现体育本质程度不大。

补充？

体育游戏的影响的话，有正面也有负面。体育游戏能加强我对一些战术的认识，不过玩游戏太多会影响学业。不过现实体育需要条件，比如场地啊，足够的人啊，时间也比较长。

007 男 20 岁 本科 大学生

喜欢什么运动？

足球。个人喜欢，巴塞罗那，然后是梅西，然后首先是喜欢踢足球，其实说实话，也有一点是因为梅西。然后就是看的第一场比赛，就是梅西的比赛，然后梅西就那个，在近距离直接晃倒博阿滕，进了那个挑射。我感觉超级强，而且梅西不管场上还是场下，都是一个非常谦逊的人，私生活也不是很乱，应该就是这样，而且他跟安东尼拉的爱情，我也是比较羡慕的，青梅竹马，然后后来走到结婚，还有三个孩子，然后就这样。

那平时喜欢踢球吗？

平时喜欢踢足球，为什么是因为那个，你懂吧，踢足球，足球那种魅力谁能挡得住呀，然后第一次接触足球以后就一直爱上了足球。然后就喜欢在场上奔跑，然后去防守去进攻，那种感觉特别好。

大概运动多长时间？

每天一般都踢一个小时或者两个小时的足球。因为首先是第一，第一点，我上课，我是个学生，然后白天肯定没时间，然后一般都是晚上，晚上校队训练，一般都是一个小时到两个小时。然后如果周二周四没有校队训练的话，我们会组织踢一些小球吧也算是。然后我踢个一个小时，两个小时，因为为什么，因为足球是个爱好吗，就是每天有空就可以去踢。

你觉得什么样的游戏属于体育电子游戏？

我认为比如说玩家对玩家，就是对抗，这种属于体育电子游戏，还有我之前玩过那种卡牌，卡牌就是集球员卡，就是它自动比赛就那种，我认为不属于体育电子游戏，因为我感觉那种氪金比较多吧，然后没有什么意思。

喜欢玩什么样的体育电子游戏呢？详细介绍一下

更多的还是足球游戏，FIFA online3、4，包括FIFA19、20，手游的话就是实况了。玩体育电子游戏五年了吧，就是第一次玩儿的游戏是 FIFA online3，也是朋友，当时也是特别爱踢球儿，就是一个球友介绍的，然后玩起来感觉特别好，特别喜欢。通过 FIFA online3 又发现了很多其他游戏，然后就是慢慢玩，这种感觉特别喜欢。这几款游戏都是足球游戏，能让我随时随地玩，能满足我不在球场上也能找到的那种足球的快感。

通过什么设备玩呢？

一般是电脑和手机，手机多一点，因为比较方便。

玩游戏出于什么目的？

玩游戏的目的，第一是消磨时间，第二是这几款游戏都是足球游戏，能让我随时随地玩，能满足我不在球场上也能找到的那种足球的快感。

喜欢国内的还是国外的？

平时接触的更多的是国内游戏，但是我感觉国内游戏一般都是拿的国外游戏的代理版权，对吧，所以也可以认为一直在玩国外游戏，倾向于国外游戏。因为那种没有就是说，完全是国产的，没有，完全是国内自产的游戏，没有我想要的那种 PVP，包括是操纵操控球员然后去对抗什么的，然后还有一点是他好多球员都是盗版的，没有国外游戏玩儿的舒服。

游戏中享受的主要乐趣？

在游戏中享受的主要乐趣一是进球胜利，第二点是收集球员，然后收集那些年轻球员也好，包括那些就是老将，然后还有传奇，就是主要乐趣。

倾向于那种游戏模式？

比较倾向于那种在线的那种电子游戏，不是模拟经营，不是职业生涯。我比较喜欢的，就像《实况足球》就这种，还有 FIFA ol、FIFA2019，这些都是那种操控球员，然后 11 个人时，这一支队伍都是我的，我操控一支队伍，就那种。然后我就喜欢这样的，因为这样子是我玩儿游戏的初衷，能带给我更大的快乐，能让我感受到那种竞技的感觉。

游戏昵称的依据？

在游戏中的昵称叫作第一小学阿尔维斯，因为我踢右边后卫的，然后我也比较喜欢阿尔维斯，我感觉阿尔维斯就是我应该去学习的一个人，我踢球风格也比较像他。然后第一小学就是装嫩吧，对不对。

如何提升游戏水平？

平时提升游戏水平，就是看直播，有些主播会教给你他自己总结的一些打法，看直播真的会提升好多游戏水平。然后第二就是多玩多练。

有没有玩过那种操控一名球员的模式？你会打那个位置？

我只能操作一个球员，我肯定要打右边后卫。因为我平时踢球都是踢右边后卫，对于这个右边后卫的感觉，就是说熟练度比较高一点儿，然后也比较喜欢这个位置。

充值吗？

这游戏一般不充钱，都是那种微氪玩家，然后为游戏也就充了 40，包括实况足球就充了 12 块钱，因为我不喜欢在游戏里面充充钱，我是一个氪肝玩家。

为什么充这么点？

游戏消费观念，是不充钱少充钱，因为我感觉充钱来得太快，你就是没有那种慢慢儿就是收集球员、慢慢儿培养那种感觉，我喜欢慢慢培养那种感觉。

那你怎么看待那些氪金玩家？

就是感觉他们的阵容确实很强啊，但是竞技方面不一定有我厉害。我认为这公平呀，因为他们付出了金钱，我付出了努力，所以我竞技方面比他强，但是他阵容方面肯定要比我好。

你有游戏情结吗？

游戏情结什么意思，哪个方面，不太懂。

平时人际关系怎么样？

我平时人际关系还可以，朋友不多，也不少。感觉还可以，就是说够用，就是没必要交太多朋友。

加入过游戏玩家群吗？原因是？

加入过，因为在里面有好多玩家可以一起分享他们的经验，比如今天开到一个传奇比较开心，在群里发出来与大家分享。加入那个足球社群，第一方面是能学到好多东西，第二方面是那我能给别人分享我的快乐，也能听别人分享他们游戏的快乐。

在社群中活跃吗？

我在社群中啊，还可以，不算很活跃。平时一般都是分享，分享我的一些很快乐的时候。然后或者是碰到一些不好，不尊重游戏的玩家，我也会分享上去。与玩家相处的话，就是倾听他们，然后自己知道的肯定要讲给他们听，自己不知道就会问他们。

游戏好友与现实好友的比较？

游戏中的好友与现实中的好友相比，我肯定个人感觉是现实中的好友比较重要。因为游戏中的好友，我们只是就是说玩儿一个游戏，也可以说是兴趣，兴趣是一样的，但是现实中的好朋友一般都是比较亲密，现实中的好友就是说，它在我的生活中啊，游戏中的好友，他只在我手机的里面，就这个意思。

遇到过"卡狗"之类的玩家吗？

我肯定遇到过呀，我的心情肯定非常糟糕。然后，然后那没办法呀。那第一点是举报，第二点是碰到这种人一般会挂到群里曝光这个人吧。然后我当时肯定都是嘴上爆粗口就算了。

我怎么看待这种现象？这种现象我感觉。很难杜绝，因为有太多太多人不尊重这个游戏了，我感觉这种现象如果要杜绝的话，还是游戏公司加强管理。

游戏与您对体育知识、体育规则的理解？

电子游戏能在很大程度上提高我对体育知识体育规则的理解，因为有的时候这些东西，比如说我喜欢踢足球，但是我不会很认真地去单独学习啊，就是这个体育规则，我只是在踢球的时候慢慢理解，慢慢了解。然后足球游戏我经常在玩儿啊，他肯定是在慢慢在帮助我去了解这个体育规则。

你认为的体育精神？

首先是不放弃，拼搏那种感觉，体育竞技不能认输，然后还有一点体育精神还有一种是和谐吧，就是说，不管是对手也好，还是队友也好，更多的应该是鼓励和友好。

体育游戏能否体现出体育精神？

电子游戏肯定能体现出体育的精神，大多数玩家还是公平竞赛的，比如说双方你来我往，然后到一场大战啊，酣战淋漓对吧，然后就是说把他踢了大比分儿，然后对方也很开心，我输了我也会很开心，因为棋逢对手。然后到最后加个好友，然后一起再聊聊。其实我还是比较喜欢那种，跟我气氛相当，我俩有你来我往，然后互攻。我喜欢这种感觉。

输掉游戏的心情？

输掉一场比赛，除非是对方携带外挂、恶意破坏游戏环境那种，心情会很糟，但也只是一小会。其他就是自己技不如人，这没啥。虚拟比赛的胜负只能左右我一小会，嘴上说两句啊，然后就是说，输了就是输了，不会在很大程度上左右心情的。

对现实体育参与的影响？

平时的话平时经常在场上的时候，看不清楚自己的位置，但是你在游戏当中那种大局观是会让你有提高的。我个人感觉能提高我的球商和大局观。

008 男 23 岁 本科 大学生

喜欢体育运动吗？喜欢什么运动项目？每天运动的时间？

喜欢足球，1 小时，主要在周末。

这一小时是踢足球吗？

嗯，踢踢足球，玩玩而已。

喜欢巴萨和内马尔？

嗯，喜欢去巴黎前的内马尔。

那你说说你玩过的体育电子游戏吧？

FIFA online3、实况足球手游、FIFA 手游

大概每天能玩多长时间？

两三个小时。

充过值吗？

《实况足球》充过 900，其他没充。

为什么呢？

就《实况足球》好玩，其他没什么意思。

这个好玩具体指哪方面？

球员收集、在线对决。

为什么喜欢在线对决？

可以拿奖励，而且与人打更有意思，在线可以比拼技术有意思一点，玩心跳，不过上传奇就不想打了。

能谈一下原因吗？

太肝了，而且我就拿低保。

你如何看待那些疯狂氪金的人？

老板，或者是信仰。

你会不会花很多钱去达成目的或购买游戏设备？

200 到 300 就可以了。

如果你资金充足呢？

不会了，网易坑熟，氪多了没意思了。

别的呢？像 FIFA、《实况》那种体验感很好的游戏？

电脑版没玩，没手机上的方便。

玩过体感健身类的游戏吗？

没有，我只玩足球游戏。

你在游戏中的享受到的主要乐趣有哪些？

竞技吧，而且养成阵容的成就感。

只操控一名球员，你会选择哪个位置？

前锋。

你平时踢球打哪个位置？

随便瞎踢，大多在前锋位置。

你觉得玩游戏增加还是减少了你现实中的体育参与？

那肯定是减少了，就是享受进球的感觉。

输掉一场比赛你的心情如何？

不爽，想再开一局，连输几把我就不玩了。

你觉得 FIFA 手游和《实况手游》相比，有什么不同点？

《实况足球》真实，而且不是腾讯代言。

你更倾向于通过什么方式提升游戏水平？

打天梯吧，会看直播，"风凉大叔"。

加过游戏群吗？

加过，为了拿补丁。

会在群里交流吗？

不会，拿完补丁就不看了，但不会退群，以为以后还会需要。

你觉得体育游戏对于你体育知识、体育规则的理解有帮助吗？

有啊，虽然我玩之前就知道。

实况情结？

没呀，我主要哪个做得好玩那个，其他人可能有吧。

遇到作弊者如何处理？

很气，一进球我就庆祝，或者暂停，也报复。

你认为体育电子游戏和体育本身有哪些共性和不同吗？

共性都是娱乐，不同可能是锻炼身体吧。

009 男 32 岁 博士 高校教师

有何体育爱好？

除了乒乓球，因为乒乓球打不好，其他都玩得不错。

参加体育运动吗？

一周锻炼大概四五个小时，俱乐部打打羽毛球，最近伤病比较频繁，主要做一些康复性的运动。

您玩过体育电子游戏吗？如何定义体育电子游戏？

只要跟体育相关的电子游戏都叫体育电子游戏。足球类两大家，篮球类两大家，然后冰球、橄榄球、棒球、赛车类、摩托车类、拳击类、体感类，包括钓鱼飞镖基本上这些游戏我都玩过了。而且我是一个非常特殊的玩家，我几乎不玩电脑游戏和手机游戏，我只玩游戏机，纯主机玩家。

那应该花了不少钱吧？

一个游戏三百多块，主机买了四五个，微软、索尼、任天堂都有。

可以简单介绍一下您玩体育电子游戏的历程吗?

01 年央视体育办过一个节目,电子竞技,那是我第一次真正意义上接触体育类电子游戏,那个时候第一次见识到《实况足球》,原来足球还可以这么玩,此后实况几乎每一代我都在玩。包括 FIFA,FIFA 当年把女足拉进来之后,我用女足曾经赢过男足世界杯。后来接触了篮球,陆陆续续其他项目都在玩,然后这种游戏国内不引进,从头到尾全是英文。

棒球、橄榄球我实际上也玩一玩,因为家里面比较特殊,我家里面跟体育队其实很熟,所以我常年下楼都跟他们玩,所有项目、规则我都懂。橄榄球的话是我唯一一个业余爱好,橄榄球是所有项目当中容错度除了拳击之外最低的,对抗度最高、最讲究智慧的项目。

国产游戏玩过吗?

体育电子游戏国产没玩过,第一很少很少,第二互动性太差、体验感太差。我玩棒球游戏的原因就是体感性太强了,感觉性太强了,就是那种很明确的代入感。会沉浸其中,我就是游戏的那个人。

您怎么看待体感游戏?

体感游戏很爽,我觉得体育游戏到最后还是会回归到体感上,这样会把你拉得更近,你想想看,我们原来踢足球的时候,用手柄玩,突然之间你可以在场上去跑,你可以甩头攻门、用胸部停球、假动作的时候,这就是厂商未来要做的方向,你就是场上的一份子,那个竞技场就是你自己的竞技场。

游戏中您一定也玩过那种只操控一名球员的模式,您一般会打哪个位置? 跟现实中相同吗?

我一开始踢前锋的，后来踢中后卫，足球场上所有位置我都踢遍了，万金油。游戏的话我会先踢中场，控制性足够强，现实中没提过几次中场，游戏中一定要踢。

您更喜欢玩那种游戏模式？

更喜欢玩生涯模式。就像是看着自己的一个小 baby，把它养大，完全就是按照你喜欢的方式去成长，你会感觉那就是挺有意思的。而且操控一个队肯定不如操控一个人更简单，操控一个人的时候我想做什么就做什么，没人管得了我，比如 2K，我基本上永远都是控卫，因为身高有限，打不了别的位置。我最牛的时候把控卫巅峰养 99，数值养满。实况是前锋，养到 97，去米兰。就是他完全是按照你的意志去发展，剩下的无论赛季也好什么也好，它已经给你设定好一个框架了，你没办法去按照自己的想法去调整那么多，然后你想调的时候你会发现有个更麻烦的事情就是没钱。

说到钱，您会去充值吗？

我从来没充过值，我只花钱买游戏，从不充值。

那遇到氪金玩家怎么办？

在线对战时遇到氪金玩家那就认栽，没办法。网络因素太差，曾经碰到过还没开球对方就进球的情况，说实话网络改变不了，你充多少钱都没用。

那您不充值主要原因是网络问题吗？

不充值的原因不全是网络，没必要。游戏嘛，国内人玩游戏的不平衡感是因为大家都以为我花了钱就好了，但实际上不会的。现在国内那么多的电子游戏为什么大家都让充值呢？原因特别简单，就是为了挣钱，游戏本身是免费的。

大多数主机玩家都是跟电脑 PK 的，我们联机的时候都是赢输无所谓的。有的人可以带球过全场，跟他们踢的什么劲啊。

您的游戏昵称有什么依据吗？

就我那个网名，随便起的，游戏昵称没有依据。

您倾向于通过哪种方式提升游戏水平？

提升游戏水平，就是玩、练，网上教程都是狗屁。

体育电子游戏是否会对您现实当中的体育参与产生一定的影响？

现实当中的体育参与，没实际影响。本身我就是教技战术分析的，但有时候你可以反过来，把你想用的东西放在游戏里感觉一下。

遇到过作弊玩家吗？

我不喜欢国内游戏的原因就是他太功利。我喜欢主机的原因就在这，没有作弊玩家，没办法作弊。

输掉比赛后的心情？

输了心情不好会砸手柄，发泄手段嘛，很正常。不甘心再来一局的情况常有。有一次一场比赛我踢了九回，砸了四个手柄。

游戏社交？

交了很多好友，全球范围，游戏完了会有一两句的交流，互相鼓励的那种。有那么七八个游戏里面认识的，没事聊一聊。游戏社群从来没有加入过，因为社群里面太烦了，事太多。我总结了玩体育电子游戏的一共有那么几类人，一是你们这样的大学生，二是衣食无忧的有工作的一些成年人，像我这种，三是骗子，四是老年人。很多老年人玩游戏的，他们都无欲无求，很讲义气。

有游戏情结吗？

有游戏情结，很重。游戏是挺珍贵的东西，买了就要通关，我家里一面墙全是游戏盒子，等贴满了我就把他们封起来，再贴一道。

我玩实况多，如果你很喜欢操作和战术打法的话，那你踢非常合适，如果你只注重操作，那你去玩 FIFA。实况里如果你战术很牛的话，你可以去虐其他所有人。游戏一旦 online，这个游戏就变了味道，89 比 85 牛的多，但在《实况》里差得没那么多，你只能通过传切、靠配合来过那些人。

能否体现体育精神？

很大程度上体现出体育精神。我们讲体育精神，无非就是一种你获胜了、拼搏精神，游戏里面展示的特别特别明显。比如说你受伤了，伤不重回来，你的数值会下降，但你还能在场上跑；再比如游戏里面永远不会有种族歧视，还有一些民族的矛盾等等，它永远不会存在。

如何看待外挂玩家？

外挂者玩不了那么久，玩几天之后就没意思了，竞争的感觉已经完全没有了，体育讲的是一种竞争的精神，哪怕他不公平，但体育讲的是竞争。

个别游戏受众太少？

中国人接触的更多的是足球和篮球，像棒球橄榄球他没有接触过，所以他不会玩。为什么国人那么注重足球和篮球，原因一是大家不理解，第二受众面太小，有一些全美的明星大家都不认识。

感受？

玩的时候会喊。

游戏第一他是先让你快乐，然后才是你自身竞技的一个过程。你要往上提高你自己的 level。一个赛季进过 400 多个球，2k 场场三双，拿了冠军就感觉没有意思，纯为了刷数据而刷数据，然后就扔在那不玩了，感觉没意义了，游戏就是这样。

010 男 30 岁 本科 产品经理

为什么喜欢足球游戏？

因为喜欢足球。

通过哪些途径来玩游戏？

主要通过主机端 PS4，电脑来玩可能配置会比较好，但是我玩游戏这个群体他们主要是在 PS4 上面玩，所以我最后还是选择了 PS4。

主要玩那些游戏？

现在主要玩 FIFA19，但 FIFA20 马上要出了，那会转移到 FIFA20，每年都会玩最新的那一款。

移动端的玩过吗？

移动端的玩过，但是总感觉游戏性上和主机的差别还是比较大，虽然他们的好处是随时随地都能玩，但各方面制作上还是喜欢主机上的那种感觉。

为游戏累计充值多少钱？

其实一开始我玩的那个模式只是简单的线上对战，不需要氪金的，但是 FIFA 里面有个模式叫 UT 模式，就是你可以充钱去抽卡，然后在这个周围玩家群体的这种压力下（才充钱）。因为对手球员都非常好，有很多球星，如果我要达到他们这种情况的话，要么就疯狂地去踢比赛赚钱，但是我也没有那么多时间，所以最终走上了氪金这条路。然后今年的话我估计充值五六千左右，但这个数字在我们这个游戏群体中只能处在一个中下游水平，很多人充值几万块都是很常见的。

每天玩游戏的时间？

工作压力不大的时候，周末每天可以玩 8—9 个小时，平时至少也会玩一两个小时，最近的话因为游戏末期了嘛，该体验的也都体验过了，每周也就几个小时，再加上工作上压力比较大，也就没有花太多的心思在这上面。

玩这个游戏出于什么目的?

首先肯定是喜欢足球才会去玩足球游戏，然后我玩的这个 FIFA，它的这个游戏模式本身也非常吸引人，因为他会有不同联赛不同球员之间的搭配会产生不同的效果，再加上游戏里面也有很多以前喜欢的传奇球星可以使用，自己可以花很多的时间和精力投入到这上面去，再加上每周会有周赛模式，就是在周末踢满三十场比赛，在全亚洲全世界都会有个排名，这样一种竞争的感觉，会让我特别有激情或动力去玩这个游戏，因为你打的成绩越好，在下一周获得的奖励和抽到的卡也会更好，所以在这种激励下也会让你投入更多的时间和精力去 PK。

主要的游戏乐趣?

首先这种一对一 PK，这种硬核游戏如果说你输了，可能任何体验都没有，所以这种游戏肯定要赢才有快感。然后就是在这个游戏的过程中体验到的快感，因为 FIFA 也视野宽比较拟真的游戏，你可以通过打出自己想要的配合、通过自己一些熟练地过人技巧来掌控局势，你付出的越多水平就越高，也会获得更多的胜利，你一步一步从一个菜鸟走到一个比较高的阶段，这种成就感也是蛮好的，因为之前一个偶然的机会也参加过上海的一个 FIFA 的比赛，第一次参加，心里也没有底，但也在家里练了很久，也很有期待。最后得了第二名，也算是超出了自己的预期，然后就觉得也可以通过打游戏参加这种竞赛，获得名次获得奖励也是一件非常开心的事情，同时也能结交到一些志同道合的朋友。冠军也是以前上海线下赛的一个冠军，最后输他1—2，其实也是差一点点。

选择队伍和球员的依据？

在游戏初期阶段的话可能对游戏胜负没有那么看重，我可能会选择我比较喜欢的球星，但如果到了后期或者是到了要跟别人PK去拼成绩的时候，那我肯定会选择一些好用的或者是在游戏里公认的实力强的一些球员。就不会考虑许多个人喜好。

游戏昵称？

根据公司名字起的，想着万一打出名气，也算是变相给公司打广告。

通过什么方式提升游戏技巧？

首先游戏刚出来他会有一些新的元素在里面，因为他既然会加入这些新的元素，无论是战术方面或哪些方面，肯定会让玩家去学习，那我会优先去学习这些技巧。然后尽快在游戏中上手。然后每次输球的时候我会去回顾丢球的录像，看自己丢球时防守的漏洞在哪里，进球时我是通过什么方式进的，在下场比赛中尽量去避免防守错误，进攻的优势也反复去强化，这样我的技术才会有提高。就是要多总结多思考，多踢其实不一定有用，要从失败中多总结，这样才会有提高。

玩家群？

一般我们这个模式下交易球员或者如何赚钱可能会多一点，真正讨论那些交易的技巧的话可能比较少，但是如果跟玩家去踢友谊赛，还是能够学习到他们的一些长处，总之多跟高手踢也是提高的一种方式。

虚拟游戏对现实的影响？

一方面可以学到一些过人技巧，另一方面游戏毕竟会有它的一套赢球机制，但是我会尽量去融入平时踢球的习惯。比如平时踢球我会运用一些个人的拉球技巧，还有一些进攻方式，这些我都会在游戏中体现的多一点，总的来说还是能够体现出一些我的个人风格。

游戏文化？

一开始 2000—2002 年左右，是《实况》的一个顶峰，很多八零九零后玩家都是玩实况长大的，到了 PS4 时代，《实况》的引擎相对比较落后，再加上版权方面的缺失，这时候 FIFA 在技术上开始发力，游戏动作、画面以及一些网站的体验等等各方面已经达到一个比较好的程度了，然后我也是在这个时候投入到 FIFA 的阵营，然后一直玩到现在。但如果哪一天实况做得很优秀了，我也会回去。

所以这其中一个最重要的因素就是游戏体验？

对，游戏的拟真度还有流畅的程度是我比较看重的。

游戏情结？

这个也是无可厚非了，毕竟情怀也是一个很重要的因素，我也不是说一定要去玩实况或一定要去玩 FIFA，我只能遇到一些好友我会给他们安利这款游戏，当然多数人在跟我玩了 FIFA 之后就再也没有回到实况的阵营当中。这也能从侧面反应 FIFA 在各方面确实已经做得非常棒了。

你有这种情怀吗？

偶尔会去玩几盘实况，但是感觉还是很难长久玩下去，毕竟跟 FIFA 还是相差太大。

这款游戏对你的影响？

在各种大大小小比赛中获得各种名次，也算是小有成就，在这个圈子里也算是占有一席之地，可以跟那些高手掰掰手腕这样子，从一个菜鸟成长为一个大神，还是很有成就感，也不枉我如此的付出。

011 男 23 岁 本科 赛事运营

喜欢的体育运动?

足球、羽毛球、网球、排球。

为什么喜欢足球?

学校氛围吧,初中的时候篮球场全被拆了,只有足球场可以踢足球。

为什么喜欢排球?

因为我们高中女生都打排球。

羽毛球呢?

因为是大学的课程,羽毛球在室内体育馆,不用晒太阳。

每周运动多长时间?

五个小时,全在踢球。

你认为体育电子游戏是什么?

将体育管理与实际运动相结合,像《足球经理》、FIFAonline之类。

棋牌类算吗?

算,像《云景之翼》其实只是把一些棋子与游戏数据相结合,就是挂着游戏的数据来进行我们下棋的一个事实,因此我们平时也会通俗地讲这种游戏叫下棋。

赛车类呢?

小时候最爱《QQ飞车》,然后是《暴力摩托》《极品飞车》。

说说你玩体育电子游戏的历程。

先玩的《暴力摩托》,然后是《极品飞车》,因为那个时候家里的宽带还比较慢,所以基本上带不动什么大游戏,只能在家玩单机的《极品飞车》，而且买的都是盗版碟。然后后来到08年以后，网络就比较普及了，就开始玩《QQ飞车》了。

格斗类，一开始从手柄类《天下第一武道会》开始，然后是《拳皇》《忍者神龟》《热血高校》。最喜欢《忍者神龟》，因为《忍者神龟》可以救女的，那是跨越种族的一种英雄情结，它们被小女孩养大，小女孩有危险他们会去救。所以会把自己想象成一个英雄。

FIFA online是我花钱花的最多的一款游戏，为了收集到自己心爱的全套阵容，为了搭配出自己喜欢的一些球员组合，在里面画了不少钱。比如金卡套。

羽毛球也玩，手游《动感羽毛球》。排球不玩，因为压根就没有这个游戏，可能排球在国内并不受欢迎，受众不多。

玩了多少年了？

十七年了，五岁开始。

现在每天玩多少时间？

五个小时（下棋）。

游戏场所？

家里。

设备？

神舟游戏本。

为什么不用手机？

手机里只有社交，没有游戏，因为会上瘾，太浪费时间。

倾向于国内还是国产？

国产，因为网络限制，账号注册太麻烦。

充过多少钱？

高三一年冲了一万多。动力是金卡套。这个钱大概占生活费的百分之四十，因为高三没有其他方式花钱，只有周末去网吧打游戏。

如何看待氪金玩家？

马化腾有句话说得很好：你充值才能变得更强。只要我技术过硬，别人没干掉我，我就不会充值；但我发现有个氪金玩家把我干掉之后，我马上就会去充值。这是一种盲目攀比心理。

体感健身游戏玩过吗？

玩过，Xbox，在电竞厅玩的。我觉得体感游戏更接近体育的本质，而 PC 游戏是手动或脑子动。

控制角色的游戏，你会选择哪个位置？

后腰，因为自己在现实中踢得就是后腰。

为什么不踢前锋？

因为我射门不好，防守拦截力度好，中场覆盖强。

喜欢什么模式？

在线，没有刷榜就没有意义，我的存在就是在战绩榜排第一。众多人冲着排位。

游戏中最大的乐趣？

登顶，成就感，换言之就是战胜对手。

你会因为代言玩游戏吗？

不会。马特拉齐代言魔方元我就没有。皇马全队代言的妮维雅男士我也没有。因为好的游戏前期是不需要明星来代言的，只有火了他才会有明星效应。

虚拟世界的游戏有无增加现实中的体育参与？

不知道，我的一些朋友在我的带动下对足球游戏感兴趣，随之又对足球感兴趣。他们会问我哪个球员厉害，然后他们会去关注这个球员、球队，然后就成了足球迷。有影响，比较大，当我在玩游戏的时候我看的是整个全场的画面，因此我清楚的知道我该把球分向哪边，这对我在场上的意识观和大局观有很好地提高。这也就是为什么一些兵哥哥会专门去打一些 CF、CS 之类的游戏。

对体育知识的增加？

有，包括足球战术、阵型、打法、压迫感、站位等。

输掉比赛的心情？

若技不如人，会去苦练技术，若阵型不行，那会氪金。输掉比赛会继续去打比赛，会减少休息的时间。

会上瘾吗？

会。

游戏社交？

加过群，有过战队，帮助我登顶。有过战队，有过周末活动。但不会主动去交流。游戏嘛，就是给人一种精神或消费寄托，他们从线上走到线下，交了很多朋友。消费寄托：没地方花钱，就寄托在游戏上，这也就是为什么游戏消费越来越好，商品越来越完善。

体育精神？

体育电子游戏可以反映体育精神。比如有钱的俱乐部买球星，还要练技术，技术就是教练、踢法，球星就是球星卡，你的价值，有共同点。可以体现公平竞赛，他开挂我可以举报。公平不意味着这件事在发生的时候它是绝对公平的，而是这件事在发生之后怎样的一个处理过程。如韩日世界杯、斯坦福桥惨案，结果至少是让这个游戏朝着更好的方向发展。

012 男 23 岁 研究生 赛事运营

喜欢的运动？

喜欢足球篮球，偶尔运动，大概每周会健身，一周两到三次。足球人数、场地要求较高，很少玩。

玩什么体育电子游戏？

之前一段时间比较喜欢玩实况足球，最近工作忙，玩的少。

如何定义体育电子游戏？

体育电子游戏首先得以现实中存在的体育类项目为体育电子游戏，我觉得竞技类更强的属于，就是身体上这种运动。

游戏经历？

《实况足球》电脑版、手机版。最早 04 年左右，玩《实况 8》。就一直玩电脑版，手机太简陋，会下载汉化补丁，去玩中超球队，后来会玩巴西、法国。手机是去年十二月份开始玩实况手游，主要是冲着这个 IP 去的。

是因为有《实况》情结吗？

因为从小就玩《实况》，有这种游戏情节。还有就是我之所以充值，是因为我从小玩实况玩到大，一直玩的都是《实况》的盗版游戏，从来没花过钱买，所以玩手游时有一定的条件去充值，也相当于为自己欠下的情怀去买单。累计冲了 600 多。

喜欢玩什么模式？

最喜欢玩单机，在线比较少，因为网速不好。

排除网速的影响呢？

排除网速的影响，也得看情况，跟电脑玩可能简单一点就能拿奖励，跟人玩难一点但拿奖励会高一点，相当于两种收益模式，低风险低收益和高风险高收益。现在主要是受到各种因素的限制

（网速、连续输球、工作）玩在线比较少，受胜负影响比较大。

玩体育电子游戏的目的？

玩游戏的目的主要一是收集球员卡牌的感觉，第二是在线对战赢对手的感觉。

会因为明星的代言而去玩一款游戏吗？

球星代言不太会去买单，最关注游戏本身。

体感游戏？

体感健身玩过打网球的那个，跟体育联系不太大，因为他受限制比较大，它主要模拟一些羽毛球、网球之类的运动，这些在现实中也能打。而且比如之前比较火的跳舞毯，就火了一阵，如果说好玩、有用的话那肯定大家都玩。

对现实体育参与的影响？

玩实况对现实体育参与没有影响，只是会有意念上的增加，最后有可能转化为现实的参与，也可能不会。

受游戏胜负的影响程度？

游戏胜负影响很大，若对方确实强，影响不大，若我占优而输球或对方开挂，那我会很难受。

对体育规则、体育知识的促进？

游戏跟现实足球差距较大，这个游戏跟现实足球战术联系不太大，FM不一样，那个控制的是整个球队，而实况控制的只是单个球员，仅仅是一种竞技而已。知识的促进对一些球员的认识促进很大，一些人可能很好用，那我回到现实中关注他，会发现他踢得确实还不错；有时游戏人物比较少，我第一个金球巴卡约科，我会去关注这个人在现实中的表现，如果现实中踢得好，那我觉得是有投资价值的。很烂的，就不会。无形之中就会了解到很多球员。理查尔李森、阿诺德等人。最主要还是通过游戏去了解这个球员的类型，比如姆巴佩那就是速度快，还有一些非一线球星、妖人等人。

会上瘾吗？

不上瘾，但会有一段时间的狂热，只是调节心情。

游戏社交？

加过微信群，逛过贴吧，关注过公众号。最大的目的就是去了解这个游戏相关的新闻，更新、数值变动等，以及一些科普类的信息、操作技巧。群里更多是去看，而不是去发言。社群活动不会参加，大家都不认识。

控制单名球员？

控制一个球员会去控制前锋，平时最喜欢打门将，但操作比较难，前锋比较容易上手，代入感较强，会理解到现实的球员位置。

体育精神？

体育的本质，就是战争的感觉。现实中也有一些不道德的现象，兴奋剂、改年龄等等，游戏中也会有一些断网、倒角等等，这是他的主观意愿，他是先玩的这个游戏，才会想到断网等等，如果他玩的这个游戏不是断网，那说明或多或少有点。我不会断网，落后的时候就是想学习一些。不会提升玩家对于体育精神的领悟。

013 男 47 岁 博士 高校教师

您喜欢体育吗？

喜欢。

那您喜欢那些体育运动呢？

我主要是喜欢足球，大学时候还参加过田径，我还曾经拿过大学的百米冠军，中学校运会之类的，还参加过跳远。主要是足球，田径的话每周大概三四天吧，每次半小时左右。

那现在还踢足球吗？

现在偶尔踢，在毕业之后就踢得比较少了，很多时候在大学里踢球是有场地的，在社会上场地就比较少，上海稍微好一些，但是有好多都是收费的。有些教职工的活动，但现在也没时间参加，也找不到人。

特别喜欢的球星？

以前比较喜欢罗纳尔多，现在比较喜欢 C 罗，球队没有特别喜欢的，主要看球星在哪个队。

为什么喜欢 C 罗？

C 罗比梅西强的地方在于他的意志力、领导能力，梅西往往在逆境的时候很难显示出这种以一己之力改变比赛的能力。这一方面他不如马拉多纳，86 年世界杯，马拉多纳一个人打进了 5 个球，全队都在围绕马拉多纳做战术，86 年的那支阿根廷那是马拉多纳一个人的球队。94 年老马在的时候威风八面，不在的时候就一溃千里。老马和梅西的区别主要在领袖的能力上。C 罗也是如此，他对于整个球队精神的一种鼓舞是很强的。所以我最喜欢的还是这种精神领袖型的、斗士型的球员。

作为一名见证了电子产品发展的人，您玩过电子游戏吗？

我跟你说一下我对游戏认识的一个过程吧。实际上我在大学的时候，那时候电脑都非常的昂贵，一般人买不起，当时为了学电脑，我们宿舍四个人凑钱买了一个小霸王学习机，主要是为了学打字，那时的拼音输入法很笨拙，我们都在学习五笔输入法。

那时打字也是一种乐趣？

很有乐趣，噼里啪啦一串字就打出来了。本来我们是抱着一种学习的目的，但后来有位同学就开始抱着这个打游戏了。小霸王学习机本身带着一些小游戏，也可以装一些游戏卡，跟红白机非常相似。由于声音特别大，当时就很反感，学习的东西怎么能用来玩游戏？而且当时打游戏都是通宵打，包括后来我工作了之后到一个师兄的家里头住了一个月，就打游戏打通宵。当时还是比较反感，认为他们没有自制力、玩物丧志。后来工作了之后，也有了自己的电脑，也逐渐接触到了游戏。我接触的主要是体育的游戏。最早玩的是FIFA99，那个时候FIFA99和现在实际上没有太大的区别，我从FIFA99玩到FIFA01就不太玩了，FIFA01感觉意思就不太大了，还不如FIFA99好玩，但FIFA99那时候也有很多问题，比如FIFA99当年没有买下罗纳尔多的版权，就没有这个人。当时在国际米兰和巴西队的罗纳尔多都没有名字的，都叫No.9。

那时候版权意识还是挺强烈的？

实际上84年的时候，FIFA99是艺电体育的，他们靠大明星以及请他们代言才把这个品牌打了出去，当时罗纳尔多可能就没有参与。因此玩起来会有一些影响。还有就是FIFA99进球后球员跟没事一样走着，然后切一下镜头才开始庆祝，比较笨拙。

01年的时候就感觉意思不太大了，我想不起来当时究竟是为什么，实际上是不断在进步，尽管每一版都有一些区别和bug，后来玩的熟练了，就觉得赢球太没意思了。

那是单机游戏？

对，我一直都玩单机游戏。那时候主要玩两种模式，一种是快速比赛模式，一种是联赛或大赛模式。

为什么不喜欢玩对战模式呢？

可能性格使然，也没想到去玩这种对战，也不想花太多的精力在上面。包括现在也是，玩过那种职业模式，选择一名球员，球队、国籍、长相、位置等等，当然是选的前锋。

实际上我在实际踢足球的时候，我喜欢踢的是前锋，但我最擅长的是守门员。我不知道现实中有多少人在打职业模式的时候选择守门员，一般来说当前锋的比较多，可能中场也不少，但后卫就比较少了，大家都喜欢进球的这种快感。我选择的这个球员刚开始是在巴萨，但经常打不上比赛，然后被租借到一些甲级联赛当中打进很多球。控制球员在前锋它会默认给你各种各样的位置，也可以改变技战术以及各种各样的站位，那么在这种情况下，你当前锋经常看到球传来传去，但不一定会传到你自己的脚下，这个时候可能会感受到一名球员在一个特定的位置上要想有好的表现是多么的难。

另外一种我玩过的体育游戏是极品飞车，那时候已经觉得画面非常惊艳了，很真实，会有一种如临赛场的感觉。

那您喜欢赛车这门运动吗？

不是很感兴趣，但我喜欢开车，当然也有那种方向盘的设备，但是我没有买。

为什么没有买？

那个时候经济条件不允许，而且这种东西又不是必需品，键盘就可以玩，我又不算是游戏的重度玩家。

其他还有一些小的体育游戏，下棋的玩过，比如国际象棋，但现在连规则都忘了。还有一些手机上的小游戏，如网球、桌球等等，这都是小游戏，大型的主要就是 FIFA 和赛车。

国产游戏玩过吗？

没玩过，可能比较差一些，有时候看一下应用市场的评价，就让人失去兴趣了。

体感游戏呢？

最近接触过一些体感类的体育健身游戏，像任天堂的 Wii Sports、跳舞毯，最近体验的有 Just Dance，确实能够起到健身的作用，都不用去健身房了，我的家人都喜欢玩，画面很漂亮、很精致；还有一个叫 Boxing Fitness，打拳击的，玩的是体验版，正式版的大概 300 多块钱，还是比较昂贵的。

玩家昵称？

随便起的，没有特殊的含义。

球队呢？

主要是 AC 米兰和国际米兰，意大利联赛当时被称为小世界杯，对我们这一代球迷影响太大了。

游戏当中的主要乐趣？

控制比赛，控制球队和球员在绿茵场奔驰，现实中的精彩进球、精彩扑救在游戏中都可以看到，跟电视的转播视角差不多，你控制球员就感觉是你在踢球，一些穿透力的进球等等都会在游戏中出线。

会上瘾吗？

基本算不上上瘾，一两个小时会有，但不会通宵打。

还玩过第一人称射击游戏，《三角洲特种部队》，声音画面都很震撼，还玩过《现代战争》，后来的 CS、《半条命》我没玩过，感觉还不如《三角洲特种部队》。

充过钱吗？

从来没有，那时候都是盗版游戏。我从 04 年到上海之后到 18 年，就基本没有再玩过体育电子游戏。压力大，那段时间也不太关注游戏市场。

如何看待那些疯狂充值的青少年？

现在的年轻人可能跟我们在消费观念上不一样，现在可能大家都有钱吧，年轻人获得金钱相对容易，我上大学的时候也就不到一百块钱的生活费，那时候我们消费都非常谨慎，一般不会为纯娱乐品花钱，现在条件好了，花点钱充值可以理解。而且现在消费方式越来越方便，动动手就可以花钱了，很方便。比较理智的充值是可以理解的，有的人充几万块钱就不能理解了。

虚拟世界的体育体验对现实中的体育参与？

对我来说，毕业之后就很少参与体育了，就用电子游戏在某种程度上去取代。

看足球看什么？

场上形势、队员表现，技战术打法不太关注，也看不太懂，但基本的大局还是可以看出来的。

足球游戏中会涉及到对战术的安排，你会关注吗？

不太关注，战术很多，对我来说没什么区别，自己如果打熟练了，怎么都可以赢。但在实际的比赛中，你必须要考虑到战术，而在游戏中，好像没有体现到这一点，我甚至可以让一名门将过掉全场进球。

对体育知识、体育规则的理解？

足球上没有增加，但 NBA 知识增多不少，因为平时不怎么关注 NBA，足球不太明显，因为自己本身接触得比较多。但如果是控制一名前锋，位置时打左边还是右边，自己对这方面的理解还是有所加深的，一个前锋，你得如何去跑位、如何配合、如何得到支持等等。

输球后的心情？

没有明显的影响，有时候调到比较困难的模式，有时会先失球，这时候精神会高度集中，但如果现实中有事情，也会先暂停游戏，立刻回归到现实。虚拟和现实中，是有一种不可逾越的障碍的。

游戏社交?

不打在线，所以很少碰到，也不会加游戏玩家群，有时候为了提高技巧，会在论坛中看一看。

怎么理解体育精神?

夺取胜利、永不放弃、挑战自我、逆境中勇敢面对、坚强意志、团队精神、公平竞赛等等。

游戏中能否体现?

因为体育电子游戏基本上完全是程序化的，它很难去集中地表现出这种体育精神，它更多的表现的是体育的魅力吧，体育之美，比如说速度、力量、获得胜利，当然，你在玩电子游戏时落后的情况下努力去争取胜利，可能也算一点，但体现得并不明显。现实中的比赛像英格兰那场，其他队员都放弃了，但小贝没有放弃，这样在游戏中是看不到的，是不可控的，事先预设好的。

014 女 25 岁 本科 公务员

喜欢什么体育运动?

喜欢足球、篮球，主要喜欢 C 罗和库里。

平时会看他们比赛吗?

会，以前喜欢皇马，C 罗转会之后开始关注尤文图斯。篮球喜欢勇士，因为库里太帅啦。

平时会做什么运动?

平时会跑步、健身，也会打篮球，足球不怎么踢，因为太暴力了，也没有场地。每天运动大概一个多小时。

你玩过体育电子游戏?

玩过，足球的。篮球的都玩过，跳舞毯也玩过。

你觉得什么是体育电子游戏？

只要是跟体育运动相关的电子游戏都是体育电子游戏呀，比如足球篮球，还要一些桌球、棋牌类，包括跑酷、滑雪类，都包含在内。

玩了多少年了？简单介绍一下

玩了大概两三年了吧，平时也就是偶尔玩一玩，我的技术很菜的，我主要是看里面的帅哥。

球员都是些模型，哪来的帅哥？

卡片上都是真人头像呀。

玩游戏就是为了看帅哥？

主要是看帅哥呀，还有一部分原因是我确实挺喜欢这项运动的，有时候没有比赛可看，会在游戏中过一把瘾。

主要用什么设备玩呢？原因是什么？

手机，原因是手机很方便，随时随地都能玩；也用电脑玩过，但不多；像那种 PS4 之类的游戏机没有接触过，因为我也不懂，对游戏也不是很痴迷，所以没必要。

喜欢国产的还是国外的游戏？

emmm，这个还是喜欢国外的吧，毕竟我玩的这几款也都是国外的厂商生产的，至于原因嘛，我也不知道，可能国外的游戏做的更好吧。

游戏中享受的主要乐趣？

主要是看帅哥的乐趣，还有就是进球的那种感觉。

倾向于哪种游戏模式？原因是？

单机模式吧，我技术太菜了，玩在线对战容易被虐，生涯模式看不懂，不会玩。

昵称的依据？

根据 C 罗起的。

如何提升游戏水平？

多打几局，勤加练习吧。

充过钱吗？

没有，游戏就是自己玩，自己觉得快乐就好，有些人可能觉得充值会让自己快乐，而我玩一玩看看帅哥就够了。

怎么看待氪金玩家？觉得公平吗？

我觉得挺公平的呀，人家充了钱阵容强大了这是理所当然的，现实中也有豪门。

有游戏情结吗？

没有，有帅哥情结。

会不会因为明星的代言而去尝试一款游戏？

会呀，只要是我喜欢的明星，我都会去尝试。

加入过游戏社群吗？原因是什么？

基本没有，因为网络上骗子太多了，还有很多没有素质的人。没加过，我就自己玩，而且我是女生，社群基本都是男的，就比较尴尬哈哈。

游戏中的好友与现实中好友相比？

现实中的好友更靠谱，游戏只是生活的调味品，没必要太认真。

是否遇到过破坏游戏环境的玩家？心情如何？

没有诶，我基本不玩在线匹配的，技术太菜。

游戏与您对体育知识、体育规则的理解？

对一些球员和球队的了解增多了，对体育规则的领悟也有一定的加深，还可以加深对这项运动的理解。

您所认为的体育精神？

拼搏、永不言弃。

体育电子游戏能否体现出真正的体育精神？

可以吧，游戏中经常会出现绝杀的场景，这就是对体育精神的一种很好的诠释。

输掉比赛后的心情？

挺失落的吧，不过我技术菜，输了也正常。

游戏对现实体育参与的影响？

基本没影响，这个只是在空余时间玩。

玩过体感健身游戏吗？感觉如何？

玩过跳舞毯，感觉这种体感游戏可能更接近体育的本质吧，因为它可以达到锻炼身体的目的。

赛车类玩过吗？

玩过手游版的《跑跑卡丁车》，也玩过一些电脑版的，主要还是想寻求一种刺激的感觉，但并不是因为喜欢赛车这项运动而去玩游戏。

015 男 36 岁 本科 医生

谈一谈您玩体育电子游戏的历程以及游戏给您造成的现实影响？

体育游戏玩很多年了，喜欢玩体育游戏，我觉得百分之七八十他都是喜欢这东西，比如你喜欢踢球，那你就玩足球，你喜欢赛车，那你就玩赛车，你喜欢骑摩托，那你就玩骑摩托。

然后呢，这个兴趣爱好呢，是偏向于这头儿，他玩儿这游戏以后，它从里边儿得到了一些快乐呢，是咱们看电视啊，还有自己实际上操作呀，比如出去，开车，赛车啊，是不一样的，因为你一些东西你是达不到的，现实当中是吧，你不能开车天天飙车去呀是吧，赛车去呀，你不可能，抱着足球儿上人家那儿工人体育场去比赛去，也没你的资格是吧，只能就在这游戏里面实现一些自己的愿望啊，想法儿。

这刚才，刚才我说的是我自己的一些简单的总结，为什么，从这里边儿能得到一些快乐啊，为什么要玩儿这些游戏哈？然后那个一些负面儿的，那就是游戏嘛，它毕竟伤身体，有的人呢，玩儿的太多呀，就跟你包括球迷，你看球儿一宿熬夜啊，就为看球儿。这些肯定正面，负面都有的，什么都有利有弊嘛是吧。但是呢，很多人都利用不好这个利和弊的关系，但是没有办法，爱好就是爱好是吧。有些爱好入深了的话很容易啊，耽误很多事情。

因为我没这些条件，其实我们自己本身都想去做这些游戏啊，但是没有这个能力。实际上，很多做游戏的人他并不了解。这个玩家想玩到什么游戏只有我们这些啊，真正的球迷才知道怎么去做这个足球游戏，真正的赛车手，真正的这些铁杆儿的赛车手，他才知道怎么去做赛车游戏；真正的这些公司里边儿的人，他没有时间去体会这个现实当中的这个，我们这些普通的老百姓啊，之所以对这个游戏这么渴求，也是我们没有能力去这个足球场踢一场现实的足球比赛，我指的是比如说跟贝克汉姆同场踢球儿，没有这个能力和机会是吧。但是呢，做游戏的人本身他根本体会不到我们这个渴求啊，所以他们做出的游戏也都不成。

所以做游戏的人呀，真应该找这些老玩家铁杆儿去，去多了解一下才能做出一个好的游戏性啊，我指的是游戏性，并不是你的画面儿你的操作。游戏性就是大家想要去怎么玩儿啊，同样都是这个足球儿，我们老百姓想去怎么踢吧，我们想用什么比赛的方式去踢，我们用什么感觉去踢，他们都永远体会不到，只是按自己的方式按自己的商业方式去做这游戏，所以他们做的游戏都不会太长久了。

但是有些游戏尤其是这种实况多年的游戏什么会长久呢？就是因为有这一群铁杆儿球迷，现实当中喜欢看球儿这帮人。所以才玩儿你呢，这实话并不是游戏做多好，是因为我们热爱足球儿，就这一句话。

抛开游戏厂商、游戏质量本身不谈，您觉得体育类游戏给您造成了怎样的现实影响？还比如您在游戏中享受到的主要乐趣，喜欢玩哪种游戏模式？喜欢不喜欢充值？游戏社交如何，能否体会到真正的体育精神等等？

相信所有玩家都不喜欢充值这一项，甭管有钱没钱，尤其是体育类这种竞技性的游戏是吧。但是话说回来了，你现实跟游戏其实是一个道理。你甭管虚拟的世界跟现实世界，他都是人的世界，虽然你在电脑里头在手机里头，但是也是人在里面，是吧，他等于都是一样的，所以呢这个充钱呀，有充多的有充少的，都是不可避免的事吧。不是有人的地儿都有江湖，是吧，都一样，所以没必要太在意这一块儿。

游戏模式，你看无论是这种纯网游啊，像这武侠呀。这种纯网游说你一充充好几十万，为了买了一把刀，买了这一身盔甲，说好几十万从玩家手里买，或者从充游戏钱里头买，是吧，他都是为了什么呀？都是为了PK。实况足球，比如说你不充钱的玩家，他玩儿游戏也是为了PK，什么PK，与真人PK。比如说你在现实当中，工作学习受挫啦，说我学习成绩老上不去，在班里呢，排名很低，找不到这种满足是吧，但是你有一颗想把分考好的心，但是呢，你却走偏了，去玩儿游戏了，玩儿足球儿踢的挺好，实况老天梯前十，慢慢儿你就不爱去学习了。比如你在工作上是吧，

经常受不到领导的赏识。然后呢，你自己呢，就认为自己很有能
力呢，怀才不遇，结果有一天你玩儿实况足球儿，你又喜欢足球，
天梯踢到前十了。慢慢儿慢慢儿地，你就把这种啊，这种自信、
自豪感转移到这个游戏上，工作呢反而扔下了，这就是一个最大
的影响，这也是咱们很多的一些年纪比较小的，尤其是初中生。
初中生到刚上班儿这个年龄段，特别容易受游戏这方面影响，他
在游戏里能找到自豪啊、自信啊，而且呢，交到很多平时在现实
当中交不到好朋友，所以游戏非常吸引人。

　　体育精神这块儿是完全体会不到的，他只能体会到一些团体
的协作精神，无论什么游戏吧，说一分钱不充的，还有一充好几
十万充好几百万的甚至，好几百万人民币的这种玩家啊，我们这
边儿也有他这聚会，好家伙，全是充几百万的人啊，甚至更多咱
就不知道了。他聚会。都是一个地儿的，或者互相来呀，没事儿
一块儿聚聚会聊聊天儿啊，交到一些朋友，他是得到这些快乐吧，
也算是。像我们这些充的少呢，也会聚会啊，你在哪你在哪儿啊?
在北京呢，咱聚聚聊聊足球儿啊，看足球儿。这些快乐是吧。现
在就是网络社会，所以现在交友主要还是靠网络，不光是男女朋
友，这些哥们儿弟兄们基本上都是网上交。是吧。

016 女 20 岁 本科 大学生

　　我是一个喜欢赛车的女生，从 F1 到 F2, 从 FE 到 WEC, 我都如
数家珍，而近年来，F1 官方在原先的模拟器基础上推出了例如 F1
2017、F12018 等体育电子游戏，让普通人不需要购买昂贵的模拟
器便可以感受赛车文化的魅力。

　　说起我喜欢体育电子游戏的第一个原因，不用纠结，那一定是
体育电子游戏带给我的放松感。进入大学，繁重的课业有时往往压

得我喘不过气来，此时，来上一局模拟赛车游戏比赛，很大程度上能拯救我于水火之中。选择好心仪的赛车，切换赛道，等待五盏红灯熄灭之时，松开离合器，按下油门，启动赛车，犹如离弦之箭般冲出的赛车能带走无尽的烦恼。

许多爱玩体育电子游戏的小伙伴们一定也有同样的感受，心情不好或是压力过大时，都愿意玩上一局游戏，投上几个球，以舒缓压力或是不快。

至于第二个原因，也与我们的梦想分不开。从小就被培养看赛车，虽然将来不可能成为一名职业赛车手，但我从小的梦想就是从事和赛车有关的事业，一味地看资料，看视频，确实能培养一定的技巧，但要真正了解并掌握赛车，还是需要自己动手，感受不同的过弯线路对于圈速的影响，体验不同轮胎的抓地力。

在我身边，也有着一群热爱NBA的男生，也许他们和我一样，没有机会真的前往NBA实现自己的梦想，但一些体育电子游戏能让他们很大程度上接近自己的梦想，虽然没有NBA现场的刺激感，也没有在球场上挥洒汗水的愉悦感，但手机中逼真的场景模拟，队友间默契的配合，很大程度上助力了梦想的实现。

还有加强伙伴沟通、锻炼思维等。

017 男 20 岁 本科 大学生

我刚开始接触体育电子游戏是抱着学习的心态，因为以前对技术类的体育项目比较感兴趣，所以希望能在该类游戏中学习一些技巧知识，但里面关于技巧性的知识少之又少，但确实也有一些关于体育项目的信息。

体育电子游戏对我自己来说，在放松心情、愉悦身心方面有很大帮助。而且在游戏中还设置了竞赛形式的规则，比如一个拳击比赛游戏，它像真实的拳击比赛一样设置比赛规则，当自己每打败一个对手时，他会在心理上给自己一种成就感，从而产生一种自我认同感。

我觉得体育电子游戏还可以锻炼人的反应能力和部分思维能力，当然也会上瘾。以前我玩电子游戏的时候，会短暂沉迷其中，但只要玩腻了，也会产生一种无聊感，很快就能从中抽离出来。虽然体育电子游戏对真实的体育项目有很高的模拟性，但和现实的竞技运动还是有很大的区别。

018 男 20 岁 本科 大学生

谈到体育电子游戏，对于我来说无疑是一个熟悉的话题。因为在我的日常生活中我就经常玩体育电子游戏，而它也渐渐成为了我生活中娱乐方式的一部分。究其根本，我之所以在电子游戏这个大的框架内，特别青睐体育电子游戏，是因为我本身就是一个体育迷，尤其钟爱篮球这项运动，并且喜欢看 NBA 等篮球赛事。这也是我喜爱玩体育电子游戏的直接原因，因为体育电子游戏的本质来源于体育。

新媒体时代的来临，极大地丰富了我们的生活，特别是娱乐休闲方式。电子游戏的飞速发展，日新月异就是最好的证明，人们渐渐发现，原来在游戏所创建的虚拟世界中，也能寻找到几乎一样的快乐，而对于体育电子游戏来说，实现这份快乐只需要动动手指、动动眼睛、动动头脑就可以，并不需要像真实世界中的体育运动那样需要大量的训练，比赛，挥汗如雨，甚至出现伤病的痛苦，这些在电子游戏的世界中，都是不存在的，即使存在，也可能只是游戏内的设定而已，并非本人自身的真实体验，因此，从这个角度上来看，体育电子游戏给予我们的体验可能是趋利避害的，这也是我个人体验中认为体育电子游戏的第一个优点。

而从另一个角度来说，在体育电子游戏中，除了不用自身承担身体的劳累、汗水、伤病等，我们还能体验到现实世界我们可能无法拥有的能力，而这也是我玩体育电子游戏的最大动力。例如，世界知名体育电子游戏NBA2K系列，每一年都会推出新的版本，将NBA每一个赛季的球队的不同变化进行更新，包括将球员的能力值进行相应的调整，以此达到最大程度的真实还原美职篮。而现实世界是，我们可能一辈子都没办法成为NBA球员，或者去掌控其中的某一支球队，这对于我这个篮球迷来说无疑是有些遗憾的，但是我却可以在体育电子游戏中最大程度的弥补这份遗憾，甚至可以在这之中获得同等的快乐，我可以在这款游戏中创建自己的角色，征战美职篮，也可以操控一支我最喜欢的NBA球队，这份快乐自然是我在现实世界中无法体验到的。在另一款体育电子手游《最强NBA》中，我可以通过各种方式获得自己想要的NBA球星，并在比赛中单独操控他，感受到这名球星的强大实力，更进一步地拉近了我与职业体育的距离。这些都是体育电子游戏所带给我的无与伦比的体验与魅力。

论及了优点，不妨也说说我在玩体育电子游戏体验中不好的一面，最明显的，也是所有电子游戏的通病，对于我们身体，几乎是百害而无一利的。我们的肉眼高度集中在电子屏幕上，无论是电脑还是手机屏幕，多少都会存在辐射，并且屏幕持续的亮度也会使得我的眼睛感到疲劳。体育电子游戏也会逐渐使得我变得更"懒惰"，因为我会陶醉在虚拟世界中游戏角色更强的运动能力、运动技巧，而相应地减少了现实世界中的体育锻炼，而游戏几乎都是坐着玩的，这是谁都知道的，坐一下午玩了数百场篮球比赛，还是在球场打了一下午篮球，对于人身体的好坏，高下立判。因此，从这个角度来说,我就没有特别好的体验。因为生命源于运动,而非运动电子游戏,即体育电子游戏,体育运动所带给我的全身心的那份快乐,是电子游戏永远所无法取代的。

体育电子游戏,对于热爱体育的我来说,在无法进行体育运动的时候,譬如天气恶劣的时候、深夜孤寂无聊的时候、受伤病困扰的时候等等,都能给予我很大的快乐,但是它永远无法替代现实世界中,体育运动的本身。因为一切虚拟世界的产物,它们的灵魂,都来源于我们所处的,最真实的这个世界中。

019 男 20 岁 本科 大学生

就年轻人这样一个大群体而言,体育无疑是大部分人生活当中缺一不可的调味品,体育内核的精神很贴切年轻人的个性。于是乎,体育类的电子游戏也已成为大多数年轻人比较青睐的娱乐工具。我本人呢,平时算是热爱体育运动的年轻人,也有自己特别喜欢的运动项目,所以,我所玩的电子游戏正是体育类的游戏比如《实况足球》、FIFA Online 以及 NBA2K。

我认为,体育电子游戏可以增强个人对体育运动的兴趣,因为我平时喜欢踢足球,所以最早接触的体育类电子游戏是《实况足球8》,这是一款足球游戏。那会儿还是读小学的时候,我从小学就开始踢足球的,当时接触足球算是一次偶然,看见高年级的大哥哥们在足球场上踢球时欢声笑语一片祥和,我的脑海里慢慢就浮现一个画面场——我是他们当中的一员,并且被大家簇拥着。所以,我就开始主动加入他们。但是起初,我年龄小且身板小,他们都不怎么接纳我,我在这当中很少能踢上球,加之跟我年纪相仿的同学就没几个想踢足球的,我的"足球梦"就渐渐消散了。

而有一天,我去小区的某位与我关系要好的哥哥家里串门时,他正在玩《实况足球 10》我在旁边看到电脑屏幕上显示着一块绿色的场地，音响里还传来加油助威声，我定神细视，发现这里边居然是在踢足球，而哥哥正在用手指灵活地敲击键盘来控制游戏中的"人"，没过多久游戏里的队员进球得分了，之后还会有庆祝时刻的特写镜头。当时我就被吸引了，主动请求体验体验这个游戏。那一天的时间，我基本上都在和他一起玩这个足球游戏。之后回了家，我也下载了这款游戏，开始了疯狂玩游戏的模式。久而久之，我对足球的兴趣越来越浓，正是因为玩了这款游戏，我在学校里跟同学们踢球时，才会更加投入，也更加享受参与其中的乐趣。

之后我就一直踢球，初中高中也没放弃这个兴趣，直到现在我还在绿茵场上奔跑。可以说，体育类的电子游戏，会给你的认知体系里注入更多的热爱，它会让你从游戏中体验到体育竞技时的真实感。因为体育运动总有胜负观念，而每个人都有一颗好胜心，在体育电子游戏中，每当你获得了胜利，心里总会迸发出激动的情感，这样的情感会使每一位亲历者上瘾，从而在现实生活中会去主动刻意地找寻这样一种感受，于是，找寻的过程便会让你不由自主地增强对这项运动的兴趣，除了增强兴趣，体育电子游戏还加深了我对相关体育项目的理解。如果说，小学的时候参加某些运动，只是为了享受过程当中的快乐，那么，在高中生、大学生等这样的青少年甚至是成年人眼中，参加体育运动还能从中感受到所谓的成就感。而这样的成就感是参与者在参与过程中，通过自身的高水平发挥所获得的精神奖励。要想有所谓的高水平发挥，自然少不了对运动项目的深刻理解。而我们在玩体育电子游戏的过程中，其实就相当于我们在进行着体育运动，只不过我们把运动的场所从现实搬移到了虚拟而已。但其实，通过电子技术的操作手段，我们在游戏中所呈现的每一次动作就好比我们亲自在运动场上进行着这样的动作。

我们在现实运动中做的每一个动作，都是要经过大脑的思考后发布指令，我们在游戏中也一样，都需要我们自己想执行何种战术、用哪种方式完成相关任务。就这么一局有一局地操作，我们在脑海中也会不由自主地形成相应的运动思维模式，当我们用最为合理的思维方式来完成游戏时，我们就能收获胜利，就能有感叹自己实力水平之高的机会，心里满满的成就感就会溢出。而这一切，正是在游戏过程中加深了对相关体育项目的理解后才会有的收获，所以适当参与到体育电子游戏中，会给喜欢某项体育运动的人增强兴趣和加深对运动项目的理解！

020 男 20 岁 本科 大学生

从小就喜欢打篮球的我在小学就玩了第一款 NBA2K 游戏《NBA2K11》，当时我还没有看 NBA，游戏中唯一认识的球员也只有迈克尔乔丹，于是就一直在游戏里用乔丹打比赛，到后来看了 NBA 比赛后对游戏的理解才开始深入起来，

NBA2K 系列作为十几年来篮球游戏的霸主，一直拥有着不可撼动的地位。随着时间的推移，游戏的画面、内容也在不断地变好、变丰富，从最初的马赛克到如今的真人动作采集，2K 一直在不断地带给我惊喜。

游玩 2K 能带给我的最直观的体验就是我能从中感到快乐，我能沉迷于其中，我会为了游戏里每场比赛的失利而难过，我也会为了自己打出的精彩操作而拍手叫好。有时想打球遇到下雨等天气就可以在电脑上"云打球"；被批评之后心情不好，可以在游戏里发泄情绪。同时体育电子游戏能够帮助我们更加深刻地去了解这项运动，当我在玩 2K 游戏时，我为了让自己的球队变强，我会去了解各个球员的数据，精确到他们的三分、突破、防守、篮板等方

面，什么球员适合打主力，什么球员适合打替补等等，这帮助我很好的了解了 NBA 里球员的打球风格、能力。因为作为学生，NBA大部分比赛都在早上或者中午，根本没有时间去看比赛，去了解球员的动向，而 2K 游戏就很好地弥补了这一点。电子游戏永远不是一个贬义词，而体育电子游戏则更是如此，它能够很好地帮我们了解体育运动，更深层次地去理解体育所包含的魅力，所带给我们的快乐。

021 男 23 岁 硕士 研究生

体育电子游戏历程？

特别喜欢篮球，玩篮球游戏也有七八年了，高中的时候就开始玩 NBA2K，但由于学习紧张，家长管得也很严，所以真正玩的时间并不多。平时打球多一些，玩游戏也就是周末回家才能玩一会。后来上大学了就特别想买笔记本，为的就是玩篮球游戏，大概是大二上学期才买的笔记本，那个时候也是我玩游戏最疯狂的阶段。我接触到了 NBA2K ol 系列，可以跟室友联机，经常几个人玩个大半天，玩累了再去球场打球，后来又出了 ol2，玩法更加多样，画面也更加真实，但也就玩了半年多，研究生期间基本没咋玩。

为什么不玩了？

主要是现在时间不是很充裕，不像大学时那么无忧无虑，现在已经很少能有精力安心坐在电脑面前打一局游戏了，但为了解决游戏瘾，我现在更多的是利用碎片化的时间用手机玩一玩腾讯出的那个最强 NBA，躺床上就能玩，也挺好。

喜欢玩什么模式？

与真人对战。以前玩的都是盗版的单机游戏，不存在那种在线对战，感觉与电脑打也很刺激，但玩久了就觉得没意思了，我更喜欢的是那种跟朋友一起联机玩的感觉。

喜欢玩国内的还是国外的？

我对这个没什么要求，只要是好玩，国内国外都可以。

"好玩"具体指的是什么？

操作起来顺畅，可以做一些花式动作、暴扣之类的，还有就是人脸要逼真，网络要流畅。

遇到过卡网的情况吗？

经常遇到，有时候服务器会断开，连接不稳定，很影响情绪，甚至因此卸载了好几次，但后来又下载了回来。

怎么又下回来了？

无聊的时候就想看一些玩一些跟篮球有关的东西，没有条件去打球，就在游戏里发泄。

充值吗？

我大概也就充了几百块，现在玩一款游戏不充几个钱根本玩不下去。像最强 NBA，一个球星就得 200 块钱，一个特效也要 100 块钱，免费的球星就那么几个，有钱就是爹。

你朋友们都充值吗？

都充，有多有少，有的人好几千好几千的充，也是因为太过于热爱篮球了。其实开心最重要，充多少无所谓。

你怎么看待这种现象？

我觉得现在的游戏都太过于强调充值了，你包括现在听首歌都要花钱，这个时代已经是个付费的时代了，干什么都要花钱，人都掉钱眼里去了，反而忘记了游戏的初衷是什么。

没想过买一款正版的游戏感受一下吗？

想过，但是太贵了，还要买游戏机啥的，感觉没必要，玩游戏就是图个乐而已，没必要太较真。

你觉得这个游戏对你在现实中打球有什么帮助？

帮助稍微有一些，大局观会有提升，还有一些游戏中的花式动作会在现实中打球的时候不经意间做出来，虽然有时候会失败。

对篮球知识呢？

这个提升很大，通过数值对很多球员的特点都有了深入的了解，包括一些传奇球星，以前都不知道的，也通过游戏了解了。

加过相关的游戏社群吗？

以前玩 2K online 的时候加过，而且在群聊中还很活跃，也交到了不少朋友。现在不怎么玩了，也都没加，以前加的都是 QQ 群，但现在 QQ 都不怎么看了，所以平时也不会看群消息。我偶尔会去逛贴吧，看一些跟游戏相关的信息，了解一下大家都关心的球星卡。

线下活动会参加吗？

永远不会，因为都不认识。

如何比较游戏好友与现实好友？

我在游戏中的好友基本都是现实中的好友，以前也交过一些游戏中的朋友，但大家交流的话题仅限于游戏，肯定不如现实中的好友感情深。

篮球游戏可以促进你对体育精神的领悟吗？

我在游戏的过程中不会去刻意想到"体育精神"这个词，也感受不到体育精神，也许从这方面来说，这游戏对体育精神的传达还不够。但从另一方面来讲，我跟队友的配合、最后时刻不放弃的绝杀也都能体现出一些团队协作、永不放弃的体育精神。其实在游戏过程中，很多人的情绪都是负面的，因为氪金玩家有很多，你怎么都投不过他，就很气人，也会有很多打不过强行退出的玩家，还有一些故意断网拖延时间的玩家，他们都毫无体育精神，或者说这些人他们本身就是这样的人，跟这个游戏是不是"体育电子游戏"没有关系。

还有什么想要表达的吗？

作为体育电子游戏这个玩家群体而言，竞技是最重要的，因此如果多一些赛事、多一些像电子竞技那样的运作模式，或者多一些与现实球星的关联，或许这个群体才能壮大起来，然后才能有更多的人关注。

022 男 27 岁 本科 白领

喜欢什么体育项目？

我喜欢的体育项目是篮球，因为偶然的机会看 NBA 喜欢上了韦德，后来就接触篮球喜欢篮球。

那一定很喜欢热火了？

我喜欢热火队的韦德，因为笑容灿烂，打法飘逸，招牌迷踪步是我最喜欢的一个动作。

平时参加运动吗？

我平时一周有两天的时间花在运动上，原因是喜欢篮球这个运动再加上锻炼身体，助于健康。

你认为什么是体育电子游戏？

我认为按照完全照现实中运动的规则，真实性强的游戏才能算得上是体育电子游戏，如果是小游戏那只能是体育题材的游戏，算不上真的体育电子游戏。

那你喜欢玩那些体育电子游戏？

我喜欢玩的是 NBA2K OL2，这款游戏是腾讯出品，在原有的 2K OL1 上面做了升级，画质比较好，数据会随着 NBA 球员现实中的表现而改变。

玩了多长时间了？

我玩体育游戏有 3 年左右，一开始是大一的时候接触，玩的是 NBA2K OL，那时候这个游戏已经跟不上时代了，画质，游戏操控性都属于不高，玩了一段时间后来腾讯出了 NBA2K OL2，最先是在网吧玩的，感觉画质有了很大的提升而且动作更灵活丰富，可玩性更高了，就喜欢上玩 OL2。

是什么原因让你喜欢上这款游戏？

喜欢玩这类游戏，原因是喜欢 NBA 球星，在游戏里收集这些球星，我觉得很有意义，而且用这些球员会有代入感吧，用韦德放出迷踪步，有一种青春回来了的感觉。

有什么设备玩？

电脑，这个游戏只能用电脑。

喜欢玩国外的还是国产的？原因是？

无论是国内的体育电子游戏还是国外的体育电子游戏，只要好玩，服务器好，网络佳，我都会去尝试。

游戏中享受的主要乐趣？

我在游戏中享受的乐趣就是，收集我喜爱的 NBA 球星，得到一种满足感吧，能够使我快乐。

喜欢玩哪种模式？

我倾向于玩在线类的游戏，因为和人玩才有竞技性对抗。

游戏昵称？

游戏中的昵称是乱起的。

如何提升自己的游戏水平？

一般是看一些操作视频，然后自己去练习。

玩过生涯模式吗？打哪个位置？

我会打得分后卫，因为喜欢韦德呀，所以喜欢用得分后卫，享受进球的乐趣。

那平时打的也是这个位置吗？

差不多，会模仿韦德的一些技巧。

充值码？

我充过钱，充了几百块了，为了买自己喜欢的球员。消费理念就是小充一些无所谓。

怎么看待氪金玩家？

我认为氪金玩家是一种正常的群体，有人爱氪金走捷径，有人不爱充钱喜欢花时间去玩，这都是每个人不同的游戏方式，都很正常。

有游戏情结吗？

游戏情结我不大清楚，但是我热爱篮球游戏。

人际关系如何？

我的人际关系还行，朋友挺多。

加入过游戏社群吗？为什么？

我加入过游戏社群，就是游戏的微信群，因为讨论游戏，人多比较好玩。

在社群中活跃吗？如何与玩家相处？

我在社群中比较活跃，我的相处模式就是，想到什么说什么，关于篮球，关于游戏的都可以聊。

是否会参加社群举办的线下活动？为什么？

我参加过游戏群举办的线下活动，因为群里有几个熟人是朋友，然后就聚一聚吃个饭。

如果是陌生人呢？

那一般不会参加，也看情况吧。

游戏中的好友与现实中好友相比？

我认为现实中的朋友更好，因为接触的时间更长，培养的感情更好。

是否遇到过破坏游戏环境的玩家？心情如何？

我在游戏中遇到过外挂和不文明游戏行为，我的心情很烦，我讨厌这一类玩家，我感觉这种恶性行为很破坏游戏平衡。

游戏与您对体育知识、体育规则的理解？

我认为体育电子游戏加深了玩家对于篮球这项运动的规则上的认知，因为在玩游戏的过程中，肯定会经历犯规，而且让玩家认识了很多 NBA 的球星。

您所认为的体育精神？

我认为的体育精神是竞技，体育这项运动就是对抗与竞技，比拼个高下。

体育电子游戏能否体现出真正的体育精神？

我认为体育电子游戏体现出体育的竞技精神吧，竞技性很强。

输掉比赛后的心情？

在输掉一场比赛后我通常比较烦，有时候会选择喝杯茶缓解一下，如果是连败就会退出游戏玩点其他游戏，缓解一下情绪。

游戏对现实体育参与的影响？

虚拟世界的电子游戏对现实中的体育运动我认为是有影响的，因为更加全面的认识篮球这项运动，对于规则，认知，玩法，打法都会进一步的理解。

023 女 24 岁 本科 设计师

有喜欢的体育项目吗？

喜欢跑步、健身。

平时会不会关注球赛之类的？

不关注。

那你玩体育类电子游戏吗？

我只玩过赛车类的。

能详细讲一下吗？

就是《QQ飞车》《跑跑卡丁车》之类的，初中的时候就开始玩跑跑卡丁车了，后来玩的《QQ飞车》，然后就特别喜欢这种赛车游戏里的音乐，感觉边听音乐边玩赛车游戏很刺激。还有就是游戏中的角色，我会尽可能用道具买装备把角色打扮得更漂亮更炫酷，现在已经好多年不玩了。

用什么设备？

以前都是用电脑，但前段时间发现《QQ飞车》都已经开发出手机版了，我也下载了玩了几把，感觉跟电脑上没什么区别，满满的回忆。

在游戏中享受的主要乐趣是什么？

享受的主要乐趣，一个是玩赛车的刺激感，一个是通过操作技巧把对手远远甩在身后的满足感，还有就是可以认识到一些游戏中的好友。

游戏好友是怎么加的呢？

都是以前加的，加QQ号。

那你加过游戏社群吗？

加过QQ群，也加过一些公社，都是一起玩游戏的。

在社群中活跃吗？

挺活跃的，加群就是为了和大家交流嘛，可以交到一些好友，我玩游戏一般都会加群。

会在游戏中感受到一些体育的魅力吗？

可以感受到一些竞技的魅力，一群人你追我赶，落后很多也不放弃，会体现出一些竞技精神，但单就赛车这方面来说，这些游戏并不像专业的赛道那样真实，一些角色也只是卡通人物，我本事对赛车也不太了解，并没有从中感受到一些赛车文化的魅力，也没有加强对于赛车比赛的了解，只是单纯的喜欢这个游戏带来的刺激感。

接触过体感健身类游戏吗？

体感类的跳舞机我倒是很久以前就接触过了，在电玩城玩过piu，还有《E舞成名》，我个人认为这种可能更算得上是体育游戏，因为你是真正在参与其中，而且跳舞毯不仅仅带给我身材上的改变，还有性格上的变化。

什么变化？

我以前性格是很内向的那种，从来就没想过自己能在众目睽睽之下跳舞，但在接触了跳舞机之后，从慢慢地不会调速到轻车熟路再到尝试一些有难度的歌，我的性格变得更加开朗，我甚至高中的时候翘课一下午去玩跳舞机。还有一点，玩这个跳舞机真的可以结识到很多志趣相投的朋友，我觉得这个乐趣也要远大于跳舞机本身，你可以想象到一些人不用提前约好，每天很有默契的自觉聚在一起，跳累了扯扯闲天，心情来了斗斗舞，真的很开心。

024 男 25 岁 硕士 研究生

喜欢的运动？

篮球、羽毛球。

有喜欢的明星吗？

喜欢湖人和科比，科比的后仰跳投十分销魂，记忆犹新的是他绝杀热火的那场，韦德都封到眼睛了，还是能进。

那平时打篮球吗?

篮球、羽毛球都打,也会跑步健身,每周大概三四次左右,每次一两个小时。

喜欢玩篮球游戏吗?

玩 NBA2K、《街头篮球》。

其他体育类的游戏呢?

赛车的《极品飞车》《QQ 飞车》,拳击类都玩过。

都玩多长时间了?

赛车类的大概从小就开始玩了,篮球类的时间不长,上了大学之后才开始的,因为大学舍友都在玩,我是受他们的影响。

是因为喜欢篮球才玩的吗?

对,也为了看一些球员的数据,了解一些球员的数值,这可以帮助我在看球的时候更好地了解一些球员。

通过什么设备玩呢?

电脑、手机,现在主要用手机玩腾讯的那个最强 NBA 手游,主要原因是方便玩,随时都可以玩。之所以不用游戏机,一是买不起,太贵了。二是觉得没必要,我也不是特别狂热。

喜欢玩国外的还是国产的? 原因是?

国外的,国产的太垃圾了,而且还没有版权,腾讯代理的那个就是让你充钱的。游戏一旦与充值挂钩,这个游戏的味道就变了。

游戏中享受的主要乐趣?

主要乐趣就是可以像偶像一样在 NBA 打球,会有一种满足感和自我价值实现感,玩赛车就是寻求一种刺激感,偶尔烦躁的时候可以放松放松。

倾向于玩哪种模式? 原因是?

在线对战啊，跟人机玩有什么意思。

如何提升自己的游戏水平？

就不停地打。

操纵单名球员会打哪个位置？与现实中相同吗？

得分后卫，因为科比就是得分后卫呀。现实中打控卫或得分后卫，因为身高太矮了，哈哈哈。

游戏消费？

前前后后大概几千块钱，腾讯代理的终极目的就是为了圈你钱，球员之间数值看似差的不多，实际操作起来差距很大。为什么充钱，就是为了获得自己想要的球员，为了自己的信仰，哈哈哈。

怎么看待氪金玩家？

这个挺公平的吧，我本身也是氪金，花了钱买好球员为什么不公平，这个现实中也是一样的，强队弱队都有的。但弱队也可以胜强队，这个在游戏中就看技术了。

有游戏情结吗？

没听说过。

游戏通关后还会继续玩吗？玩新版还是老版？

玩新的吧，通关了还有啥好玩的。

会不会因为明星的代言而去尝试一款游戏？

这个要看情况，如果是我喜欢的明星，我或许会下载，但主要还是看游戏本身。

您的人际关系如何？

非常好，very good。

加入过游戏社群吗？为什么？

加入过，主要还是为了找人一起玩，大家一起连麦还是很有意思的；还有就是会有一些游戏福利大家请一起分享，比如一些扫码的福利。

在社群中活跃吗？如何与玩家相处？

活跃，主动交流，主动讨论游戏，不亦乐乎。

是否会参加社群举办的线下活动？为什么？

这个也要看情况，如果有那种线下举办的比赛可以拿奖品之类的，我会考虑参加，如果就是纯玩，我觉得挺乱的，大家都不认识，会很尴尬。

游戏中的好友与现实中好友相比？

我觉得各有各的好处吧，我可能跟群里的人聊得更多。

是否遇到过破坏游戏环境的玩家？心情如何？

有很多，直接举报，然后再群里曝光他。

游戏与您对体育知识、体育规则的理解？

对一些陌生的球员、有潜力的球员确实增加了了解，对一些传奇也有了解，让我可以更好地理解篮球这项运动。赛车的话就是纯玩，对于规则理解的不多。

您所认为的体育精神？

拼搏到底吧，永不放弃。

体育电子游戏能否体现出真正的体育精神？

我觉得精神层面上是可以体现出来的，但也有很多不道德的人，他们可能对体育精神的领悟就几乎没有。

输掉比赛后的心情？

很不爽，有时候会摔手机、摔键盘。

游戏对现实体育参与的影响？

对一些花式动作会有启发但帮助不太大，对于场上形势判断倒是比较有用，因为玩游戏的时候是一个上帝视角，这无形中会

加强现实中对场上形势的判断

玩过体感健身游戏吗？感觉如何？

玩过那个马里奥网球，没啥意思，玩玩而已，不如在现实中打得爽。

赛车类的呢？

就是为了寻求刺激，而不是说因为喜欢赛车这项运动才去玩。

025 男 22 岁 本科 大学生

喜欢的运动？

篮球，因为喜欢看 NBA，最喜欢火箭队，喜欢哈登，因为他打球会利用规则，篮球智商极高。

平常运动吗？

一周打五天球左右，每次两个小时。

您认为的体育电子游戏？

像 NBA2K ol2 这样的游戏，因为体育电子游戏一定要体育主题的。

玩那些？多长时间？

NBA2K ol2 以及 2k 单机系列，6 年左右，从高二开始接触了 NBA2K ol。

喜欢的模式？

特别喜欢王朝和经理，可以构建自己的阵容，让现实里没法联手的球星在一起打球。还有在线以及职业生涯模式，在线是因为喜欢跟朋友一起，职业生涯是因为自己打不了 NBA，也算是一种变相圆梦吧。

设备？

电脑，手机屏幕太小了，体验感也不好。

为什么不用游戏机玩呢?

因为电脑普及程度更大,如果只为了玩一款游戏没必要入手游戏机。

游戏目的?

网游戏的目的是娱乐,打发时间。

喜欢国内的还是国外的?

国外的话 NBA2K 系列,国内 NBA2K ol2,其实都不错,国内的社交体感更好一些。

主要游戏乐趣?

主要乐趣是跟朋友一起开黑。

如何提升水平?

为了提升水平,一般会去贴吧你学习。

生涯模式会操控哪个位置?

PG,因为在学校里就是这个位置。

充值吗?

充过,从小到大有好几万了。充不充钱完全看活动能否打动我。

为什么充值这么多?

因为那个时候比较沉迷游戏,就把所有的钱都投进去了,现在心理成熟了,明白现实大于游戏。身边的朋友都是轻氪,有的跟我一样,大部分都是充值较少,没事娱乐玩两把。

如何看待氪金玩家?

公平,投入就应该有回报。

人际关系如何?

人际关系比较好,朋友很多。

游戏玩家群? 活跃吗?

加入过，为了认识更多一起玩游戏的朋友，比较活跃，交流比较多的是阵容问题。

会参加线下活动吗？

不会，不想把游戏带入现实。

游戏好友与现实好友相比？

现实好友更重要，生活大于游戏。

如何看待作弊玩家？

遇到过，心情很不好丧失了游戏乐趣，这种行为应该严厉打击。

游戏能否促进对项目的理解？

对于技术没有提升，但是对于大局观，以及体育发展史会有一定了解。

你所认为的体育精神？

体育精神，应该是不放弃的精神，敢于拼搏。

游戏中能否体现？

可以体现，体育精神就是不放弃和顽强拼搏。

游戏失败时的心情？

不会受到太大影响，对于输赢看得比较轻。

对现实体育参与的影响？

无影响，一般情况下。现实的体育运动优先级大于虚拟。

你觉得你们这个群体是什么样子的，能否详细描绘一下？

我觉得对于体育电子游戏的群体很少出现那些痴迷于游戏的，这个群体大部分都是热爱某项体育运动，在没有条件的情况下会选择用游戏来代替。

你觉得这个游戏会在你的生活中占据多大的比重？

比重在很小一部分吧，大概两天玩一次。

更看重游戏哪方面？

看中可玩性，但如果长时间一成不变就会反感。

026 男 22 岁 大专生

喜欢的运动？

篮球，从初中开始打，喜欢和朋友一起玩，慢慢喜欢上了。

有喜欢的球队或球员吗？

喜欢勇士，库里和汤普森。喜欢他们果断的三分球，第三节的三分雨一波流带走对手，库里和汤神性格好，对队友，对手都很好。

平时打球吗？

在学校打球时间多，现在工作，运动时间少了。

什么是体育电子游戏？

像 2K ol2 就像体育电子游戏，因为给人真正篮球竞技。

玩过哪些体育电子游戏？

就 2K ol2，2K ol 不好玩，手游玩过 2K14、18、20，但体验不如 2K ol2。

玩多长时间了？

刚玩 2K ol2，二十多天，并无历程，还是一个累积的过程。

感觉怎么样？

2K ol2 是我唯一觉得有可玩性的，非常贴切现实生活，各种能力方面，数值方面都很贴切，而自己组阵容，慢慢养成，也是我很喜欢的能够养成，能够将养成的实时和别的玩家对抗。

用什么设备？

电脑。更喜欢用手机，方便。电脑实在是迫不得已，因为工作后没有整片的时间去玩。

玩游戏的目的？

消遣，放松自己。

喜欢国产的还是国外的？

谁产的不重要，更看重的是否原汁原味。

游戏中享受的主要乐趣？

绝杀，或者碾压。曾经我就在 16 秒内连续用洛瑞投进两个三分加一个抢断拖入加时并获胜，当时就觉得和麦迪一样。刺激，兴奋。

喜欢哪种模式？

经营＋养成＋实时对抗吧。

更喜欢哪种？

实时对抗吧，跟真人打才有意思。

游戏昵称的依据？

昵称随意的，没有什么特殊意义，随便打的。

如何提升游戏水平？

经常会自己打人机熟悉熟悉战术等等，感受下怎么投篮按绿。阵容上的补强，可能会充钱。

生涯模式打那个位置？跟现实中是否相同？

SG，喜欢用各种高难度，超远投篮杀死比赛。

充值吗？

充过，只充过 2K ol2，理念就是在自己的能力范围内去充。

如何看待氪金玩家？

每个人的想法不一样，有的人是享受充钱的乐趣，有的人是享受一步步来，一步步强大的过程。如果能逆转氪金玩家，反而更有成就感。

有游戏情结吗？

有吧，因为只喜欢篮球，所以不会去找足球什么之类的。

人际关系？

关系很好，身边也有很多喜欢打篮球的同学。

游戏社群？

加入过，一起探讨嘛，一起吐槽。不算特别活跃，不会参加线下活动，因为都不认识。

为什么在群里不活跃以及为什么不会参加线下活动？

只有在自己遇到游戏中问题我才会问一下群里的大佬。不喜欢和陌生人参加活动，而且马上工作没有时间参加，何况群里的人天南地北，也没有什么线下活动。官网发布的线下活动，我不会去关注，我只会关注游戏内的活动。

现实好友和游戏好友相比？

肯定是现实中的朋友更真实，毕竟网络是虚拟的，没有什么信任可言。

遇到作弊玩家的心情？输掉比赛后的心情？

还行，重新开一把就是了，自己心态还行。还行，输赢很正常，但是一直输的话肯定对自己心情有点影响？

游戏对篮球知识规则的促进？

一般程度吧。偶尔能提高自己的体育知识水平。

体育精神？

公平竞技，友好竞技，不轻易认输。谁也不能保证会不会上帝附身，成为下一个麦迪。

游戏能否体现这一点？

能。要有不服输的精神，认真打，努力争取时间，争取打，不管分差如何。

对现实体育参与的影响？

没有影响。游戏是游戏，不会影响我特意去打球，只有有同学有时间我才会考虑去打球。

多说点这个游戏对你造成的现实影响，以及你觉得你们这个群体大概是什么样子？

现实影响，有时候为了一个球员等他的价格下降，一直刷新等待。也会花钱想找人代打，经常走路都想的是怎么搭阵容，没事的时候也会研究一下。然后经常会在晚上睡觉前，看主播们打游戏，怎么操作，怎么搭配阵容的？真的玩入迷后，感觉除了吃饭工作睡觉就是玩游戏了。我们这个群体就是经常交流，讨论哪个球员适合哪种模式。以及即将更新后，对比赛会有什么影响。同时把现实中的比赛会进行讨论，我们也同时是一群篮球爱好者把。

027 男 21 岁 本科 学生

喜欢的运动？

篮球。高中的时候跟同学一起打慢慢地就习惯了，也算不上最爱，最喜欢库兹马，又帅又能打。

平时打篮球吗？

平均一周 3 个小时左右，自己一个人也不爱玩，想叫几个同学还比较费劲。

玩那些体育电子游戏？玩多长时间？

最喜欢 NBA2K ol2 和 NBA2K ol1，玩了 5、6 年了，从初三毕业接触开始，就开始玩。刚开始是因为大家都玩所以才玩，后来慢慢喜欢上了 NBA2K。

游戏设备？

笔记本电脑，因为只有笔记本电脑。

游戏目的？

消遣娱乐。

喜欢国产的还是国外的？

国外的游戏。国产的游戏对充值要求太大了，平民玩着太费劲了。

主要的游戏乐趣？

乐趣可能就是获胜或者遇到有趣的玩家。

喜欢的模式？

职业生涯和经营模拟类。个人比较喜欢集卡。

游戏昵称的依据？

Awake，没什么根据，瞎打的。

如何提升游戏水平？

熟悉操作，看主播教学。

生涯模式打那个位置？跟现实中是否相同？

中锋，抢篮板就行，不用瞎跑。

游戏消费？

充过四五千吧，充值理念就是适可而止，不盲目氪金。

如何看待氪金玩家？是否公平？

公平，氪金玩家可能是没时间玩游戏，氪金提升游戏体验没什么不对的。

游戏情结？

有游戏情结，感觉游戏就像自己的孩子，付出了心血。

游戏社交？

加入过游戏群，想了解大佬对游戏的看法，不活跃，都是偷偷潜水。不会参加线下活动，因为我只是为了了解看法。

游戏好友与现实好友相比？

都重要吧我认为，无论从哪里认识的都是朋友。

如何看待作弊玩家？

遇到过，很愤怒，认为不公平，应该封了他们。

体育精神？

我认为体育精神就是友谊第一比赛第二，可以输了比赛不能输了人品。

游戏中能否体现这一点？

可以体现体育精神，如果碰到 D 狗的话，那种人真的一点没有体育精神。

现实影响？

输掉一场比赛心情还好，胜负兵家常事，没有影响，现实是现实，虚拟是虚拟，不发生冲突。玩游戏完全不耽误我现实中打球的时间，游戏只是为了消遣娱乐，又不是主播，并没有把游戏当成主要的行业。

对这一群体的认识？

我眼中的游戏群体大概是一群爱篮球、没时间打篮球的 90 后，我喜欢篮球，因为高中时候开始和同学玩。在大学的时候很少打篮球，不能说没时间，只能说缺少了一起打篮球的伙伴，大家的时间搭不到一起，在网上打篮球可以做一些现实中做不到的，比如扣篮、空接之类的，炫酷感比较强，算是一种寄托。

028 男 27 岁 本科 IT

喜欢的运动？

最喜欢台球，因为自己打得好，篮球也喜欢，但打得不好。球队喜欢湖人队，但是球员最喜欢艾佛森，因为喜欢他打球的风格和那股子劲儿，喜欢 01 那年总决赛，虽败犹荣。

平时做什么运动？

运动的话、健身一周 3 次、球类运动一周 1 次或者 2 周一次吧。

你认为什么是体育电子游戏？

我觉得就很简单把运动项目做成的游戏吧、就是体育电子游戏。

你都玩那些体育电子游戏？

NBA2K ol2、FIFA ol3、WWE，还有一些台球小游戏。

都玩多长时间了？

玩 6、7 年了把，主要是上大学那会江南老是下雨，不能出去玩，就宅在宿舍踢足球游戏。

感觉如何？

这几款游戏就让人感觉比较真实，我玩游戏的带入感很强，每次射门我都会蹬腿，每次投篮完我也会有肢体动作，就很热血。

您玩 WWE 是因为喜欢摔跤吗？

是这样的，我高中同学有两个奇葩，每次上生物课都在后面玩WWE，然后我放学回来就开电视瞧瞧，这种游戏受众确实不多。

游戏设备？

笔记本电脑多一些，因为有时候学校家里两头跑，方便带。

喜欢国产的还是国外的？

哪个真实我喜欢哪个。

游戏享受到的主要乐趣？

胜利的喜悦，看着自己买的球员涨价的喜悦。

喜欢那种游戏模式？

模拟经营，职业生涯这种，有角色扮演的带入感和成就感。

游戏昵称的依据？

11 年勇士 11 号新秀，就是汤普森，是我现役球员里面蛮喜欢的一个，我球队又缺一个射手，所以起这个名字。

如何提升游戏水平？

去看教学帖子和斗鱼看主播玩。

生涯模式到哪个位置？是否跟现实中一样？

我会打 PG，我现实中就是打 PG 的，我更喜欢花式传球。

游戏充值？

充过，大概 10w 左右吧，我喜欢的球员我就想要把它买回来，消费理念就是人生得意须尽欢，莫使金樽空对月。

充这么多？是什么动力？

我有那种收集癖吧，资金一般、主要单身也没别的其他的开销，现如今也就是吃喝玩乐。那 10w 也不是一款游戏，大概是三款游戏加起来的。

哪三款？

2K ol1、2K ol2、FIFA ol3

现在玩 online3 还是 4？为啥不去玩 FIFA、PES、2K 这种？

现在主要玩 2K ol2 了，FIFA ol3 的市场崩得太厉害了。那种单机之前也玩过，2K，steam 的，它联网匹配街头太慢了太不稳定了，还是喜欢几个朋友一起开黑打篮球，之前 ol1 玩也是喜欢打那个 5v5 打电脑的，我记得很清楚，打那个森林狼就很欢乐，主要是喜欢联机的感觉。

是否有游戏情结？

有的，我毕业以后就有想要去做游戏开发的想法，可惜没有实现。

一些游戏通关后你是选择继续玩老版还是体验新版？

通关后我会先去尝试新的。如果体验没有老的好，我会回去再玩老的。

人际关系？

朋友蛮多的，知心的朋友也有三五个。

游戏玩家群？

我一般是创建游戏社群的那一种人，我觉得独乐乐不如众乐乐。

那你在群聊中活跃吗？

活跃啊，我一般喜欢和其他人互相交流一些心得。

回去参加线下的活动吗？

如果不是很远的会去参加，大家在一起热闹，太远就鞭长莫及了。

现实好友与游戏好友相比？

现实中的好友，因为万一要借钱的话，游戏中的好友是万万不会借给你的，哈哈哈哈哈哈哈哈哈哈！

体感游戏呢？

玩过啊，那个任天堂的 Wii 网球就算、还有拳击和高尔夫，这些跟普通的体育电子游戏可能是两种事物，一种是真正能够达到运动的目的，一种是精神层面的体育参与，两者其实没有什么可比性。

如何看待游戏作弊玩家？

遇到过，还不少，就有些生气把，然后举报，就没其他办法了。

是否促进了对体育知识规则的理解？

我的所有网球知识和规则都是在任天堂的 Wii 的游戏里学到的。

你所认为的体育精神？

体育精神，我觉得就是永远不能放弃，就算输也要有尊严的输。

游戏中能否体现这一点？

可以体现，比如说 2K ol2 里面 3v3 落后 7、8 分，这时候不选择投降继续好好打下去，无论输赢都是体育精神的表达。

输游戏的心情？

一场比赛结束更多的是看一下这局的问题所在，一场比赛输了问题不大，如果是连输的话就会影响心情了。如果是因为外挂软件导致的失利会最大程度的影响心情。

对现实体育参与的影响？

有影响，我自从玩了 2K 游戏之后，我在现实游戏中的脚步运用娴熟了，拆挡意识也提高了。

029 男 23 岁 大专生

喜欢的运动？

篮球，因为热爱，篮球是男人的运动。喜欢湖人，詹姆斯，科比，米切尔。我也踢过足球，高中时候参加过校队，大学也参加过，后来因为篮球就放弃了。

打球吗？

平时基本每天都会打球。

玩那些体育电子游戏？

NBA2K ol 以及单机的 2K20 一系列，还有实况足球，都是跟体育项目有关的。我喜欢 NBA2K ol1、2，我玩 ol1 玩了 5 年，出 ol2 后开始玩 ol2，也玩了一年半了，也玩过 2K18、19，都玩了好久，手机的 2k 也玩，19、20 手机里现在都有，偶尔有空也玩，只要是篮球游戏，我都喜欢，完全是因为热爱。

充值？消费观念？

充过一些钱 500 左右，我觉得充钱完全是个人意愿，有条件就充，没条件就慢慢自己打。

如何看待氪金玩家？

别人氪金，那是别人的事，自己可以用技术打败他，如果没人氪金游戏靠什么赚钱。

生涯模式？

我选择小前锋，因为小前锋比较全能吧，现实中也是这个位置。

游戏设备？

我用电脑和手机，因为这两个方便，游戏机还没买，以后有机会会买。

玩国产还是国外？

国产的玩得比较多，国外的也玩，但是玩的少。主要是国内的找队友什么的都很方便。

喜欢玩那种模式？原因是？

2Kol 比较喜欢王朝模式，因为可以自己组建球队。

游戏情结？

游戏情结会有一些吧，就是玩得多的游戏会舍不得放下，游戏通关当然也玩，新版和旧版都会，主要还是看哪一个会吸引我。

最看重游戏那一方面？

看重游戏娱乐性吧，可以让我放松自己。

游戏社交？

朋友很多，而且都对篮球非常热爱，因为平时打球多，所以朋友多，聚会也多经常在各种 NBA 游戏群里发言。加入社会群主要是了解一些游戏体育的消息，以及询问一些问题。

线下活动？

不参加线下活动，因为都距离比较远，不方便去。

如何提升游戏水平？

提升游戏水平主要是玩，自己练，再就是看直播，看教学。

游戏中享受到的主要乐趣？

游戏可以放松自己，还可以娱乐。

游戏好友与现实好友相比？

现实朋友重要，因为在一起相处久。

如何看待游戏作弊者？

开外挂的最可恨，跟人品有关，也没什么厌恶的，每个人的理解不一样。不开外挂是最基本的虚拟竞技体育精神。

对体育规则、体育知识的促进？

游戏可以了解大部分的体育规则，但是，有一部分的规则在游戏里是遇不到的，所以要自己去学习。虚拟体育和现实，也有关系，在游戏里可以学到一些篮球战术之类的。

输球后的心情？

游戏仅仅是热爱娱乐，输了就开下一局，不会因为输了就生气，输了是自己实力不济。

030 男 31 岁 大专 上班族

喜欢的运动？

篮球，因为这项运动竞技水平高，对抗激烈，运动员具有技战术能力，以及在比赛中表现出的智慧、胆略、意志、活力与创造力，运动员也必须具备勇敢顽强的斗志和团结协作的精神。

喜欢哪个球队呢？

我喜欢活塞队的格里芬，因为从职业生涯开始 2008 年的状元就开始关注，以暴力美学打球方式吸引了我，虽然身高臂展在大前锋位置并不占优，但是凭借突出的弹跳打出了自己的风格，无论是快船时期的意气风发，还是现在活塞的低调，他一直都在成长，成熟。

平时也打篮球吧？

平时的体育运动很少，现在上班不是学生时期的时间比较自由，能由自己来支配的都是些碎片时间，有空了就关注一下篮球相关的新闻，就连每天能打上几局篮球游戏都是奢侈的，就很少有时间去做体育运动了。

接触过哪些体育电子游戏？

我经常玩的体育竞技游戏有 NBA2K 系列，包括 NBA2K ol2 和单机游戏，FIFA 足球系列包括 FIFA ol3 和 FIFA ol4 还有手游街篮最强 NBA 等。

因为 NBA2K 和 FIFA 足球都做到了贴近现实，操作流畅，拥有接近真实的球员数据，阵型组合玩法万变，做得到公平竞技，让玩家技术为主，球员能力为辅。

你觉得什么是体育电子游戏？

我觉得贴近现实，以实际规则和运动员真实特点为核心的游戏才能称为体育竞技游戏，作为网络游戏存在一定要做到平衡。

玩了多少年了？

玩体育游戏是从实况足球 8 开始的，到现在应该有十几年了吧，接触篮球游戏是从刚开始 NBA Live，到街头篮球，到后来的 NBA2K ol 一直玩到 NBA2K ol2 开测，FIFA 系列也一直在玩。因为他们都有一个共同的特点，就是能体现真正的体育竞技，让玩家犹如身临其境。

主要通过什么设备玩？

玩游戏大多数都是用 PC 机和键盘在玩，已经习惯了键盘操作，而且使用键盘操作也方便在网吧或者其他电脑上玩，不用带手柄。

玩体育电子游戏的目的？

玩游戏的目的是满足自己的体育梦，现实生活中做不到的事情，游戏来实现，通过操作自己的偶像球星完成一次又一次的进球，是很有成就感的。

喜欢国内的还是国外的？原因是？

目前还是喜欢国外的体育游戏，毕竟不管篮球还是足球，国外的赛制体系和球员影响力都比国内高得多，国外的比如 NBA2K 系列已经做了很多代了，各方面都已经非常成熟，包括联赛版权等都已经授权，国内游戏再想去做到超越，已经是几乎不可能的了，也希望国产体育游戏能做得更好。

游戏中体验到的主要乐趣？

在游戏中的乐趣是每一次操作，每一次的防守，移动，传球，助攻，进球都能获得满满的成就感，遇到实力强劲的对手更是会提升肾上腺素，兴奋和绷紧的神经使我无时无刻不在享受游戏带来的快感。

喜欢玩什么模式？

体育游戏的模式我喜欢在线对抗和生涯模式，在线对抗让玩家与玩家直接对抗是真人之间博弈，无论输赢都是真实的感受，生涯模式更能体现球员的养成，制定球员的发展方向，慢慢感受球员能力的变化，代入感更强。

游戏昵称的依据？

游戏的昵称叫作天钩，是喜欢天勾贾巴尔内线独特的得分方式，以勾手方式得分既能体现身体对抗也能展现自身内线技术。

如何提升游戏水平？

提升游戏水平首先是提升球员能力或者去网上找，看视频学习一些技术。

玩过那种只操作一名球员的模式吗？会选择那个位置？与现实中是否相同？

只能操作一名球员我会打 C 位置，一直以来都喜欢打中锋，因为中锋操作比较特殊，不需要华丽的运球也不注重跑位，中锋重要的我认为是防守，除了防守对位 C 以外还要协防切入内线的球员，及时地来个盖帽、占位、卡位都很重要，都是获得篮板球的保障，总的来讲中锋就是全队的防守保障。

游戏消费理念？

充过钱，但是都不会很多，每年 1 千至 2 千左右吧，但是不是所有游戏都会充钱，有些游戏打着充值任意金额获得一大堆好东西的活动，我也不会充，因为本身要审视一下这款游戏值不值得你去充钱。如果是一个快餐游戏，无底洞，那么就是充 1 块钱也是浪费的，因为你知道你玩不了一会。如果一款无论怎样充钱氪金都不会影响游戏平衡的游戏，这种游戏值得慢慢去玩，所以充钱也是值得的。

如何看待氪金玩家？

氪金玩家我只会持中立态度，如果游戏有底线，无论怎么氪金都不会影响公平竞技，那么可以，因为这游戏想要生存下去，总要有人掏钱养活游戏吧，所以为了保证五年后十年后我的游戏数据还存在，我还能玩到它们，我不会反对氪金，但是游戏底线这块运营商一定把控好，挣快钱固然好，但会使游戏短命，虽然一款游戏在商人眼里不过一款赚钱的产品，但在玩家眼里就是生活的点点滴滴。

游戏情结？

游戏情结我会有英雄情结吧，我喜欢充当救世主的角色，当比赛落入下风的时候我希望自己能力挽狂澜带领队友翻盘。

人际关系如何？

人际关系自认为还可以，朋友不少，但是能真正当作朋友的不多。

游戏社交？

加入过游戏群，主要是和大家讨论游戏，多学习一些游戏攻略。在社群中不算活跃，大多数作为一个倾听者。

会参加线下活动吗？

应该会参加的，和拥有共同爱好共同话题的朋友一起聚会，是一件很享受的事情。

游戏好友与现实好友相比？

游戏中的好友和现实中的好友同样重要。因为游戏好友也可以发展为现实中的好友。现实中的好友也可以。是游戏好友。况且朋友只分优劣。即使是不同渠道认识。也可以成为真正的好朋友。

如何看待作弊者？

肯定遇到过，但是竞技类的游戏强制退出是出现最频繁的，我很讨厌这种做法，首先会给其他人带来一些麻烦和不好的体验，其次你玩的是竞技游戏，尤其是体育竞技游戏，就应该赢了一起狂输了一起抗，如果只能顺风玩，玩不了逆风，这种玻璃心的玩家真的不适合玩竞技游戏，输赢固然重要，最重要的难道不是游戏本身吗？

是否促进了对体育知识及规则的理解？

体育游戏会使我在游戏中操作球员，熟悉球员，熟悉比赛规则，像三秒区，干扰球等等，都是通过游戏更好的了解到的，我觉得除了比赛视频体育游戏在很大程度上提高了我对体育竞技的认识。

体育精神？

体育精神能带给人们的就是对自身极限的挑战和那种坚持不懈的精神。这个过程也带给了我们精神上的提升，使人类在面对困难时产生巨大的勇气和拥有坚韧不拔的毅力。

游戏中能否体现出体育精神？

体育竞技游戏是能很好地体现体育精神的，就公平竞技来说，游戏所带来的比赛判罚肯定比现实比赛更为公平，因为游戏程序可以做到绝对的精准判罚。

输掉比赛后的心情？

输掉比赛肯定会有挫败感，输赢固然重要，我觉得最重要的还是游戏本身，是你在操作游戏进行的每一秒，要懂得享受过程。

游戏对现实体育参与的影响？

虚拟世界的游戏会结交来自五湖四海的朋友，志同而道合，有可能会打线下比赛的，但是就我个人而言，我对游戏了如指掌，并不等于会对现实的体育运动也那么娴熟，这样的一种落差感会使我不太会选择与游戏相同的现实的体育运动。

体感游戏？

只在电玩厅玩过一次，自己买设备成本比较高吧。跳舞毯接触过，体感游戏肯定体感与游戏本身同样重要，愿意玩体感游戏的肯定是要注重体感的，比如 VR。

031 男 27 岁 本科 上班族

喜欢什么运动？

足球。喜欢山东鲁能，从小就看鲁能的比赛，喜欢的运动员很少，看球比较理性。

那平时会踢球吗？

之前会健身、打球，现在几乎没有体育运动。不踢足球，因为没有场地，也没有踢球的小伙伴。

喜欢玩什么体育电子游戏？

《实况足球》、FIFA online3/4 以及各类飞车游戏。

能否详细介绍一下？

最先接触的是《实况足球 8》，大概是初中刚毕业那会，家里给买了电脑，整个暑假就在玩飞车和《实况 8》，后来上了高中住校，就没有机会接触了，每次都很期待能够回家踢一局《实况足球》、玩一玩飞车，高中毕业后又玩了一个暑假，过足了瘾。

后来上了大学，开始接触 FIFA ol3，渐渐地就上了瘾，几乎天天都在宿舍玩，后来又了解到有游戏机版本的，但由于价格昂贵，一直没有机会体验。

上瘾会到一个什么程度？

刚开始会从早玩到晚，即使不在玩，脑海中也会一直想着游戏的画面。可能是因为我特别喜欢足球但又没有机会踢真正的足球，我在游戏中倾注了我对足球的全部的爱。

你觉得什么是体育电子游戏？

我认为只要是体育运动延伸出来的电子游戏都可以归为体育电子游戏，但还要有相同的规则、场地、公平的待遇等等。

玩足球游戏就是因为喜欢足球吗？

原因就是我喜欢足球，在没有比赛的时候玩足球游戏可以满足我没比赛可看的无聊，还有就是我很想踢球但一直没有场地和队友，就只能将其寄托在游戏上面。

你一般通过什么设备玩这些游戏？

主要通过手机和电脑，之前一直用电脑，后来电脑坏了就不玩了，然后接触了实况足球手游版，就一直用 iPad 玩。最近买了新的电脑，开始玩 FIFA online4。

玩游戏的目的？

目的就是为了满足自己想成为足球明星或率领球队夺得冠军的欲望。

喜欢玩国外的还是国产的？原因是？

国外的，国内的游戏没有版权而且主要都是为了圈钱，没有任何初心可言。但限于网络和设备的原因，我现在只能玩国内厂商代理的体育游戏，比如实况手游和 FIFA online，体验感其实都不太好，我也希望能够有朝一日玩上真正的 FIFA 或实况。

游戏中享受的主要乐趣有哪些？

主要是战胜对手的喜悦，还有就是能够抽到心仪的球员的惊喜。

倾向于玩哪种模式？原因是？

在线对战，十分享受与真人对抗的感觉，打人机毫无意义，我喜欢看着自己的排名一点一点上升的感觉。

游戏昵称的依据？

没有依据，随便起的。

如何提升自己的游戏水平？

就是不断进行在线对战以及根据自己对于比赛的理解进行，偶尔会翻一翻贴吧和公众号，看看大家都是怎么玩的。我感觉一个人对于足球的理解程度可以多多少少反映出他的游戏水平，一些打法、套路都是可以在现实的比赛中领悟到的。

操纵单名球员会打哪个位置？与现实中相同吗？

我记得之前玩实况的时候玩过这种模式，我肯定会选择前锋，足球比赛最燃的瞬间就是进球，进球后肆意庆祝，享受观众的欢呼。现实中踢球很少，踢的话主要踢边锋或者前锋。

充值吗？消费理念是什么？

大概充了一千多块，就是为了获得心仪的球员，增强阵容。至于消费理念，我觉得只要快乐并且在可承受范围之内，充值就无可厚非，这是个付费的时代，厂商也需要赚钱，而玩家则是花钱买快乐，各取所需。

怎么看待氪金玩家？您觉得公平吗？

氪金玩家付出了金钱，得到了很强的阵容，这很容易理解，毕竟现实中也有很多花大钱买球员的俱乐部。但他们不一定都能成功，因为技战术也是一大因素，这个是花钱买不到的。

您有游戏情结吗？为什么？

有，有实况情结，因为一开始玩的就是实况。其实一直想买一个正版的实况游戏，也算是为情怀买单。

游戏通关后还会继续玩吗？玩新版还是老版？

如果没有挑战性，就不会玩了。

会不会因为明星的代言而去尝试一款游戏？

分人，如果是我喜欢的明星，我倒是会去尝试，但能不能持续玩下去还要看游戏本身的体验感。

您的人际关系如何？

一般般吧。

加入过游戏社群吗？为什么？

加入过，主要是一种群体归属感，我是他们其中的一员。

在社群中活跃吗？如何与玩家相处？

平时潜水，有问题会问，更多时间是看他们在聊，由于不怎么认识，自己实际上也插不上话。

是否会参加社群举办的线下活动？为什么？

这个不会参加，都不认识，很尴尬的。

游戏中的好友与现实中好友相比？

现实中的好友更重要，游戏中就图个乐而已。

是否遇到过破坏游戏环境的玩家？心情如何？

遇到过很多，他们非常没有道德，典型输不起，但也能理解，毕竟大家都想赢。

游戏能否促进您对体育知识、体育规则的理解？

对于一些陌生的球员和球队有了充分的认识，尤其是一些妖人，会去关注他们在现实世界中的表现。对体育规则的了解不大，有时候都不知道为什么就被吹了犯规，莫名其妙，而且很多时候玩家的注意力都集中在比赛上，如果出现犯规，基本都会选择跳过。

您所认为的体育精神？

不抛弃不放弃吧，挑战自我。

体育电子游戏能否体现出真正的体育精神？

一方面，在游戏中我们不到最后一秒不放弃的那股劲可以体现出体育精神，但另一方面，一些玩家为了胜利而不择手段，就完全没有体育精神可言。所以我认为如果从教育的角度来讲，游戏对于体育精神的传达微乎其微。

输掉比赛后的心情？

心情会很糟糕，但也就是几分钟的事情，很快就会恢复正常，毕竟游戏不是生活的全部。

游戏对现实体育参与的影响？

基本没什么影响，我平时体育参与很少，但游戏时间基本是固定的。

玩过体感健身游戏吗？感觉如何？

没有玩过，但听说很好玩，很想尝试。

更看重游戏哪方面？

操纵手感，主要是球员得自己的操作去执行，但有时候可能会不听话，就很气。

赛车、拳击类？

很久之前玩过去《拳皇》，不怎么会玩，就瞎打；《QQ飞车》《卡丁车》《狂野飙车》之类的都玩过，主要是为了听音乐和寻求一种刺激感，并不是单纯喜欢这项运动才去玩，也没有在游戏中学到多少赛车知识、赛车文化。

032 男 24 岁 本科 白领

喜欢什么运动？

篮球。

有特别喜欢的球队或球员吗？

我最喜欢的球员是科比，因为科比给我传递一种精神就是拼搏与不放弃不服输。而且科比的动作观赏性很高，人称美如画。

那平时会打篮球吗？

一周有2天的时间参与篮球，打篮球运动活动身体，而且喜欢篮球这项运动，也是找回初中时热爱篮球的感觉。

你所认为的体育电子游戏？

我认为真实性，竞技性的游戏属于体育电子游戏。

喜欢玩哪些体育电子游戏？

我喜欢玩 NBA2K OL，和 NBA2K OL2，这个游戏是腾讯的，高中的时候喜欢和同学开黑玩 2K OL 的街头，在网吧三连坐一坐就是一下午，后来出了 2KOL2 就玩上了，感觉真实性和画面比

OL1 好。

玩多久了?

我喜欢体育电子游戏 4 年左右吧,就是最开始和同学玩 NBA2K OL,然后后面 OL2 出了玩 OL2。

游戏乐趣?

主要是喜欢和同学开黑玩,感觉网吧三连坐很有意思。玩游戏的目的就是玩得开心就好。游戏享受的乐趣就是虐人,玩空接,隔扣暴扣,完成现实中无法做到的操作,就很爽。

倾向于玩国内的还是国外的?

我玩的只有 NBA2K OL 和 NBA2K OL2,这是腾讯的那应该是属于国内。只玩过这两款。

喜欢哪种游戏模式?

我喜欢玩线上的,人机觉得没意思,打线上赢了还可以搞对面心态,挺有趣的。

游戏昵称的依据?

我的称呼是科比黑曼巴,就是因为喜欢科比。

如何提升游戏水平?

我一般就看主播玩,学点技术,然后自己练练。

生涯模式打那个位置?

我会玩内线,因为我之前主要玩街头,内线玩习惯了,比较会卡位抢篮板和扣篮,所以玩习惯了就爱玩内线。现实中也是内线多一些。

充值?

充过钱,充过几百块,对于游戏消费理念我的理解是,反正充点小钱玩得的开心点就行。

如何看待氪金玩家?

氪金玩家，这每个游戏中都会存在，充钱就可以变得更强，我之前也是球员不好，就充了几百，玩起来会舒服爽一点。所以看待氪金玩家这个问题，我觉得是正常公平的，毕竟要嘛多花时间要嘛多花钱。

游戏情结？

没有游戏情结。

人际关系？

我的人际关系还可以，朋友有在玩的也有挺多。

游戏社交？

我加入过游戏社群，因为玩游戏一般都会加个群，一起讨论也比较热闹。

在群聊中活跃吗？

我在社群中不活跃，一般有问题出来说，没问题就没注意看，和玩家相处就是谈论关于游戏的事。

现实好友与游戏好友相比？

我认为现实中的朋友更重要，因为现实中的朋友有交流，有出去玩，经历多记忆多。而游戏的好友就素未谋面仅仅是文字沟通。

如何看待作弊者？

我遇到过这种情况，我很讨厌开挂的人，破坏游戏平衡，让其他玩家游戏体验很差，我遇到过很生气，我直接私聊骂他。我鄙视这种玩家。

对体育知识和体育规则的促进？

我认为体育游戏对体育知识有帮助，比如我之前对 NBA 球星很多叫不出名字，只知道外号，现在就知道字母歌叫安特托坤波，而且对于团队篮球有了新的理解，以前爱单打，后来喜欢分享球。

体育精神？

我认为的体育精神是公平竞赛，体育是正能量的活动，所以是必须建立在公平为基础的原则上。再者是竞技性与不确定性，竞技性让体育充满热情，不确定性有悬念，才好看。

游戏能否体现这一点？

在游戏中我感受到体育的拼搏精神和竞技体育的精神，就是不到最后一个不知道胜负，经常出现绝杀和反绝杀，这也是竞技体育的乐趣。

输掉比赛后的心情？

输掉游戏我情绪会很差，我不喜欢失败，赢比赛的时候我就很开心，我的心情会随着游戏而变化。

对体育参与的影响？

虚拟世界的体育对于现实体育，对我而言是有影响的，因为很多时候我们没时间或者没精力去参加体育活动的时候就可以在家里玩体育游戏，同样能感受到竞技体育给我们带来的快乐。我想这也是体育电子游戏的意义。

你怎么看待你们这个玩家群体？可以描述一下这个群体是什么样子吗？

我们这个玩家群体，分布在 QQ 群、微信、群百度贴吧，我觉得我们有共同点的群体，就是一群热爱这款游戏的人，同时也喜欢篮球这项运动，每个人也有喜欢的球星，我们有时候谈论游戏，有时候为了谈论球星更厉害，一起互喷，总之我们是一群热爱体育热爱篮球的人。

你觉得体育电子游戏对你产生了怎样的现实影响？

我觉得体育电子游戏，对我的生活而言，更便捷了，我可以足不出户在家里也能体验到这项运动给我带来的快乐快感，我们在家里开着语音玩，会有代入感。这就是产生的影响，并且是我喜欢体育电子游戏的缘由。

033 男 22 岁 大专 建筑业

喜欢什么体育运动？

我喜欢篮球，因为竞技性强。

都看哪个队啊？

我喜欢公牛，喜欢的运动员是罗斯，因为不管是现在还是以前观赏性很高。

平时会打球吗？

我现在没有锻炼了，因为没有时间和场地。

那平时会打篮球类的电子游戏吗？

会，玩的是 2k 系列

你觉得什么是体育电子游戏？

我觉得只要拥有竞技性并且可以锻炼脑力或者身体的，依据就是奥运会的所有项目都饱含这两项。

能否详细介绍一下你玩体育电子游戏的历程？

我玩儿电子游戏八年了，从最开始的 QQ 飞车，因为我姐也在玩儿，所以就开始了我的电子游戏之旅，后来就玩儿腾讯的那几个游戏嘛，好像是 13 年的时候我弟教我打篮球，然后给我推荐了 NBA2K ol，随后 2K12,13,14,15 都在玩儿，很多的腾讯游戏我都有玩儿，初中为了玩儿英雄联盟晚上通宵白天睡觉，我初一数学英语还是年纪前三，然后就没有然后了。

什么原因呢？

当初因为确实被电脑吸引，也觉得好玩儿。

玩游戏出于什么目的？

我玩儿游戏的目的就是为了放松自己。

你更喜欢国内的还是国外的游戏？

我觉得国外和国内的游戏都差不多，只是画质上存在差距。

游戏中的主要乐趣？

游戏中的乐趣主要就是胜利和寻找朋友。

游戏昵称有什么依据？

我的 id 叫安燮，没有什么依据。

如何提高游戏水平？

为了提升游戏水平一般都会去看视频然后练习。

充值吗？

充过，不下五千吧，我觉得没有什么问题，只要在自己经济条件允许下自己能开心就好，玩儿游戏就是要开心。

如何看待氪金玩家？

只要氪金玩家买得到的，可以肝出来就没有什么，我觉得算公平，毕竟没有绝对公平这一说，而且不氪金可以用技术弥补。

会有游戏情结吗？

没有。

人际关系如何？

我的人际关系一般吧，朋友还是很多，好朋友没几个而已。

加过玩家群吗？

加入过，就是想找朋友。

在群里活跃吗？

比较活跃吧，自己有疑问会提出来，别人有疑问也会解答。

游戏好友与现实好友相比？

这个不好说，游戏中的好友也可以变为现实生活中的好友呀。

如何看待游戏作弊者?

有些时候确实因为重要的事情强退可以理解,但是外挂就不能容忍,直接举报。

现实影响?

这个算是个大局观的提升吧,还有一些技术也可以现实提现出来。

体育精神?

我认为的体育精神就是安全第一比赛第二友谊第三,球场上是敌人球场下就是哥们儿。

游戏能否体现出体育精神?

我觉得能体现出来,因为这是脑力的对决,也算是运动吧。

输球后的心情?

输掉一场比赛我还是觉得自己不够优秀,努力提升自己,并不能在现实中影响我的心情。

倾向于玩那种游戏模式?原因是什么?

在线,可以聊天

更看重游戏的哪些方面?

我觉得游戏的平衡性很重要。

能否详细一点?

就比如氪金这个问题,如果很多东西只有氪金才可以增加数据的话就感觉不怎么样了,我也并没去深入了解,我只是站在我的观点上。我的理解就是,对于球员的数据我并不关心,因为和现实有关联嘛。也没有太需要充钱的地方,自己看看 NBA 就可以赚到合同费,服饰那些活动也有送很多,他们说的打不赢我并不是很赞同,我每次输了都能想明白自己为什么输。自己球员没有别人好就看着别人锤自己,然后自己又不练技术,又说这个游戏需要氪金什么的。

现实影响？

游戏不会对我造成现实影响，除了好友之外没有什么影响。

参考文献

中文著（译）作

[1] 马歇尔·麦克卢汉.理解媒介——论人的延伸 [M].何道宽，译.商务印书馆,2007.

[2] 赫伊津哈.游戏的人：文化中游戏成分的研究 [M].何道宽，译.花城出版社,2007.

[3] 大卫·罗.体育,文化与媒介：不羁的三位一体 [M].吕鹏，译.清华大学出版社,2013.

[4] 布雷特·哈金斯、大卫·罗维.新媒体与体育传播 [M].张宏伟，译.中国传媒大学出版社，2016.

[5] 沃尔夫冈·贝林格.运动通史 [M].丁娜，译.北京大学出版社,2015.

[6] 杰·科克利.体育社会学：议题与争议 [M].管兵，等译.清华大学出版社,2003.

[7] 让-雅克·库尔第纳.身体的历史（修订版第三卷）[M].孙圣英，等译.华东师范大学出版社,2019.

[8] 罗纳德 B.伍兹.体育运动中的社会学问题 [M].田慧，译.人民体育出版社,2011.

[9] 古特曼.从仪式到纪录：现代体育的本质 [M].花勇民，等译.北京体育大学出版社,2012.

[10] 约瑟夫·马奎尔,凯文·扬.理论诠释:体育与社会 [M].陆小聪,译.重庆大学出版社,2012.

[11] 乔治·维加雷洛.从古老的游戏到体育表演:一个神话的诞生 [M].乔咪加,译.中国人民大学出版社,2007.

[12] 杰斯珀·尤尔.失败的艺术:探索电子游戏中的挫败感 [M].杨子杵、杨建明,译,北京理工大学出版社,2019.

[13] 戴安娜·卡尔.电脑游戏:文本,叙事与游戏 [M].丛治辰,译.北京大学出版社,2015.

[14] 井上理.任天堂哲学 [M].郑敏,译.南海出版社, 2018.

[15] 前田寻之.家用游戏机简史 [M].周自恒,译.人民邮电出版社,2015.

[16] 杰西·谢尔.游戏设计艺术(第 2 版)[M].刘嘉俊,等译.电子工业出版社,2016.

[17] 鲍德里亚.象征交换与死亡 [M].车槿山,译.译林出版社,2012.

[18] 道格拉斯·凯尔纳.波德里亚:一个批判性读本 [M].陈维振等,译.江苏人民出版社,2008.

[19] 罗兰·巴特.神话:大众文化诠释 [M].许蔷蔷、许绮玲,译.上海人民出版社,1999.

[20] 西美尔.时尚的哲学 [M].费勇,等译.文化艺术出版社,2001.

[21] 梅洛-庞蒂著.知觉现象学 [M].杨大春,等译.商务印书馆,2001.

[22] 约翰·奥尼尔.身体形态:现代社会的五种身体 [M].张旭春,译.春风文艺出版社,1999.

[23] 克里斯·希林.文化、技术与社会中的身体 [M].李康,

译 . 北京大学出版社 ,2011.

[24] 雷蒙·威廉斯 . 关键词 : 文化与社会的词汇 [M]. 刘建基 , 译 . 生活·读书·新知三联书店 ,2005.

[25] 布迪厄 . 文化资本与社会炼金术 : 布尔迪厄访谈录 [M]. 包亚明 , 译 . 上海人民出版社 ,1997.

[26] 安东尼·吉登斯 . 现代性的后果 [M]. 田禾 , 译 . 译林出版社 ,2000.

[27] 马克斯·霍克海默 , 西奥多·阿多诺 . 启蒙辩证法 : 哲学断片 [M]. 渠敬东、曹卫东 , 译 . 上海人民出版社 ,2006.

[28] 凯瑟琳·海勒 . 我们何以成为后人类 [M], 刘宇清 , 译 . 北京大学出版社 , 2017.

[29] 赫伯特·马尔库塞 . 单向度的人 : 发达工业社会意识形态研究 [M]. 刘继 , 译 . 世纪出版集团 ,2008.

[30] 尼尔·波兹曼 . 娱乐至死 [M]. 章艳 , 译 . 广西师范大学出版社 ,2009.

[31] 尼葛洛庞帝 , 数字化生存 [M]. 胡泳 , 等译 . 海南出版社 ,1997.

[32] 尤瓦尔·赫拉利 . 未来简史 : 从智人到智神 [M]. 林俊宏 , 译 . 中信出版社 ,2017.

[33] 克里斯·罗杰克 . 名流 : 关于名人现象的文化研究 [M]. 李立玮 , 等译 . 北京联合出版公司 ,2019.

[34] 尼克·库尔德利 . 媒介、社会与世界 : 社会理论与数字媒介实践 [M]. 何道宽 , 译 . 复旦大学出版社 ,2014.

[35] 罗伊·汤普森等 . 镜头的语法 [M]. 李蕊 , 译 . 世界图书出版公司 ,2013.

[36] 梅罗维茨·消失的地域 : 电子媒介对社会行为的影响 [M].

肖志军,译.清华大学出版社,2002.

[37] 何威、刘梦霏.游戏研究读本 [M].华东师范大学出版社,2020.

[38] 李婷.离线·开始游戏 [M].电子工业出版社,2014.

[39] 关萍萍.互动媒介论 [M].浙江大学出版社,2012.

[40] 宗争.游戏学:符号叙述学研究 [M].四川大学出版社,2014.

[41] 北京大学互联网发展研究中心.游戏学 [M].中国人民大学出版社,2019.

[42] 戴森焱.电竞简史:从游戏到体育 [M].上海人民出版社,2019.

[43] 米金升,陈娟.游戏东西:电脑游戏的文化意义研究 [M].广西师范大学出版社,2006.

[44] 彭剑锋.任天堂:让世界充满微笑 [M].机械工业出版社,2013.

[45] 薛强.赛博空间里的虚拟生存:当代中国电子游戏研究 [M].复旦大学出版社,2018.

[46] 邓剑.探寻游戏王国里的宝藏:日本游戏批评文选 [M].上海书店出版社,2020.

[47] 吴蕴瑞.吴蕴瑞文集 [M].黑龙江科学技术出版社,2006.

[48] 汪民安.后现代性的哲学话语 [M].浙江人民出版社,2000.

[49] 陆扬,王毅.文化研究导论:修订版 [M].复旦大学出版社,2015.

[50] 杨玲、陶东风.名人文化研究读本 [M].北京大学出版社,2013.

[51] 周宪,刘康.中国当代传媒文化研究 [M].北京大学出版社,2011.

[52] 郭庆光 . 传播学教程（第二版）[M]. 中国人民大学出版社 ,2011.

[53] 魏伟 . 体育解说论 [M]. 中国广播电视出版社 ,2013.

[54] 齐骥 . 动画文化学 [M]. 中国传媒大学出版社 ,2009.

[55] 陈奇佳 . 日本动漫艺术概论 [M]. 上海交通大学出版社 ,2006.

中文期刊论文

[56] 郭红卫 .Sport 考论 [J]. 体育科学 ,2009,29(05):83-97.

[57] 李力研 . 体育的哲学宣言——"人的自然化"[J]. 天津体育学院学报 ,1994(01):27-35.

[58] 郝勤 . 体育史观的重构与研究范式的转变——兼论体育的源起与概念演进 [J]. 成都体育学院学报 ,2018,44(03):7-13.

[59] 易剑东 . 体育概念和体育功能论 [J]. 体育文化导刊 ,2004(01):32-34.

[60] 易剑东 . 中国电子竞技十大问题辨识 [J]. 体育学研究 ,2018,1(04):31-50.

[61] 何威 , 曹书乐 . 从"电子海洛因"到"中国创造":《人民日报》游戏报道 (1981—2017) 的话语变迁 [J]. 国际新闻界 , 2018, 40(05):57-81.

[62] 章戈浩 . 数字功夫 : 格斗游戏的姿态现象学 [J]. 国际新闻界 ,2018,40(5):13.

[63] 郑宇茜 , 路云亭 . 人脑的寄生虫 : 电子游戏的进化 [J]. 体育与科学 ,2021,42(02):70-74.

[64] 王颖吉 . 自由的不自由 : 电子游戏的原罪 [J]. 中国图书评论 ,2013(9):8-15.

[65] 刘媛媛 . 身体·感性·自由——体育本质新诠释 [J]. 体育

科学,2007(11):70-73.

[66] 杨庆峰.物质身体、文化身体与技术身体——唐·伊德的"三个身体"理论之简析[J].上海大学学报(社会科学版),2007(01):12-17.

[67] 欧阳灿灿."无我的身体":赛博格身体思想[J].广西师范大学学报(哲学社会科学版),2015,51(02):60-66.

[68] 王峰.影像造就事实:虚拟现实中的身体感[J].学术研究,2018(10):143-149+178.

[69] 韩敏,赵海明.从凝视到操控:游戏空间的身体存在之维[J].文化与传播,2019,8(02):12-20.

[70] 喻国明,刘瑞一,武丛伟.新闻人的价值位移与人机协同的未来趋势——试论机器新闻写作对于新闻生产模式的再造效应[J].新闻知识,2017,(02):3-6.

[71] 卞冬磊,张稀颖.媒介时间的来临——对传播媒介塑造的时间观念之起源、形成与特征的研究[J].新闻与传播研究,2006,(1):32-44,95.

[72] 蔡万焕.认知资本主义:资本主义发展阶段研究的新进展[J].马克思主义研究,2018,(8):49-57.

[73] 张其学.媒介帝国主义:文化霸权主义的当代形态[J].南京社会科学,2004,(10):21-24.

[74] 张小平.当代文化帝国主义的新特征及批判[J].马克思主义研究,2019,(9):123-132,160.

[75]Johannes Fromme,孙艳超,黄立冬,张义兵.电脑游戏:儿童文化的一部分——由德国儿童电脑游戏调查报告引发的思考[J].信息技术教育.2005.03.28-30.

[76] 蒋逸民.自我民族志:质性研究方法的新探索[J].浙江社

会科学 ,2011(04):11-18+155.

[77] 费孝通 . 个人· 群体· 社会——一生学术历程的自我思考 [J]. 北京大学学报 (哲学社会科学版),1994(01):7-17+6+127.

[78] 罗小凤 . 拟像 : 超真实的后现代性话语 [J]. 湖南科技学院学报 .2006(3).55-57.

[79] 仰海峰 . 超真实、拟真与内爆——后期鲍德里亚思想中的三个重要概念 [J]. 江苏社会科学 ,2011(4):14-21.

[80] 熊欢 , 张爱红 . 身体、社会与体育——西方学者视野下的体育 [J]. 体育科学 ,2011,31(06):81-86.

学位论文

[81] 李翎 . 虚拟体育电子游戏中体育文化的重构研究 [D]. 天津体育学院 ,2021.

[82] 施宇其 . 体育电子游戏发展史 [D]. 北京体育大学 ,2020.

[83] 潘秀瑛 . 电子游戏的审美体验研究 [D]. 中国美术学院 ,2015.

[84] 朱俊河 . 体育解说的叙事学研究 [D]. 上海体育学院 ,2012.

[85] 成文才 . 电子游戏在 NBA 传播中的价值研究 [D]. 上海体育学院 ,2014

[86] 徐帆 . 日本热血类动漫角色设计研究 [D]. 湖南工业大学 ,2015.

[87] 王大阔 . 日本 acg 亚文化流行语研究 [D]. 东北师范大学 ,2014.

[88] 张尧均 . 隐喻的身体——梅洛 - 庞蒂的身体现象学研究 [D]. 浙江大学 ,2004.

[89] 何威 . 建构与交互 : 对新媒介电脑游戏的研究 [D]. 清华大学 ,2003.

国外文献

[90] Consalvo M. *Sports Videogames*[M]. Routledge,2013.

[91] Robert Alan Brookey and Thomes P. Oates. *Playing To Win: Sports, Video Games, And the Culture Of Play*[M]. Indiana University Press, 2012.

[92] Juul J. *Half-Real: Video Games between Real Rules and Fictional Worlds*[M]. The MIT Press, 2005.

[93] Provenzo EF. *Video Kids: Making Sense of Nintendo*[M]. Harvard University Press, 1991.

[94] Hjorth L. *Games and Gaming: An Introduction to New Media*[M]. Berg Publishers, 2011.

[95] Raney A A, Bryant J. *Handbook of Sports and Media*[M]. L. Erlbaum Associates, 2006.

[97] Frans Mäyrä. *An Introduction to Game Studies*[M]. Saga Publications, 2008.

[97] Caillois R . *Man, Play and Games*[M]. University of Illinois Press, 1961.

[98] *A History of Video Games in 64 Objects*[M], Harper Collins, 2018.

[99] Dyer-Witheford N, Peuter G D. *Games of empire: global capitalism and video games*[M]. University of Minnesota Press, 2009.

[100] Whannel G. *Media Sports Stars: Masculinities and Moralities*[M]. Routledge, 2002.

[101] Raymond Boyle & Richard Haynes, *Power Play: Sport, the Media and Popular Culture*[M], 2nd Edition, Edinburgh University

Press, 2009.

[102] Bolter J D, Grusin R. *Remediation: Understanding New Media*[M]. MIT Press, 1999.

[103] Crawford, Garry, Gosling, Victoria K. *More than a Game: Sports-Themed Video Games and Playe r Narratives*[J]. Sociology of Sport Journal, 2009,26(1):50-66.

[104] Crawford, Carry. *Digital Gaming, Sport and Gender*[J]. Leisure Studies, July 2005,259-270.

[105] Crawford, Carry. *The cult of champ man: the culture and pleasures of championship manager/football manager gamers*[J]. Information, Communication & Society 9.4 (2006): 496-514.

[106] Crawford, Carry. *Is it in the Game? Reconsidering Play Spaces, Game Definitions, Theming, and Sports Videogames*[J]. Games and Culture. 2015;10(6):571-592.

[107] Crawford, Carry, Muriel D, Conway S. *A feel for the game: Exploring gaming 'experience' through the case of sports-themed video games*[J]. Convergence, 2019, 25(5-6): 937-952.

[108] Conway S. *'It's in the Game' and Above the Game: An Analysis of the Users of Sports Videogames*[J]. Convergence, 2010,16(3):334-354.

[109] Aarseth, Espen. *Game Studies: How to play-Ten play-tips for the aspiring game-studies scholar*[J]. Game Studies. 2019;Vol.19,No.2.

[110] Plymire, Darcy Cree. *Remediating football for the posthuman future: Embodiment and subjectivity in sport videogames*[J]. Sociology of Sport Journal, 26.1(2009):17-30

[111] D Haraway. *Manifesto for Cyborgs*[J]. Socialist Review,

1985,80:65-107.

[112] Crick, T. The Game Body: *Toward a Phenomenology of Contemporary Video Gaming*[J]. Games & Culture, 2011,6(3):259-269.

[113] Hayano D M. *Auto-Ethnography: Paradigms, Problems, and Prospects*[J]. Human organization, 1979,38(1):99-104.

[114] Ervine J M. *Are football videogames helping to destroy or renew the beautiful game?*[C]. Football as inclusive leisure. 2015.

后记

如果写一本书充满了乐趣的话，那一定是一本关于电子游戏的书。

2022年春天，上海是在全城封控中度过的。我在松江佘山脚下的寓所中，除了上网课，就是撰写书稿、玩游戏、做核酸和抗原。写这本书并不特别艰难，甚至充满乐趣。从开始写作到完成初稿，不过半年左右，不过我酝酿它的时间要远比写作的时间长得多。现在，我愿意用这本小书给这几年的研究工作划上一个暂时的句号。

喜爱电子游戏的年轻人很多，但在我供职的学校，像我这样的"游戏中年"似乎并不多见。其实我这一代70后也是伴随着电子游戏长大的。我仍记得读大学时室友将我们用来学习五笔字型的"小霸王"用来彻夜打游戏的情景，也还记得工作后的同事兼学长也在深夜打开电脑玩一夜游戏。

游戏，特别是电子游戏，未免让人又爱又恨。吊诡的是，人们在童年时期往往痴迷游戏，但成为父母后却对游戏极尽贬斥之能事，甚至认为游戏毁了孩子。然而游戏并没有妨碍我的大学室友和同事成为优秀的人，他们有的读了博士，有的到中央媒体作了主持人，有的成为重点中学的优秀教师。游戏只是一种互动的

媒体，一种新的娱乐方式。如同武侠小说、流行音乐、肥皂剧和科幻电影一样，游戏目前并非不可或缺的必需品，但也不应该承担如此多的恶名。与普通游戏相比，体育电子游戏因体育赋予它的价值而更加健康、积极。因此，体育电子游戏正如体育媒体、体育影视一样，值得我们从学术的视角进行审视。

作为游戏研究之作，我不想也不能把这本书写得过于晦涩。我力图在学术性和可读性之间做出某种平衡。当然这一目的是否达到，需要读者诸君的评判。

感谢我的学生刘羿江、李昕悦、袁瑞谦、尹立恒，他们的前期研究工作为本书的写作提供了巨大的便利，并允许我使用他们的成果。王国维说："五十之年，只欠一死。"我的五十之年，似乎并没有真的"知天命"。与年轻的学生们在一起，让我也觉得自己也年轻起来。

感谢我的妻子常立霓女士，没有因为我花了不少时间体验游戏而没收我的游戏机。她和儿子一起伴着《舞力全开》的欢快音乐翩翩起舞，或戴上 PICO 4 VR 一体机与陌生的在线网友打上一场虚拟网球，使我们的小家充满了欢乐的笑声。当然，他们也成为我观察的对象。

上海体育大学新闻与传播学院为本书的出版提供了经费支持，在此特别表示感谢！

由于本人水平有限，本书难免有一些错误和不足之处，欢迎读者诸君批评指正。

杨剑锋

2023 年 7 月 28 日于上海松江